# Biosphäre 7|8

Lösungen  Sachsen-Anhalt

# Biosphäre

Band 7/8 Gymnasium Sachsen-Anhalt
Lösungen

**Autorinnen und Autoren:**
Engelhardt Göbel, Magdala; Dr. Anja Grimmer, Wörmlitz; Dr. Volker Vopel, Oettersdorf

Teile dieses Buches sind anderen Ausgaben der Lehrwerksreihe Biosphäre entnommen.

**Autorinnen und Autoren dieser Ausgaben:**
Astrid Agster; Stefan Auerbach; Andreas Bauer; Joachim Becker; Dr. Werner Bils; Jens Bussen; Pia Bordes-Sagner; Anke Brennecke; Silke Bringezu; Frank Deutschmann; Anne-Kathrin Dierschke; Peter Emmler; Robert Felch; Heidemarie Frasiak; Dr. Axel Goldberg; Daniela Grabenstein; Christian Gröne; Simone Grimm; Beate Haase; Franziska Hach; Angelika Huber; Silke Hübner; Yvonne Hübner; Lutz Jaeger; Dr. Horst Janz; Daniela Jatzwauk; Michael Jütte; Wolfhard Koth-Hohmann; Katja Kühl; Prof. Dr. Hansjörg Küster; Dr. Karl-Wilhelm Leienbach; Andre Linnert; Prof. Dr. Anke Meisert; Gabriele Merk; Monika Pohlmann; Gabriele Merk; Martin Post; Michael Riethmüller; Gabriele Rupp; Dr. Ulrike Schiek; Annegret Schlegel; Daniela Schmidt; Kathrin Scholz; Kathrin Scholz; Dr. Stephanie Schrank; Hans-Jürgen Staudenmaier; Andre Stein; Constanze Steinert; Dr. Matthias Stoll; Michael Szabados; Volker Wiechern; Grytha Wiechmann; Dr. Hans-Joachim Winkhardt

**Redaktion:** Dr. Adria Wehser

**Designberatung:** Katharina Wolff-Steininger

**Layout und technische Umsetzung:** zweiband.media, Berlin

**Umschlaggestaltung:** SOFAROBOTNIK GbR, Augsburg & München

**Grafik:** Angelika Kramer, Stuttgart; Karin Mall, Berlin; Tom Menzel, Klingberg; newVISION! GmbH, Bernhard A. Peter

www.cornelsen.de

1. Auflage, 3. Druck 2022

Alle Drucke dieser Auflage sind inhaltlich unverändert
und können im Unterricht nebeneinander verwendet werden.

© 2017 Cornelsen Verlag GmbH, Berlin

Das Werk und seine Teile sind urheberrechtlich geschützt.
Jede Nutzung in anderen als den gesetzlich zugelassenen Fällen
bedarf der vorherigen schriftlichen Einwilligung des Verlages.
Hinweis zu §§ 60 a, 60 b UrhG: Weder das Werk noch seine Teile dürfen ohne
eine solche Einwilligung an Schulen oder in Unterrichts- und Lehrmedien
(§ 60 b Abs. 3 UrhG) vervielfältigt, insbesondere kopiert oder eingescannt,
verbreitet oder in ein Netzwerk eingestellt oder sonst öffentlich zugänglich
gemacht oder wiedergegeben werden.
Dies gilt auch für Intranets von Schulen.

Soweit in diesem Lehrwerk Personen fotografisch abgebildet sind und ihnen von der Redaktion
fiktive Namen, Berufe, Dialoge und Ähnliches zugeordnet oder diese Personen in bestimmte Kontexte
gesetzt werden, dienen diese Zuordnungen und Darstellungen ausschließlich der Veranschaulichung
und dem besseren Verständnis des Inhalts.

Druck: Esser printSolutions GmbH, Bretten

ISBN 978-3-06-011707-9

PEFC zertifiziert
Dieses Produkt stammt aus nachhaltig
bewirtschafteten Wäldern und kontrollierten
Quellen.

www.pefc.de

PEFC/04-31-2851

# INHALTSVERZEICHNIS

## Die Zelle – Baueinheit des Lebens ... 6

1 Lebewesen bestehen aus Zellen
   Zellen – Grundbausteine des Lebens ............ 6

2 Pflanzen und Tiere als Lebewesen
   Pflanzen sind aus Zellen aufgebaut ............ 7
   Bau der Tierzelle ............................. 9
   Pflanzen und Tiere wachsen ................... 10
   Pflanzen und Tiere ernähren sich ............. 12

3 Einzellige Lebewesen
   Einzeller .................................... 13

## Mikroorganismen und ihre Bedeutung ... 16

1 Bau und Lebensweise von Bakterien
   Bakterien sind wichtige Lebewesen ............ 16
   Bakterien als Krankheitserreger .............. 17

2 Hefen – bedeutsame Pilze
   Helfer bei der Lebens- und
   Genussmittelherstellung ...................... 19
   PRAKTIKUM – Wir untersuchen
   Mikroorganismen .............................. 20

## Wirbellose Tiere in ihren Lebensräumen ... 25

1 Viele Tiere zählen zu den Wirbellosen
   Vielfalt der wirbellosen Tiere ............... 25

2 Ringelwürmer
   Der Regenwurm – ein Ringelwurm ............... 27

# INHALTSVERZEICHNIS

3 Insekten
  Die Honigbiene – ein Insekt .................... 30
  Insektenstaaten und Kommunikation ............. 32
  Insekten entwickeln sich unterschiedlich ......... 35
  Angepasstheiten bei Insekten .................. 37
  Bedeutung und Schutz der Insekten ............ 39

4 Verwandte der Insekten
  Spinnen und Krebstiere ....................... 41

5 Weichtiere
  Schnecken ................................... 43

2 Stofftransport im Körper
  Blut – Zusammensetzung und Aufgaben ......... 58
  Blutkreislauf ................................. 60
  Herz – Bau und Funktion ...................... 61

3 Energie für alle Lebensprozesse
  Energiebereitstellung durch Zellatmung ......... 64

4 Ausscheidung von Stoffen
  Die Niere – ein Ausscheidungsorgan ............ 66

5 Erste Hilfe
  Erste Hilfe bedeutet Leben retten ............... 68

## Der Mensch – Stoff- und Energiewechsel 46

1 Aufnahme von Stoffen
  Nahrungsmittel und ihre Inhaltsstoffe ........... 46
  Gesunde Ernährung ........................... 47
  Essstörungen ................................. 49
  Verdauung von Kohlenhydraten ................ 51
  Verdauung von Eiweißen und Fetten ............ 53
  Lunge – Atmung und Gasaustausch ............. 55

## Der Mensch – Immunbiologie 70

1 Krankheitserreger
  Viren als Krankheitserreger .................... 70

2 Immunsystem
  Immunabwehr ................................ 72
  Immunisierung ............................... 73

## Der Mensch – Individualentwicklung 76

1 Pubertät
**Zeit des Erwachsenwerdens** .................. 76
**Geschlechtsorgane** ................................. 78

2 Fortpflanzung und Entwicklung
**Menstruationszyklus und Schwangerschaft** ....... 80
**Von der Geburt bis zum Tod** .................. 82

3 Sexualität des Menschen
**Liebe und Sexualität** ............................. 84
**Verhütung** ............................................. 85

## Stoff- und Energiewechsel bei Samenpflanzen 87

1 Bau und Funktion pflanzlicher Organe
**Bau und Funktion der Wurzel** ............... 87
**Bau und Funktion der Sprossachse** ...... 88
**Das Laubblatt – Ort der Fotosynthese** .... 90

2 Ernährung und Energiefreisetzung bei Pflanzen
**Die Fotosynthese** .................................. 91
**Energiehaushalt von Pflanzen** .............. 93
**Bedeutung von Pflanzen** ...................... 95
**PRAKTIKUM – Wir untersuchen Pflanzen** ........... 96

**Bildquellenverzeichnis** ......................... 100

**Hinweis zum Lösungsheft:**

**Zu einigen Aufgaben, vor allem zu den Aufgaben auf den Materialseiten, werden im Lösungsheft gestufte Hilfen angeboten. Sie können diese direkt übernehmen und individuell einsetzen und haben so die Möglichkeit, binnendifferenziert zu arbeiten.**

**Die gestuften Hilfen sind mit dem Symbol  gekennzeichnet.**

# Die Zelle – Baueinheit des Lebens

## 1 Lebewesen bestehen aus Zellen

### Zellen – Grundbausteine des Lebens

**Seite 10–12**

**1 Begründe die Bezeichnung der Zelle als Grundbaustein des Lebens!**
Die Zelle wird als Grundbaustein des Lebens bezeichnet, weil alle Lebewesen – also Bakterien, Pilze und Viren sowie Pflanzen und Tiere, einschließlich des Menschen – aus Zellen aufgebaut sind.

**2 Beschreibe Unterschiede in der äußeren Form der dargestellten Zellen in Abbildung 04!**
Die dargestellten Zellen wirken im mikroskopischen Bild alle flächig. Sie unterscheiden sich jedoch in ihrer äußeren Form: Die oberen pflanzlichen Zellen erscheinen zylindrisch, die Zellen in der Mitte kugelig und die unteren Zellen quaderförmig. Zudem unterscheiden sich die Zellen in ihrer Größe.

**3 Stelle in einem Säulendiagramm die Größenverhältnisse der Zellen in Abbildung 05 dar. Wähle dazu einen geeigneten Maßstab!**

**Seite 13 (Material)**

**Versuch A – Bau eines Einlinsenmikroskops**

**A1 Beschreibe deine Beobachtungen!**
Durch den Wassertropfen im Loch des Metallstreifens kann man die Zwiebelschuppenhaut, wie durch ein Mikroskop, vergrößert sehen.

**A2 Erkläre, wie du das Bild scharf stellen kannst!**
Das Bild des Einlinsenmikroskops kann scharf gestellt werden, indem man den Metall-Lochstreifen vorsichtig nach oben bzw. unten verschiebt. Dabei ist darauf zu achten, dass der Wassertropfen am Metall-Lochstreifen nicht abfällt.

**A3 Betrachte nun einen Ausschnitt der Zwiebelschuppenhaut mit dem Lichtmikroskop! Fertige dazu ein Frischpräparat der Zwiebelschuppenhaut an! Beschreibe deine Beobachtungen und fertige eine Skizze der Zwiebelschuppenhaut an!**

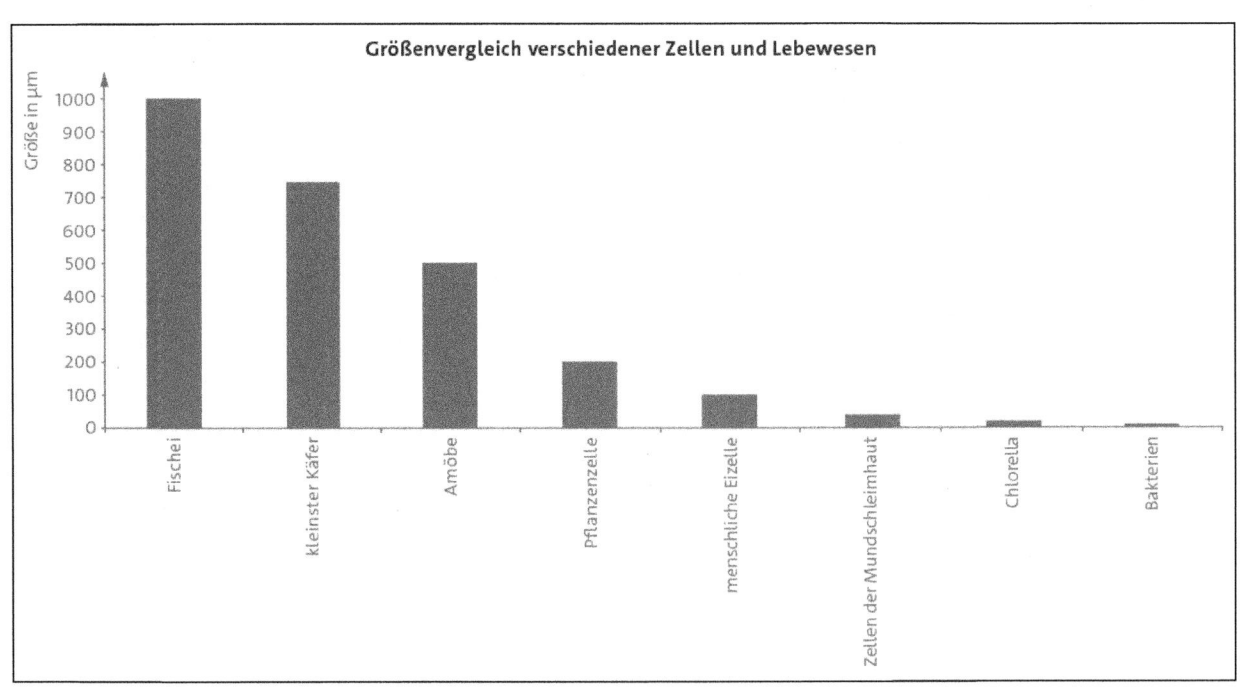

Im Präparat der Zwiebelschuppenhaut erkennt man langgestreckte Zellen. Diese beinhalten: eine Zellwand, Grundplasma, eine Vakuole und ein Zellkern.

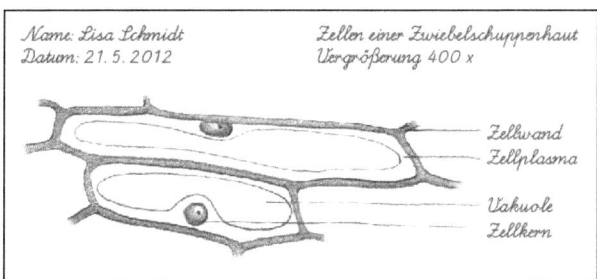

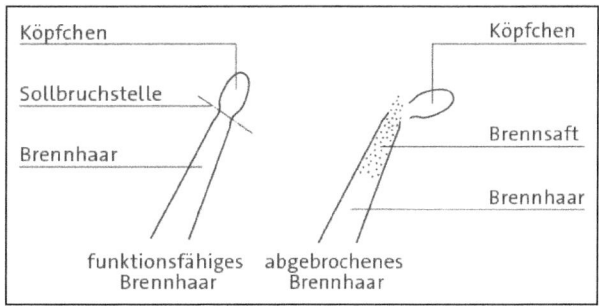

### Versuch B – Untersuchung der Brennhaare einer Brennnessel

**B1 Betrachte die Brennhaare unter dem Mikroskop. Zeichne ein funktionsfähiges Brennhaar!**

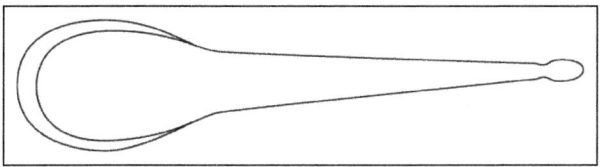

**B2 Zeichne zusätzlich die Spitze eines funktionsfähigen und eines abgebrochenen Brennhaares bei stärkerer Vergrößerung auf ein weiteres Blatt!**

**B3 Stelle eine Vermutung über die Funktionsweise der Brennhaare der Brennnessel an!**
Die Brennhaare der Brennnessel enthalten vermutlich einen Stoff, der das Brennen hervorruft und können beispielsweise Haut durchdringen. Sie stellen einen Schutzmechanismus der Pflanze gegen Fressfeinde dar.

*Zusatzinformation: Die obere Spitze des Brennhaares bricht bei der leichtesten Berührung ab. Der untere Teil, der noch am Blatt oder Stängel sitzt, hat die Form einer Kanülenspritze. Er kann die Haut leicht durchbohren. In die so entstandene Verletzung sondert die Brennnessel eine Flüssigkeit ab, die u. a. Ameisensäure (verursacht das typische Brennen), Histamin (verantwortlich für die Hautrötung und weißen Bläschen) und Acetylcholin (erregt die Schmerzrezeptoren) enthält.*

# 2 Pflanzen und Tiere als Lebewesen

## Pflanzen sind aus Zellen aufgebaut

### Seite 16–18

**1 Nenne die Funktionen der einzelnen pflanzlichen Zellbestandteile!**
Chloroplasten: Ablauf der Fotosynthese mithilfe des Chlorophylls
Zellkern: enthält Erbsubstanz, Steuerung der Prozesse in einer Zelle
Zellwand: Stabilität der pflanzlichen Zellen
Vakuole: Erzeugung des Zellinnendrucks und Speicherung von Stoffen
Vakuolenmembran: Abgrenzung zwischen dem Vakuoleninhalt und dem Zellplasma
Zellplasma: Grundsubstanz, die die Zelle ausfüllt – Einbettung aller Zellbestandteile
Mitochondrien: Bereitstellung von Energie – „Kraftwerke der Zelle"
Zellmembran: Abgrenzung des Zellplasmas nach außen sowie Stoffaustausch

**2 Fertige nach dem Vorbild der zweidimensionalen Zeichnung in Abbildung 03 eine Schemazeichnung einer grünen Pflanzenzelle an und beschrifte die Zellbestandteile!**
*Siehe Abbildung oben auf der nächsten Seite*

**3 Beschreibe den Vorteil, den die Membranen von Organellen der Zelle bieten!**
Durch die Umhüllung der Organellen mit Membranen entstehen abgegrenzte Räume. Diese ermöglichen, dass verschiedene Reaktionen gleichzeitig in der Zelle ablaufen können und sich nicht gegenseitig stören. So kann in den Chloroplasten bei der Fotosynthese Zucker hergestellt werden und in den Mitochondrien gleichzeitig Zucker bei der Zellatmung abgebaut werden (Kompartimentierung von Zellen).

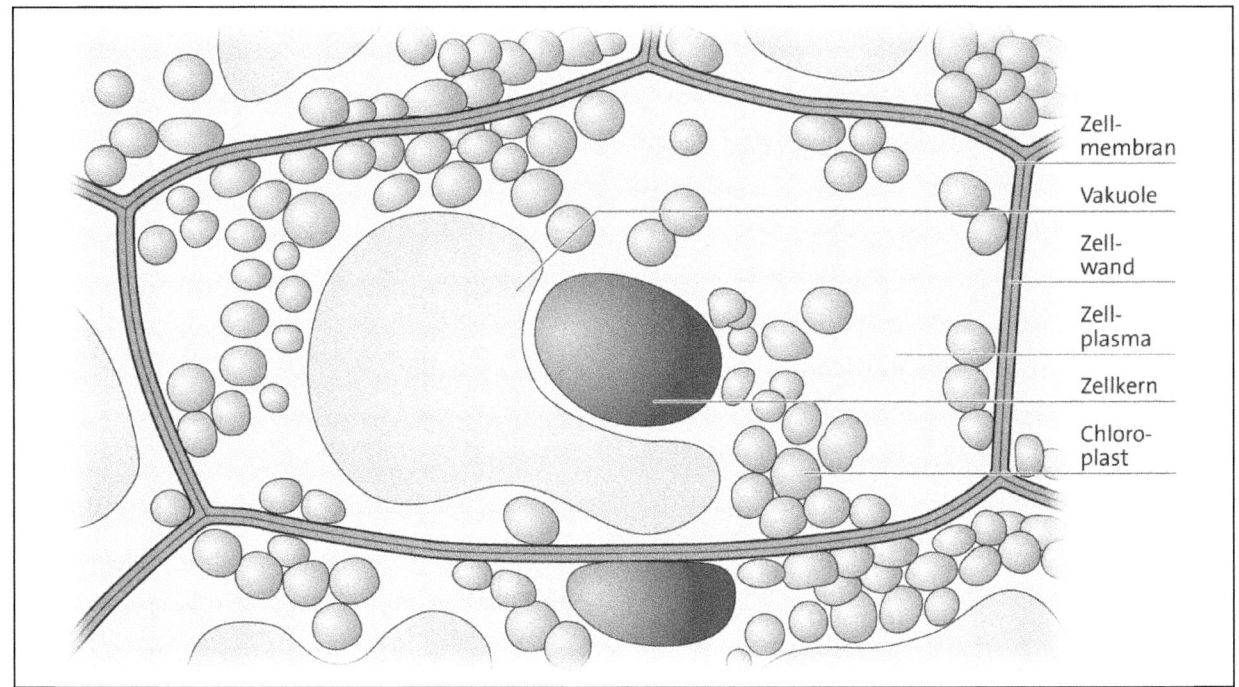

## Seite 19 (Material)

**Material A – Die Ebenen einer Pflanzenzelle**

**A1 Nenne zu den Ziffern 1 bis 4 in Foto B die entsprechenden Fachbegriffe!**
1 = Zellkern, 2 = Vakuole, 3 = Zellwand,
4 = Chloroplasten

**A2 Die Zeichnungen 1 bis 3 gehören jeweils zu einem der Fotos A bis C. Ordne die Zeichnungen entsprechend zu und begründe deine Zuordnungen!**
Zeichnung 1 entspricht Foto B, Zeichnung 2 entspricht Foto C und Zeichnung 3 entspricht Foto A.

**Material B – Ein Zellmodell bauen**

**B1 Notiere, aus welchen wesentlichen Bestandteilen eine pflanzliche Zelle aufgebaut ist!**
Zellplasma, Zellmembran, Zellwand, Vakuole, Zellkern, Chloroplasten, Mitochondrien

**B2 Suche geeignete Materialien aus, um die wesentlichen Bestandteile einer pflanzlichen Zelle modellhaft darzustellen! Lege eine entsprechende Tabelle an (linke Spalte: Modellteile; rechte Spalte: Zellbestandteile)!**

| Modellteile | Zellbestandteile |
| --- | --- |
| Tischtennisball | Zellkern |
| Plastikbox | Zellwand |
| Plastikbeutel | Vakuole |
| … | … |

**B3 Füge die ausgewählten Teile zu einem Modell zusammen, sodass die Grundstruktur der Zelle deutlich wird!**
*Hier ergeben sich unterschiedliche, schülerindividuelle Umsetzungsvarianten.*

**B4 Vergleiche nun das entwickelte Modell mit Originalaufnahmen pflanzlicher Zellen! Erläutere, welche Eigenschaften pflanzlicher Zellen durch das Modell deutlich werden und welche nicht!**
*Je nach Umsetzung ergeben sich hier unterschiedliche Aspekte.*
*Zum Beispiel:* Das Modell verdeutlicht gut die Lage der einzelnen Zellbestandteile zueinander und die Größenverhältnisse. Der Zellkern ist im Original jedoch abgeflacht und im Modell kugelförmig; die Form des Modells ist genau rechteckig, während die Winkel zwischen den Zellwänden keinen 90-Grad-Winkel bilden.

## Seite 20 (Methode)

**1 Führe die Präparation durch! Mikroskopiere das Präparat und zeichne zwei Zellen!**

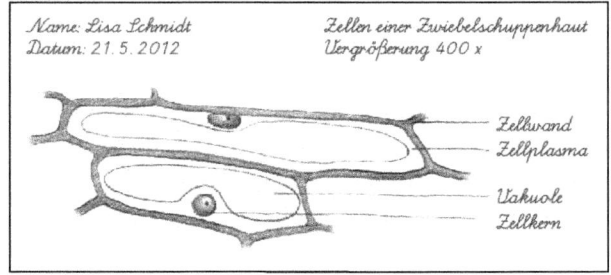

*Zusatzinformation: In der Regel sind Hinweise darauf notwendig, dass Luftblasen im mikroskopischen Bild als Bereiche auftreten, die mit scharfen dunklen Linien eingefasst sind. Die Zellkerne liegen häufig in der Nähe der Zellwand. Sie sind besser erkennbar, wenn man stärker abblendet.*

## Bau der Tierzelle

### Seite 22

**1 Vergleiche den Bau Pflanzen- und einer Tierzelle miteinander!**

| Tierische Zelle | Pflanzliche Zelle |
|---|---|
| Zellmembran | Zellmembran |
| keine Zellwand → weicher, weniger festgelegte Form | Zellwand → fester, zerreißt bei Zug |
| Zellplasma | Zellplasma |
| keine Vakuole | Vakuole |
| Zellkern | Zellkern |
| Mitochondrien | Mitochondrien |
| keine Chloroplasten | Chloroplasten |

### Seite 23 (Material)

**Material A – Vergleich von Tier- und Pflanzenzellen**

**A1 Nenne die Fachbegriffe für die mit Zahlen gekennzeichneten Bereiche!**
1 = Zellplasma, 2 = Vakuole, 3 = Chloroplast, 4 = Zellwand (mit Zellmembran), 5 = Zellmembran, 6 = Zellkern

 *Gestufte Hilfe:*
*Fachbegriffe in ungeordneter Reihenfolge vorgeben.*

**A2 Ordne die mikroskopischen Aufnahmen von Zellen folgenden Bildunterschriften zu: „Zellen aus dem Blatt einer Wasserpest" oder „Zellen aus der Leber einer Maus"! Begründe deine Zuordnung!**
Die Abbildung A zeigt Zellen eines Blattes, die Abbildung B Zellen der Leber. In der Abbildung A sind typische Merkmale von Pflanzenzellen zu sehen, vor allem die Zellwand, die Chloroplasten und die Vakuole. Den Zellen in der Abbildung B fehlen diese charakteristischen Merkmale der Pflanzenzelle.

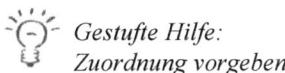 *Gestufte Hilfe:*
*Zuordnung vorgeben.*

**A3 Vergleiche die beiden Zelltypen! Lege dazu eine Tabelle an! Berücksichtige darin die in den Abbildungen erkennbaren Zellbestandteile!**

|  | Leberzelle | Blattzelle |
|---|---|---|
| Zellkern | + | + |
| Zellplasma | + | + |
| Zellwand | – | + |
| Chloroplasten | – | + |
| Vakuole | – | + |
| (Zellmembran) | + | + |

+ = vorhanden; – = nicht vorhanden

*Zusatzinformation: Die Zellmembran ist in der Abbildung nicht erkennbar, jedoch als Grenze des Zellplasmas erschließbar.*

 *Gestufte Hilfen:*
*Hilfe 1: Vorgabe des Tabellenrasters.*
*Hilfe 2: Vorgabe der Bezeichnungen für die Zellorganellen.*

**A4 Nenne Bestandteile der Zellen, die in den Abbildungen nicht zu erkennen sind!**
Nicht erkennbar in den Abbildungen sind die Mitochondrien. Die Membranen sind ebenfalls nicht sichtbar.
*Zusatzinformation: Die Lage der Zellmembran lässt sich aus der Grenze des Zellplasmas erschließen; ebenso die Membranen, die den Zellkern und die Chloroplasten umhüllen.*

**A5 Erläutere, woher die beiden Zelltypen ihre Nährstoffe erhalten! Nenne den Ort in den Zellen, an dem die in den Nährstoffen enthaltene Energie freigesetzt wird!**
Bei Pflanzen läuft in den Chloroplasten die Fotosynthese ab, bei der Glucose hergestellt wird. Tiere müssen Glucose und andere Nährstoffe mit der Nahrung aufnehmen. In den Mitochondrien tierische und pflanzlicher Zellen wird Energie durch Abbau organischer Stoffe freigesetzt.

**Material B – Zuordnung von Tier- und Pflanzenzellen**

**B1 Ordne jede Abbildung entweder den Pflanzen oder den Tieren zu! Begründe jede Zuordnung!**
Zu den Pflanzen gehören die Abbildungen A, C, D, F, I.
Zu den Tieren gehören die Abbildungen B, E, G, H.
Entscheidend für die Zuordnung der Abbildungen sind folgende Merkmale:
**A** Zellwand vorhanden
**B** keine Zellwand, keine Vakuole, keine Chloroplasten vorhanden
**C** Zellwand, Vakuole und Chloroplasten vorhanden
**D** Zellwand, Vakuole und Chloroplasten vorhanden
**E** keine Zellwand, keine Vakuole, keine Chloroplasten vorhanden
**F** Zellwand und Vakuole vorhanden
**G** keine Zellwand, keine Vakuole, keine Chloroplasten vorhanden

**H** keine Zellwand, keine Vakuole, keine Chloroplasten vorhanden
**I** Zellwand und ein Chloroplast vorhanden
*Zusatzinformation: Die bei I dargestellte Zelle besitzt nur einen Chloroplast, allerdings einen sehr großen.*

*Gestufte Hilfe:*
*Zuordnungen vorgeben.*

**B2 Die Abbildung A stellt eine tote Zelle dar. Nimm Stellung zu dieser Aussage!**
In der Zelle ist kein Zellplasma vorhanden. Diese Aussage ist daher richtig, denn die Lebensvorgänge können nur im Zellplasma ablaufen.

**B3 Nenne die Zellen, die vermutlich selbst keinen Zucker herstellen können! Begründe!**
Zellen, die keine Chloroplasten enthalten, können keine Fotosynthese betreiben und daher auch keinen Zucker herstellen. Das sind alle Zellen, die von Tieren stammen (B, E, G, H) und die Pflanzenzellen A und F. Von den in Abbildung C dargestellten Zellen sind nur die kleinen, bohnenförmigen Zellen in der Lage, Fotosynthese zu betreiben.
*Zusatzinformation: Bei den kleinen, bohnenförmigen Zellen in Abbildung C handelt es sich um Schließzellen einer Spaltöffnung.*

*Gestufte Hilfe:*
*Überlege zunächst, in welchen Bestandteilen der Zellen Nährstoffe hergestellt werden können.*

## Pflanzen und Tiere wachsen

### Seite 24–26

**1 Beschreibe den Verlauf einer Zellteilung und erläutere ihre Bedeutung!**
*Verlauf der Zellteilung:* Vor Beginn der Zellteilung verdoppelt sich die Erbsubstanz, sodass neben dem Original eine Kopie entsteht. In der ersten Phase der Zellteilung lösen sich die Membranen des Zellkerns auf.
In der zweiten Phase trennen sich Original und Kopie der Erbsubstanz voneinander. Das Original wandert zur einen Seite der Zelle, die Kopie zur gegenüberliegenden Seite. In den beiden gegenüberliegenden Bereichen der Zelle bilden sich jeweils neue Membranen um die Erbsubstanz, sodass je ein neuer Zellkern entsteht.
In der dritten Phase bilden sich zwischen den entstehenden Zellen neue Zellmembranen aus. Bei Pflanzenzellen entstehen in dieser Phase auch neue Zellwände zwischen den Zellen. Die neuen Zellmembranen trennen das Zellplasma der nun geteilten Zellen voneinander.
*Bedeutung:* Durch diese Zellteilung bleibt die Erbinformation erhalten und wird von der Mutterzelle an die beiden zwei Tochterzellen weitergegeben. Der Prozess ist beim Wachstum, bei der Regeneration und bei der ungeschlechtlichen Fortpflanzung von Bedeutung, da entweder die Zellzahl vergrößert wird und/oder abgestorbenen Zellen ersetzt werden.

*Hinweis: Streng genommen wird hier der Gesamtprozess der Kernteilung (Mitose) mit anschließender Zellteilung beschrieben.*

**2 Pflanzen lassen sich durch ungeschlechtliche Fortpflanzung oder Stecklinge vermehren. Vergleiche beide Prozesse!**
Bei der ungeschlechtlichen Fortpflanzung werden die Nachkommen aus Zellkomplexen oder Einzelzellen gebildet. Im engeren Sinne entstehen so neue Organismen. Bei der Vermehrung über Stecklinge werden ehemals vorhandene Teile regeneriert.

### Seite 27 (Material)

**Material A – Gewebe bei Tieren**

**A1 Betrachte die abgebildeten Gewebe mit einer Lupe! Zeichne und beschrifte jeweils eine typische Zelle!**

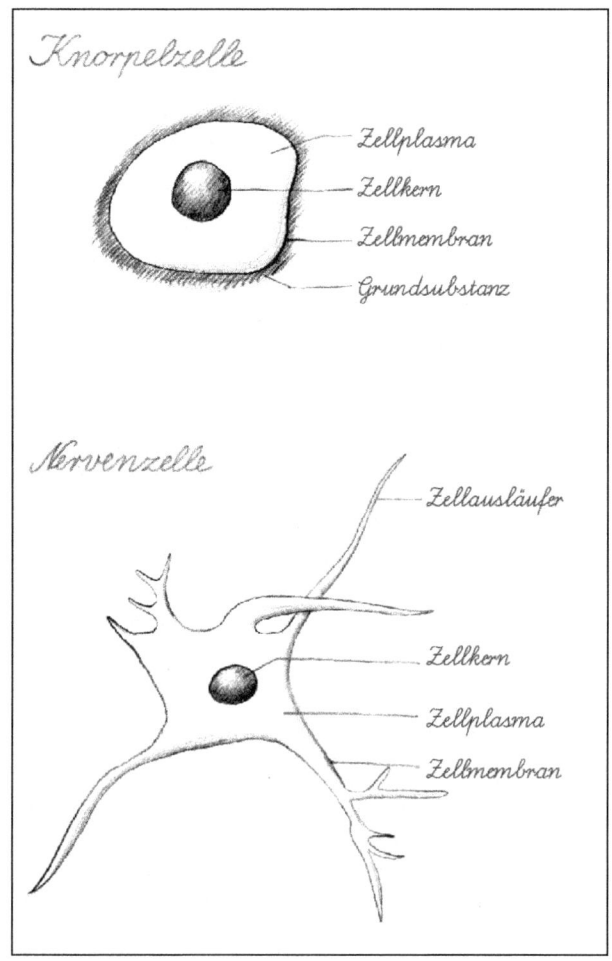

**A2 Benenne die Gewebe mithilfe der gezeichneten Zellen! Recherchiere dazu mikroskopische Bilder von Geweben im Internet!**

Die Zellen der linken Abbildung haben abgerundete Ecken und einen großen Zellkern. Sie sind in einer Grundsubstanz eingebettet. Das Gewebe der linken Abbildung ist *Knorpelgewebe*.

Die Zellen der rechten Abbildung haben mehrere lange Zellausläufer. Die Abbildung zeigt *Nervengewebe*.

**A3 Vergleiche die gezeichneten Zellen mit einer Mundschleimhautzelle! Nimm Seite 21 zu Hilfe!**

*Gemeinsamkeiten:*
Alle drei Zellen besitzen einen deutlich sichtbaren Zellkern, der ungefähr in der Mitte der Zelle liegt.

*Unterschiede:*
Die Form der Knorpelzelle ist rundlich, dreieckig oder oval, der Zellkern ist groß. Der Zellkörper der Mundschleimhautzellen ist dagegen etwas unregelmäßiger geformt und der Zellkern ist kleiner. Die Nervenzelle unterscheidet sich von diesen beiden Zellen deutlich durch ihren sternförmigen Zellkörper mit sehr langen Ausläufern.

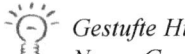
*Gestufte Hilfe:*
*Nenne Gemeinsamkeiten und Unterschiede.*

### Material B – Organisationsstufen bei Pflanzen

**B1 Ordne die Abbildungen A bis E nach ihrer Organisationsstufe und gib den Fachbegriff jeder Stufe an!**
C = Zelle, E = Gewebe, B = Organ (Blatt), D = Organsystem (Blüte), A = Organismus (Pflanze)

*Gestufte Hilfe:*
*Vorgabe der Fachbegriffe in ungeordneter Reihenfolge.*

**B2 Benenne die in C mit Zahlen gekennzeichneten Bereiche!**
1 = Zellkern, 2 = Zellwand, 3 = Zellplasma, 4 = Vakuole, 5 = Chloroplast

*Gestufte Hilfe:*
*Vorgabe der Fachbegriffe in ungeordneter Reihenfolge.*

**B3 Benenne die in D mit Zahlen gekennzeichneten Bereiche!**
1 = Kronblatt, 2 = Staubblatt (Staubbeutel), 3 = Fruchtknoten

*Gestufte Hilfe:*
*Vorgabe der Fachbegriffe in ungeordneter Reihenfolge.*

**C1 Informiere dich im Internet darüber, was die abgebildeten Forscher zur Erforschung von Zellen beigetragen haben! Stelle deine Ergebnisse in einer Tabelle zusammen, in die du jeweils den Namen und die Lebenszeit sowie den Zeitpunkt und die Art der neuen Erkenntnisse einträgst!**
*Lösung s. Tabelle*

| Name | Lebenszeit | Zeitpunkt | Neue Erkenntnisse |
|---|---|---|---|
| Robert Hooke | 1635–1703 | 1665 | Prägte den Begriff „Zelle" (lateinisch = cellula, Kämmerchen) nachdem er beim Mikroskopieren von Flaschenkork kleine Kammern gesehen hatte, die ihn an die Kammern von Bienenwaben erinnerten. |
| Antoni van Leeuwenhoek | 1632–1723 | 1674–1682 | Entdeckte mit selbst gebauten Mikroskopen, die bis zu 250fach vergrößern konnten, Bakterien im Zahnbelag, Spermienzellen, rote Blutzellen und einzellige Lebewesen im Teichwasser. |
| Matthias Schleiden | 1804–1881 | 1838 | Fand heraus, dass alle Pflanzen aus Zellen aufgebaut sind. |
| Theodor Schwann | 1810–1882 | 1839 | Fand heraus, dass alle Tiere aus Zellen aufgebaut sind. Er schloss daraus, dass die Zelle die Grundlage aller Lebewesen darstellt. |
| Rudolf Virchow | 1821–1902 | 1855 | Fand heraus, dass Zellen nur aus Zellen entstehen können („omnis cellula e cellula"). |

Biosphäre 7/8, Lösungen

# Pflanzen und Tiere ernähren sich

## Seite 28–29

**1 Gib Stoff- und Energiewechselprozesse bei autotrophen und heterotrophen Lebewesen an!**
Pflanzen können Glukose durch die Fotosynthese selbst aufbauen. Dabei wandeln sie die Lichtenergie der Sonne so um, dass sie in der Glukose gespeichert wird. Sie können also die Glukose für ihre Zellatmung selbst aufbauen. Sie können sich selbst ernähren und sind damit autotroph. Tiere und Menschen können keine Fotosynthese betreiben und daher auch keine energiereiche Glukose herstellen. Sie müssen die Glukose aufnehmen, um damit Zellatmung betreiben zu können. Sie ernähren sich von anderen Lebewesen, sind also fremd ernährend oder heterotroph.
Alle Lebewesen brauchen Energie für ihre Lebensvorgänge. Bei der Zellatmung wird die energiereiche Glukose unter Sauerstoffverbrauch in die energiearmen Stoffe Kohlenstoffdioxid und Wasser umgewandelt. Die darin enthaltene Energie wird dabei so umgewandelt, dass sie für die Lebewesen nutzbar ist. Sowohl bei autotrophen Pflanzen als auch bei heterotrophen Tieren wir die notwendige Energie durch Zellatmung bereitgestellt.

## Seite 30 (Im Blickpunkt Physik)

### Energie

**1 Beschreibe den Wechsel des Energieträgers an zwei Beispielen der Abbildung 06!**
*A:* Beim Känguru wird die in der Glukose gespeicherte Energie durch die Zellatmung für die Muskeln nutzbar gemacht. Daher kann das Känguru sich bewegen. Ein Teil der freigesetzten Energie nutzt das Känguru zur Aufrechterhaltung seiner Körpertemperatur.
*B:* Beim Glühwürmchen wird die Energie der Nährstoffe durch chemische Reaktionen auf Licht übertragen.
*C:* Im Verbrennungsmotor des Autos wird die Energie des Kraftstoffgemisches zum Antrieb des Motors genutzt. Durch ebenfalls freigesetzte Wärme wird der Motor erhitzt.
*D:* Beim Verbrennen der Kerze wird die Energie des Kerzenwachses auf Licht übertragen. Ebenfalls wird Wärme freigesetzt.
*E:* Beim Ventilator wird die Energie des elektrischen Stroms für dessen Bewegung genutzt.
*F:* Solarzellen nehmen die Energie des Lichts auf und übertragen sie auf elektrischen Strom.

## Seite 31 (Material)

### Material A – Algen – autotrophe Lebewesen in Gewässern

**A1 Mikroskopiere Wasserproben aus einem Tümpel oder einem See! Skizziere mindestens zwei unterschiedliche Algen!**
*Beispiele:*

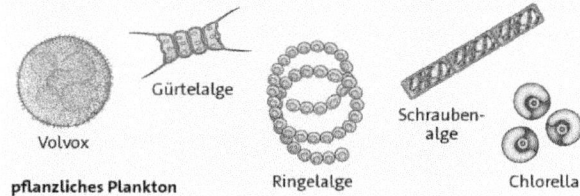

**A2 Stelle eine Vermutung zur Bedeutung der Algen in Gewässern auf! Interpretiere dazu auch die nebenstehende Abbildung!**
Die Algen im Gewässer besitzen Chlorophyll und führen die Fotosynthese durch. Sie ernähren sich autotroph. Sie stehen häufig am Anfang von Nahrungsketten und bilden die Nahrungsgrundlage für viele heterotrophe Organismen.

**A3 Recherchiere im Internet zur Bedeutung der Algen und erstelle zu diesem Thema eine Präsentation! Gehe dabei besonders auf die Bedeutung der Algen in Gewässern ein und stelle dar, wie der Mensch Algen nutzt!**
*Individuelle Lösungen der Schülerinnen und Schüler*

### Material B – Energiegehalte von Stoffen

**B1 Beschreibe die Aussage des Energiediagramms!**
Im Energiediagramm ist der Energiegehalt der Stoffe vor und nach einer Holzverbrennung dargestellt.
Der Energiegehalt des Ausgangsstoffes (Holz) ist höher als der Energiegehalt der Endprodukte (Ruß, Asche, Kohlenstoffdioxid, Wasserdampf).

**B2 Energie kann nicht verlorengehen. Erkläre die energetischen Zusammenhänge am Diagramm und ergänze dieses!**
Bei der Verbrennung wurde Energie an die Umgebung abgegeben. Dies wird als Lichterscheinung und Erwärmung deutlich.
*Hinweis: Im Diagramm muss der linke Balken genauso hoch gezeichnet werden wie der rechte Balken, wenn von der Gesamtenergie die Rede ist.*

**B3 Vergleiche die Verbrennung von Holz mit der Zellatmung!**
*Gemeinsamkeit*: Bei beiden Vorgängen werden energiereiche Stoffe zu energiearmen Stoffen und es wird Wärme freigesetzt.
*Unterschiede*: Bei der Holzverbrennung ist der energiereiche Ausgangsstoff Holz und bei der Zellatmung die Glukose. Bei der Zellatmung gibt es keine Lichterscheinung im menschlichen Körper.

**B4 Stelle den Weg der Energie aus den verspeisten Würstchen in einem Pfeildiagramm durch den menschlichen Organismus dar!**

Würstchen mit energiereichen Nährstoffen
↓
Transport und/oder Abbau der Nährstoffe in Mund, Speiseröhre, Magen, Dünndarm
↓
Resorption der energiereichen Bausteine der Nährstoffe ins Blut
↓
Aufnahme der energiereichen Nährstoffe in die Zellen
↓
Übertragung der Energie aus den Nährstoffen auf andere Energieträger in den Körperzellen durch die Zellatmung
↓
Nutzen der Energie für z. B. Muskelbewegung, Aufrechterhaltung der Körpertemperatur

**B5 Ordne den Verzehr der Würstchen in das Schema zum Stoff- und Energiewechsel auf Seite 29 ein!**

Die Aufnahme von Nahrung dient dem Aufbau körpereigener Substanz und ist damit ein Assimilationsprozess. Da organische Stoffe aufgenommen werden, handelt es sich um heterotrophe Assimilation. In den Verdauungsorganen wird die Nahrung verdaut und so für die Aufnahme in den Körper aufbereitet.

# 3 Einzellige Lebewesen

## Einzeller

### Seite 36–37 (Material)

**Versuch A – Einzeller im Heuaufguss**

**A1 Bestimme die Einzeller mithilfe der Abbildungen!**
*individuelle Schülerlösungen*

**A2 Fertige eine Skizze an!**
*individuelle Schülerlösungen*

**A3 Erkläre, wie die Lebewesen in den Heuaufguss gelangen!**
Die Lebewesen im Heuaufguss entstehen nicht aus dem Nichts, sondern waren ursprünglich am Heu (oder im Teichwasser) in einer eingekapselten Form bereits vorhanden. In Trockenzeiten schützen sich viele Einzeller, indem sie sich in eine Dauerform umbilden, um bei günstigen Bedingungen – wie im Heuaufguss – wieder aus dieser Kapsel zu schlüpfen.

*Gestufte Hilfe:*
*Wie vermehren sich Einzeller?*
*Verweis auf Seite 34, Abschnitt Vermehrung und Vielfalt.*

**Material B – Amöbe**

**B1 Benenne die mit Zahlen gekennzeichneten Bereiche!**
1 = Scheinfüßchen, 2 = Nahrungsbläschen,
3 = pulsierendes Bläschen, 4 = Zellkern, 5 = Zellplasma,
6 = Dauerform, 7 = Kapsel der Dauerform

*Gestufte Hilfe:*
*Fachbegriffe in ungeordneter Reihenfolge vorgeben.*

**B2 Beschreibe die mit Buchstaben gekennzeichneten Vorgänge!**
**a** = Nahrungsaufnahme und Ausscheidung: Die Amöbe schließt ein Nahrungsteilchen, zum Beispiel eine Alge, in ein Nahrungsbläschen ein. Gleichzeitig werden an einer anderen Stelle der Zelle unverdauliche Reste aus einem Nahrungsbläschen abgegeben.
**b** = Wachsen: Die Amöbe wird größer.
**c** = Zellteilung: Die Amöbe teilt sich in zwei halb so große Tochterzellen, die jeweils einen Zellkern und ein pulsierendes Bläschen besitzen.
**d** = Übergang in eine Dauerform: Die Zelle umgibt sich mit einer dickwandigen Kapsel und wird dadurch zu einer unbeweglichen, widerstandsfähigen Dauerform.
**e** = Schlüpfen aus der Dauerform: Die Amöbe öffnet die Kapsel und kriecht aus ihr heraus.

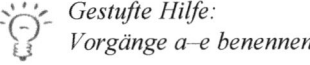
*Gestufte Hilfe:*
*Vorgänge a–e benennen.*

**B3 Nenne Ursachen für die Vorgänge c, d und e!**
**c** = Eine Ursache für die Zellteilung der Amöbe ist vor allem das Erreichen einer bestimmten maximalen Zellgröße.
**d** = Bei Verschlechterung der Lebensbedingungen der Amöben, z. B. Austrocknung des Tümpels, bilden Amöben dickwandige Kapseln aus, in denen sie überleben können.
**e** = Bei günstigen Lebensbedingungen schlüpfen die sich in einer Dauerform befindenden Amöben wieder aus ihren Kapseln.

*Zusatzinformation: Die Dauerformen dienen außerdem der Verbreitung durch beispielsweise Insekten, Vögel oder den Wind.*

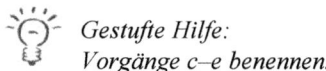
*Gestufte Hilfe:*
*Vorgänge c–e benennen.*

**B4 Nimm Stellung zu der Aussage: „Amöben sterben, wenn sie alt sind"!**
Amöben sterben nicht aufgrund ihres Alters. Wenn sie gute Lebensbedingungen vorfinden, nehmen sie viel Nahrung auf, wachsen, erreichen rasch ihre maximale Zellgröße und teilen sich. In jeder der beiden Tochterzellen lebt die Mutterzelle weiter. So betrachtet sind Amöben eigentlich unsterblich. Allerdings fallen sie auch Fressfeinden zum Opfer und überleben langanhaltende ungünstige Bedingungen nicht.

**B5 Erläutere, wie es die Amöbe schafft, Nahrung aufzunehmen, ohne dass die Zellmembran aufreißt und Zellplasma ausfließt!**
Bei der Nahrungsaufnahme umfließt die Amöbe zunächst das Nahrungsteilchen mit zwei Scheinfüßchen. Treffen die beiden Enden der Scheinfüßchen aufeinander, ist das Nahrungsteilchen von der Zelle vollständig eingeschlossen. Die Zellmembran auf der Innenseite dieser Scheinfüßchen ist nun die Membran des Nahrungsbläschens, die Zellmembran auf der Außenseite der Scheinfüßchen grenzt die Amöbe weiterhin nach außen ab. An der Stelle, an der die beiden Enden der Scheinfüßchen nun dicht aneinander liegen, hat sich die Zellmembran verdoppelt. Diese doppelte Membran wird nun schrittweise – von der Mitte zu den Rändern hin – aufgelöst, sodass sich das Zellplasma der beiden Scheinfüßchen verbinden kann.

## Material C – Augentierchen

**C1 Vergleiche das Augentierchen zuerst mit einer Pflanzenzelle und dann mit einer Spermienzelle! Nenne jeweils Gemeinsamkeiten und Unterschiede!**
*Vergleich von Augentierchen und Pflanzenzelle:*
*Gemeinsamkeiten:* Besitz von Zellkern, Zellplasma, Zellmembran und Chloroplasten
*Unterschiede:* Das Augentierchen besitzt keine Zellwand und keine Zellvakuole. Es besitzt aber ein pulsierendes Bläschen, eine Geißel, einen Augenfleck und eine lichtempfindliche Stelle; es kann sich aktiv bewegen und bei Lichtmangel Nahrung aufnehmen, ähnlich wie die Zellen von Tieren.
*Vergleich von Augentierchen und Spermienzelle:*
*Gemeinsamkeiten:* Besitz von Zellkern, Zellmembran und einer Geißel; aktive Bewegung
*Unterschiede:* Beim Augentierchen befindet sich die Geißel am Vorderende, bewegt sich propellerartig kreisend und zieht das Augentierchen nach vorn, bei Spermien ist die Geißel nach hinten gerichtet, bewegt sich schlängelnd und schiebt das Spermium. Einer Spermienzelle fehlen Chloroplasten, Augenfleck und die lichtempfindliche Stelle, und sie kann auch keine Nahrung aufnehmen. Bis auf sehr geringe Rest hat sie kein Zellplasma.

*Zusatzinformation: In der Antwort sind die Verhältnisse bei einzelligen Pflanzenzellen und besonders gestalteten Zellen von Pflanzen, zum Beispiel männliche Keimzellen einfach gebauter Pflanzen nicht berücksichtigt.*

**C2 Begründe aufgrund der Ergebnisse von B1, ob das Augentierchen zu den Tieren oder Pflanzen gehört!**
Für die Zuordnung zu den Tieren spricht die Fähigkeit zur aktiven Bewegung mithilfe einer Geißel, das Fehlen einer Zellwand sowie die Fähigkeit, Nahrung aufnehmen zu können. Die Zuordnung zu den Pflanzen kann man vor allem mit dem Besitz von Chloroplasten begründen, womit die Fähigkeit vorhanden ist, durch Fotosynthese selbst Nährstoffe aufzubauen. Augentierchen weisen also sowohl Merkmale von Tieren als auch von Pflanzen auf und lassen sich daher nicht eindeutig zuordnen.

*Zusatzinformation: Augentierchen werden in der biologischen Systematik sowohl in das zoologische als auch botanische System eingeordnet, in der zoologischen Literatur in die Ordnung Euglenoidina der Klasse Flagellata und in der botanischen Literatur in die Ordnung Euglenales der Abteilung Euglenophyta.*
*Literaturhinweis: Lexikon der Biologie in vierzehn Bänden. – Spektrum Akademischer Verlag, Heidelberg, 1999–2004.*

**C3 Beschreibe den Versuchsaufbau und formuliere eine Frage, die mit diesem Versuch geklärt werden kann!**
*Versuchsaufbau:* Über ein Aquarium, in dem sich Wasser mit Augentierchen befindet, wird ein schwarzer Karton gestülpt, aus dem auf einer Seite das Wort Licht herausgeschnitten wurde. Auf dieser Seite wird das Aquarium nun mit einer Lampe beleuchtet. Nach einiger Zeit wird die Lampe ausgeschaltet und der Karton entfernt.
*Zu klärende Frage:* Kann man bei den Augentierchen eine Reaktion auf diese Beleuchtung beobachten?

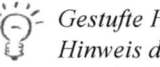
*Gestufte Hilfe:*
*Hinweis darauf geben, dass das Licht eine entscheidende Rolle spielt.*

**C4 Formuliere mindestens zwei Schlussfolgerungen, die aus dem Versuchsergebnis gezogen werden können!**
*Schlussfolgerungen:*
– Die Augentierchen haben sich dort gesammelt, wo Licht ins Aquarium einstrahlte. Aufgrund ihrer Chloroplasten zeigt sich dies im grünen Wort „Licht".
– Augentierchen können Licht wahrnehmen.

- Augentierchen bevorzugen belichtete Bereiche ihres Lebensraums.
- Augentierchen können die Lichtrichtung feststellen.
- Augentierchen reagieren auch auf künstliches Licht.
- Augentierchen sind zum Licht geschwommen, um Fotosynthese zu betreiben und Nährstoffe aufzubauen.

**C5 Begründe, weshalb das Augentierchen ein Lebewesen ist!**

Das Augentierchen ist ein Lebewesen, weil es alle Kennzeichen der Lebewesen aufweist:
- Es kann sich aus eigener Kraft mithilfe einer Geißel bewegen.
- Es besitzt einen Stoffwechsel, kann Nährstoffe selbst aufbauen und Nahrung aufnehmen.
- Es pflanzt sich durch Zellteilung (Längsteilung) fort.
- Die Zelle kann bis zu einer bestimmten Größe wachsen.
- Es kann Reize aufnehmen, zum Beispiel Lichtreize, und darauf reagieren, indem es zum Licht hin schwimmt.

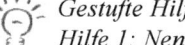
*Gestufte Hilfen:*
*Hilfe 1: Nenne zunächst die Kennzeichen der Lebewesen.*
*Hilfe 2: Kennzeichen der Lebewesen vorgeben.*

# Mikroorganismen und ihre Bedeutung

## 1 Bau und Lebensweise von Bakterien

### Bakterien sind wichtige Lebewesen

#### Seite 42–44

**1 Erläutere das Prinzip der Konservierung an mindestens zwei Beispielen!**
Das Prinzip der Konservierung beruht darauf, durch verschiedene Methoden die Lebensbedingungen von Mikroorganismen wie Bakterien zu verschlechtern, sodass sie abgetötet werden oder ihre Vermehrung eingeschränkt oder verhindert wird. So werden beim Kochen oder Sterilisieren (trockene Hitze) die meisten Bakteiren vernichtet. Beim Kühlen im Kühlschrank wird die Temperautr so weit abgesenkt, dass die Vermehrung der Bakterien stark eingeschränkt wird.
Beim Einsalzen (bei der Herstellung von Salzheringen) oder beim Einzuckern (Marmeladen- und Geleeherstellung) wird Wasser entzogen. Dadurch werden die Lebensbedingungen für bakterien ebenfalls verschlechtert. Auch beim Trocknen von Fisch, Fleisch, Pilzen und Obst erfolgt ein Wasserentzug, welcher das Wachstum von Mikroben verringert.
Eine weitere Form ist die Nutzung der Milchsäuregärung bei der Herstellung von Sauerkraut, Joghurt und Silage. Die Michsäure verhindert das Wachstum anderer Bakterien.

#### Seite 45 (Material)

**Material A – Herstellung eines mikroskopischen Färbepräparats von Bakterien des Zahnbelags!**

**A1 Beschreibe deine Beobachtungen! Nutze dazu auch die Abbildung!**
*Individuelle Schülerlösungen*

**A2 Informiere dich in Fachbüchern oder im Internet über die Bedeutung der Bakterien im Zahnbelag!**
*Individuelle Schülerlösungen*

*Zusatzinformation: Der Mundraum wird von vielen Bakterien und Hefen besiedelt. Darunter sind solche Bakterienarten, die Schutzfunktion gegenüber Krankheitskeimen aufweisen. Allerdings gibt es auch pathogene Bakterienarten. Von besonderer Bedeutung ist Streptococcus mutans. Diese Bakterienart löst Karies aus, weil sie Zucker in Säuren umwandelt, welche die Zahnoberfläche zerstören. Streptococcus mutans ist besonders im Zahnbelag nachweisbar.*
*Plague oder Zahnbelag besteht aus Nahrungsresten, Speichelbestandteilen und Bakterien. Er entwickelt sich besonders an schwer zugänglichen Zahnbereichen.*
*Um Plague und Karies zu verhindern, sollte auf eine nicht zu zuckerreiche Ernährung geachtet werden. Die Zähne sollten möglichst nach jedem Essen, aber mindestens zweimal am Tag geputzt werden.*

**Material B – Schwefelbakterien**

**B1 Vergleiche die Ernährungsweise der Schwefelbakterien mit der Ernährungsweise der Pflanzen!**

|  | Schwefelbakterien | Pflanzen |
|---|---|---|
| Ausgangsstoffe | Kohlenstoffdioxid, Wasser | |
| Energiequelle | chemische Energie aus Umwandlung von Schwefelverbindungen | Lichtenergie |
| Endprodukte | körpereigene, energiereiche, organische Stoffe | |
| Schlussfolgerung | Beide ernähren sich autotroph. | |

*Gestufte Hilfen:*
*Hilfe 1: Vorgabe des Tabellenrasters.*
*Hilfe 2: Vorgabe der Vergleichskriterien.*
*Hilfe 3: Ziehen einer Schlussfolgerung.*

**B2 Begründe die Funktion der Schwefelbakterien als Produzenten!**
In der Tiefsee ist kein Licht vorhanden, dadurch können hier keine Pflanzen leben, die durch Fotosynthese organische Stoffe herstellen. Sie können nicht den Beginn der Nahrungskette bilden. Schwefelbakterien dagegen benötigen für ihre autotrophe Ernährung kein Licht, sondern nutzen stattdessen die Umwandlung von Schwefelverbindungen, um energiereiche organische Stoffe zu gewinnen. An den *black smokers* sind sie deshalb die Produzenten.

**B3 Begründe die Sonnenunabhängigkeit des Ökosystems der *black smoker*!**
Die Produzenten in den Ökosystemen der *black smoker* sind Schwefelbakterien. In der Dunkelheit der Tiefsee nutzen sie Schwefelverbindungen vulkanischen Ursprungs für ihre autotrophe Ernährung. Somit sind diese Ökosysteme sonnenunabhängig.

**B4 Entwickle ein Fließschema zu einem Ökosystem, welches die Nahrungsbeziehungen verdeutlicht! Folgende Begriffe sollten enthalten sein: Produzenten, Konsumenten, Destruenten, abgestorbene Lebewesen, Kohlenstoffdioxid!**

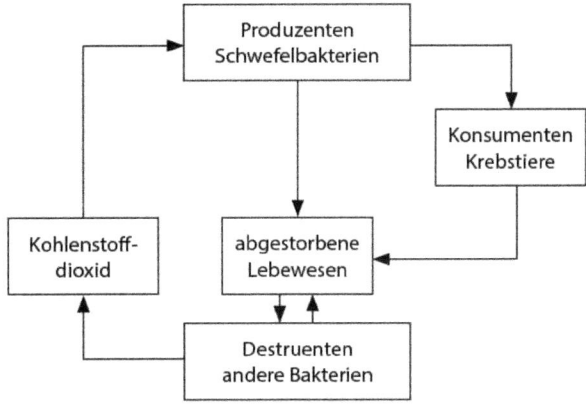

**B5 Ordne in das Fließschema die Lebewesen der *black smoker* ein!**
Vgl. Fließschema zu Aufgabe B4

# Bakterien als Krankheitserreger

## Seite 46–48

**1 Nenne die Bedingungen im Körper des Menschen, die eine starke Vermehrung von Bakterien begünstigen können!**
Im menschlichen Körper können manche Bakterien sich stark vermehren, weil sie dort optimale Bedingungen wie Wärme, gutes Nahrungsangebot und Feuchtigkeit finden.

**2 Nenne drei Unterschiede im Bau von Bakterien- und Pflanzenzelle!**
*Zellwand*
*Bakterienzelle:* Bakterienzellwand, Kapsel
*Pflanzenzelle:* Pflanzenzellwand, keine Kapsel

*Erbsubstanz*
*Bakterienzelle:* frei im Zellplasma
Pflanzenzelle: im Zellkern

*Chloroplasten/Mitochondrien*
*Bakterienzelle:* keine Chloroplasten, keine Mitochondrien
*Pflanzenzelle:* Chloroplasten, Mitochondrien

*Vakuole*
*Bakterienzelle:* keine Vakuole
*Pflanzenzelle:* Vakuole

*Größe*
*Bakterienzelle:* wenige Tausendstel Millimeter
*Pflanzenzelle:* ungefähr 50-mal größer

## Seite 49 (Material)

### Material A – Vermehrung von Bakterien

**A1 Berechne, wie viele Bakterien nach fünf Stunden aus einer Bakterienzelle entstanden sind, wenn alle 20 Minuten eine Teilung stattfindet! Stelle die errechneten Werte als Liniendiagramm dar!**

**Wertetabelle:**

| Zeit (Minuten) | 0 | 20 | 40 | 60 | 80 | 100 |
|---|---|---|---|---|---|---|
| Anzahl der Bakterien | 1 | 2 | 4 | 8 | 16 | 32 |

| Zeit (Minuten) | 120 | 140 | 160 | 180 |
|---|---|---|---|---|
| Anzahl der Bakterien | 64 | 128 | 256 | 512 |

| Zeit (Minuten) | 200 | 220 | 240 | 260 |
|---|---|---|---|---|
| Anzahl der Bakterien | 1024 | 2048 | 4096 | 8192 |

| Zeit (Minuten) | 280 | 300 |
|---|---|---|
| Anzahl der Bakterien | 16384 | 32768 |

Nach fünf Stunden sind aus einer Bakterienzelle 32168 Bakterienzellen entstanden.

**A2 Stelle deine errechneten Werte in einem Liniendiagramm dar!**

**Liniendiagramm:**

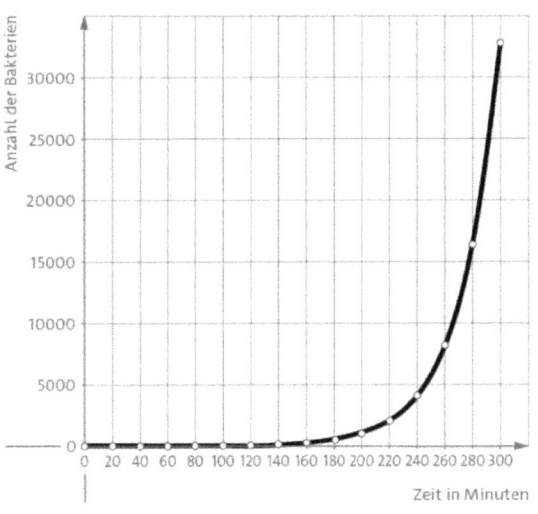

 *Gestufte Hilfen:*
*Hilfe 1: Lege zunächst eine Wertetabelle an.*
*Hilfe 2: Vorgabe der Achsenbeschriftung.*
*Hilfe 3: Vorgabe der Achsenskalierung*
*(x-Achse: 1 cm = 20 min;*
*y-Achse: 1 cm = 100 Bakterien).*

*Zusatzinformation: Die Vermehrung von Bakterien wird durch ein exponentielles Wachstum beschrieben. Es kann als Funktion in einer allgemeinen Form $f(t) = a_0 e^{\lambda \cdot t}$ dargestellt werden. $a_0$ ist dabei die Anzahl der Bakterien zum Ausgangszeitpunkt $t = 0$, e ist die Eulersche Zahl, $\lambda$ ist die Wachstumsrate.*

*Wir wissen, dass zum Zeitpunkt $t = 0$ ein Bakterium vorhanden ist. Daraus folgt $f(0) = 1$, wir setzen ein:*

$1 = a_0 \cdot e^{\lambda \cdot 0}$

$a_0 = 1$

*Zum Zeitpunkt $t = 20$ sind 2 Bakterien vorhanden. Daraus folgt: $f(20) = 2$, wir setzen ein:*

$2 = 1 \cdot e^{\lambda \cdot 20}$

$\ln 2 = \lambda \cdot 20$

$\dfrac{\ln 2}{20} = \lambda$

$\lambda \approx 0{,}03466$

$\rightarrow f(t) = e^{\lambda \cdot t}$

Durch Einsetzen des Wachstumsfaktors $\lambda$ in die Formel $f(t) \cdot e^{\lambda \cdot t}$ kann die Anzahl der Bakterien in unserem Beispiel zu beliebigen Zeitpunkten näherungsweise berechnet werden. Beispiel 60 Minuten:

$f(60) = e^{0{,}03466 \cdot 60}$

$f(60) \approx 8$

**A3 Vergleiche die von dir erstellte Kurve mit der abgebildeten Kurve!**
Im abgebildeten Liniendiagramm kann auf der y-Achse die Anzahl der Bakterien abgelesen werden. Auf der x-Achse ist die Zeit in Minuten dargestellt.
Innerhalb der ersten drei Stunden verlaufen die theoretische und praktische Entwicklung einer Bakterienkolonie identisch – beide Kurven steigen gleich an. Während die Kruve für das theoretische Wachstum danach weiter ansteigt, flacht sich die praktische Kurve ab, bleibt konstant und sinkt schließlich.

**A4 Stelle Vermutungen an, wie sich die Unterschiede zwischen den beiden Kurven erklären lassen!**
Die erstellte Kurve stellt ein hypothetisches, ungebremstes Wachstum der Bakterien dar, die im Lehrbuch abgebildete Kurve basiert auf einem realen Wachstum.
Die Bakterien können sich in einer bestimmten Umgebung nicht grenzenlos vermehren. Durch die steigende Anzahl verschlechtern sich die Lebensbedingungen der Bakterien. Platz und Nährstoffe sind begrenzt. Zudem geben die Bakterien Stoffwechselendprodukte ab, was das Bakterienwachstum ebenfalls negativ beeinflusst. Deshalb flacht die abgebildete Kurve nach einiger Zeit ab. Nachdem die Nährstoffe aufgebraucht sind und sich die Lebensbedingungen insgesamt sehr stark verschlechter haben, sterben die Bakterien.

 *Gestufte Hilfe: Bedenke, dass Bakterien für ihre Lebensvorgänge Nährstoffe benötigen.*

*Zusatzinformation: Beide Kurven sind zeichnerisch unterschiedlich. Die von den Schülern erstellte Kurve stellt einen Ausschnitt aus der im Buch abgebildeten Kurve dar. Ursächlich für die Abnahme der Vermehrungsrate und den Rückgang der Bakterienanzahl sind: Nährstoffmangel, hohe Populationsdichte, sinkender $O_2$-Partialdruck sowie die zunehmende Konzentration an Stoffwechselprodukten (beispielsweise Säuren) im Nährmedium. Die Bakterienzellen können auch durch zelleigene Enzyme aufgelöst werden (Autolyse).*

**Material B – Infektionen und Vorbeugung**

**B1 Vergleiche die Übertragungswege der genannten, durch Bakterien verursachten Krankheiten!**
Die *Pest* wird durch den Stich eines Flohs übertragen. Der *Tripper* wird durch Geschlechtsverkehr übertragen. Der *Scharlach* wird durch Tröpfcheninfektion übertragen.

**B2 Beschreibe Maßnahmen, mit denen man sich vor einer Infektion mit den beschriebenen Krankheiten schützen kann!**
*Pest:* Durch eine Bekämpfung von Ratten und Flöhen sowie einen Schutz der Menschen vor Flohstichen kann einer Infektion mit der Beulenpest vorgebeugt werden.
*Tripper:* Die Übertragung von Tripper kann durch den Gebrauch von Kondomen beim Geschlechtsverkehr verhindert werden.
*Scharlach:* Um eine Infektion mit Scharlach zu vermeiden, sollte man keinen zu engen Kontakt zu infizierten Personen haben.

**B3 Stelle Vermutungen an, weshalb im Mittelalter so viele Menschen an der Pest erkrankten!**
Die schlechten hygienischen Bedingungen im Mittelalter konnten zu einer starken Vermehrung der Ratten und Flöhe führen. Da man weder über den Übertragungsweg noch über den Erreger Bescheid wusste, konnte man die Krankheit nicht eindämmen. Antibiotika waren nicht bekannt.

*Zusatzinformation: Die Pest tritt hauptsächlich in drei Erscheinungsformen auf, der Lungenpest, der Beulenpest sowie der Pestsepsis. Die Beulenpest endet unbehandelt in ca. 50 % der Fälle tödlich, die anderen Formen in nahezu allen Fällen. Die primäre Lungenpest wird durch Tröpfcheninfektion übertragen. Bei der Pestsepsis gelangen gleichzeitig große Mengen an Pesterregern (z. B. aus den nach innen platzenden Beulen) in die Blutbahn oder dann in die Lunge (sekundäre Lungenpest). Es ist nicht abschließend geklärt, ob das Pestbakterium Yersiniapestis alleine für die verheerende Pandemie seit Mitte des 14. Jahrhunderts („Schwarzer Tod", ca. 25 Mio. Opfer) verantwortlich gemacht werden kann. Welchen Anteil die Lungenpest an den Pandemien hatte, ist nicht bekannt, die Lungenpest ist auch heute noch nicht endgültig verstanden. Warum die Epidemien gegen Ende des 17. Jh. nur noch vereinzelt auftraten, ist ebenfalls nicht geklärt. Eine Beteiligung des Menschenflohs an der schnellen Ausbreitung der Pest wird diskutiert.*

*Die letzte große Pestepidemie grassierte im Winter 1910/11 in der chinesischen Mandschurei und forderte mindestens 60 000 Menschenleben. Als Reservoir für Yersinia fungierte das damals noch häufige TarbaganMurmeltier (Marmotasibirica), ein beliebtes Jagdtier.*

*Auch heute treten weltweit noch zwischen 1 000 und 3 000 Pestfälle pro Jahr auf, u. a. in China, Peru, Kongo (WHO 2011).*

**B4 Stelle Vermutungen an, wie dieser Unterschied erklärt werden könnte!**

Nach Naturkatastrophen kann das Trinkwasser auch durch menschliche Ausscheidungen verschmutzt werden, weil die Abwasserreinigung und/oder die Trinkwasserversorgung ausfallen. Wenn die Ausscheidungen eines cholerakranken Menschen ins Trinkwasser gelangen, können sich gleichzeitig viele Menschen, die dieses Wasser trinken, mit Cholera infizieren.

Die Übertragung von Scharlach geschieht dagegen durch Tröpfcheninfektion. Für die Übertragung ist relativ enger Kontakt notwendig.

*Gestufte Hilfe: Berücksichtige dabei vor allem die Art der Infektionswege!*

# 2 Hefen – bedeutsame Pilze

## Helfer bei der Lebens- und Genussmittelherstellung

### Seite 50–52

**1 Vergleiche den Bau von Hefezellen mit tierischen und pflanzlichen Zellen sowie mit Bakterien!**

| Kriterium | Hefezelle | Bakterienzelle | Pflanzenzelle | Tierzelle |
|---|---|---|---|---|
| Zellkern | vorhanden | nicht vorhanden | vorhanden | vorhanden |
| Zellplasma | vorhanden | vorhanden | vorhanden | vorhanden |
| Chloroplasten | nicht vorhanden | nicht bzw. teilweise vorhanden | vorhanden | nicht vorhanden |
| Mitochondrien | vorhanden | nicht vorhanden | vorhanden | vorhanden |
| Zellmembran | vorhanden | vorhanden | vorhanden | vorhanden |
| Zellwand | vorhanden | vorhanden | vorhanden | nicht vorhanden |
| Vakuole | vorhanden | nicht vorhanden | vorhanden | nicht vorhanden |

*Hinweis: Natürlich kann der Vergleich auch in Textform geschehen. Aber auch hier müssen Gemeinsamkeiten und Unterschiede zwischen den Organismen dargestellt werden.*

**2 Erläutere drei Bedeutungen der Hefen für den Menschen!**

Hefen haben eine große Bedeutung für die Herstellung von Genuss- und Nahrungsmitteln. So stellen Bier- und Weinhefen unter Sauerstoffausschluss aus Malzzucker (Bierherstellung) oder aus Traubenzucker (Weinherstellung) Alkohol (Ethanol) her, was bei der Produktion der jeweiligen Genussmittel ausgenutzt wird.

Auch bei der Hefeteigherstellung spielen Hefen eine große Rolle. Das bei ihrer Stoffwechseltätigkeit gebildete Gas Kohlenstoffdioxid lockert den Teig. Zudem geben die Hefen dem Teig den typischen Geschmack.

Hefen kommen im menschlichen Organismus vor. Wenn unser Immunsystem nicht richtig arbeitet, können sie Erkrankungen hervorrufen.

Hefen werden auch aufgrund ihres hohen Eiweißgehaltes als Tierfutter genutzt.

**3 Die höchste Konzentration von Alkohol im Wein beträgt ungefähr 14 Prozent. Begründe, warum keine höheren Alkoholwerte erreicht werden!**

Alkohol ist für Zellen giftig, auch für Hefezellen. Bei einem Alkoholgehalt von 14 Prozent sterben die Hefen ab oder werden in ihrem Stoffwechsel eingeschränkt, sodass sie keine weitere alkoholische Gärung mehr betreiben können und somit der Alkoholgehalt nicht weiter ansteigt.

## Seite 53 (Material)

### Material A – Pilze in der Natur

**A1 Definiere die Begriffe Symbiose und Parasitismus! Nutze dazu Fachbücher beziehungsweise das Internet!**
*Symbiose*: ist eine Wechselbeziehung zwischen zwei Organismusarten zum beiderseitigen Vorteil.
*Parasitismus*: ist eine Wechselwirkung zwischen zwei Lebewesenarten, wobei nur ein Partner, der Parasit, einen Nutzen hat.

*Zusatzinformation: Parasitoide sind Parasiten, die ihre Beute töten (beispielsweise Schlupfwespen).*

**A2 Recherchiere die Lebensweise von Birkenpilz, Hallimasch und Zunderschwamm und ordne die genannten Ernährungsweisen zu!**
*Birkenpilz:* Symbiose zwischen Birkenpilz und Birke
*Hallimasch:* kann einerseits ein Saprophyt (eine Moderpflanze) sein. Der Pilz zersetzt totes organisches Material und ist an der Humusbildung beteiligt. Somit hat er große Bedeutung im Stoffkreislauf der Natur. Andererseits kann auch der Hallimasch als Parasit fungieren, indem er dem Baum einseitig Nährstoffe entzieht.
*Zunderschwamm:* Parasit, der vor allem Birken und Buchen befällt.

**A3 Informiere dich in Fachbüchern oder im Internet über die Symbioseform Mykorrhiza und erläutere die Wechselwirkungen zwischen dem Pilz und dem pflanzlichen Partner!**
*Mykorrhiza* ist eine Symbiose zwischen einem Baum (Baumwurzel) und einem Pilz. Beide Organismenarten profitieren von dieser Form des Zusammenlebens. Der Pilz versorgt über sein Myzel den Baum (die Baumwurzel) zusätzlich mit Wasser und darin enthaltenen Mineralien. Gleichzeitig versorgt der Pilz den Baum mit dem Ausatemgas Kohlenstoffdioxid.
Der Baum versorgt den Pilz mit Nährstoffen wie Glukose und dem lebensnotwendigen Sauerstoff.

**A4 Beschreibe die Bedeutung der Pilze in ihrem Lebensraum! Gehe dabei auf die drei unterschiedlichen Formen der Ernährung ein!**
Pilze haben eine große Bedeutung im Kreislauf der Natur als Reduzenten (Destruenten). Sie zersetzen totes organisches Material und stellen anorganisches Material her, welches die Pflanzen wieder aufnehmen können.
Einige Pilze leben als Parasiten an Pflanzen, aber auch an Tieren (und am Menschen) und können so Krankheiten auslösen und Lebewesen schädigen. Meistens werden dabei aber Lebewesen angegriffen, die schon vorgeschädigt sind und deren Abwehrkräfte geschwächt sind. Langfristig ist das für die Stabilität eines Lebensraum durchaus von Bedeutung.

Sehr viele Bäume und Pilze leben in Symbiose zum beiderseitigen Vorteil. Bekannte Beispiele sind der Birkenpilz und die Birke sowie die Europäische Lärche und der Lärchenröhrling. Diese Art des Zusammenlebens ermöglicht oft erst das Wachstum der Bäume an bestimmten Standorten.

### Versuch B – Backhefe

**B1 Beschreibe deine Beobachtung!**
Im mikroskopischen Bild sind viele kleine Hefezellen erkennbar. Die Zellen sind runder Gestalt und weisen eine deutliche dicke Zellwand als Begrenzung auf. Manche Hefezellen liegen einzeln im Präparat vor, andere hängen als Ketten oder Haufen zusammen.

**B2 Stelle eine Vermutung darüber an, warum dem Ansatz Zucker zugesetzt wurde!**
Hefen ernähren sich von Zucker. Sie brauchen den Zucker also zum Überleben.

**B3 Informiere dich im Internet, wie Hefe industriell genutzt wird! Ergänze dabei folgende Tabelle! Erstelle anschließend ein Poster zur industriellen Nutzung von Hefe!**

| Herstellung von … | Jährlicher Verbrauch in Deutschland an Hefe in 1000 t |
|---|---|
| Bier | |
| Wein | |
| Ethanol-Kraftstoff | |
| Backwaren | |
| … | |

## Praktikum – Wir untersuchen Mikroorganismen

### Seite 54 (Praktikum A - Milchsäurebakterien)

**Versuch 1 – Milchsäurebakterien unter dem Mikroskop**

**A1 Mikroskopiere das Präparat! Erstelle von den Milchsäurebakterien eine mikroskopische Zeichnung!**
*Individuelle Schülerlösungen*

*Zusatzinformation: Milchsäurebakterien können sehr unterschiedliche Formen aufweisen. Dabei kann es sich um Kokken, Bazillen, Spirillen und Vibrionen handeln. Die Bazillen und Kokken liegen entweder einzeln, zu zweit (als Doppelkokken/Doppelstäbchen) oder zu mehreren in Kettenform vor. Die Bakterien im Joghurt sind häufig stäbchenförmig.*

**A2 Recherchiere, durch welche Prozesse Milchsäurebakterien ihre lebensnotwendige Energie gewinnen!**
Milchsäurebakterien gewinnen ihre Energie durch den Stoffwechselprozess Gärung. Die Gärung ist eine Form der Dissimilation. Bei der Gärung werden energiereiche organische Verbindungen, hier Glukose, ohne Sauerstoff zu energieärmeren organischen Stoffen, hier die Milchsäure, abgebaut. Die Glukose ist Bestandteil des Milchzuckers (Laktose). Die daraus gewonnene Energie wird zur Aufrechterhaltung der Stoffwechselprozesse der Bakterien genutzt.

**A3 Gib Prozesse an, bei denen die Lebensweise der Bakterien zur Konservierung von Lebensmitteln ausgenutzt wird!**
Die Lebensprozesse der Milchsäurebakterien werden zur Käseherstellung, Herstellung von Quark und Joghurt, Herstellung von Sauerkraut, Herstellung von sauren Gurken (Salzgurken) genutzt.

### Versuch 2 – Von der Milch zum Quark

**A4 Beobachte und notiere die Veränderungen täglich!**
*Individuelle Schülerlösungen*

*Zusatzinformation: Nach ein paar Tagen entsteht die Dickmilch. (Die Zeitdauer ist temperaturabhängig.) Auf der Oberfläche setzen sich die festen Eiweißbestandteile, das Kasein, ab. Darunter befindet sich die flüssige Molke.*

**A5 Übernimm die nebenstehende Skizze in dein Protokoll! Erläutere anhand dieser Skizze die Begriffe Kasein und Molke!**
*Kasein ist der Proteinanteil (feste Bestandteile) in der geronnenen Milch, der zur Quark- und Käseherstellung genutzt wird.*
*Molke ist die weiß-grünliche Flüssigkeit, die sich nach der Milchgerinnung absetzt. Sie enthält in geringen Mengen Kohlenhydrate, Fette, Eiweiße und Mineralien.*

*Hinweis: Die Schülerinnen und Schüler sollten die Skizze entsprechend beschriften.*

**A6 Recherchiere, wie Quark herstellt wird!**
Zur Quarkherstellung verwendet man möglichst Frischmilch und gibt eine Milchsäurebakterienkultur (beispielsweise durch etwas Sauermilch) hinzu. Da Milchsäurebakterien in der Luft vorkommen, reicht es im Allgemeinen auch, Frischmilch einfach an der Luft stehen zu lassen. Durch die Milchsäuregärung, ein Stoffwechselprozess, der für diese Bakterien typisch ist, entsteht Milchsäure. Der sinkende pH-Wert bewirkt die Gerinnung der Milch (der Proteine).
Die feste Masse (Kasein) und die flüssige Molke werden getrennt. Zu Hause kann man das Kasein in ein Sieb mit Tuch geben und die Molke herauspressen. Im Tuch bleibt der Quark übrig, der nach entsprechender Trocknung verzehrt werden kann.

*Zusatzinformation: Industriell kann die Gerinnung der Milch auch durch das Labenzym bewirkt werden. Für einige Quarksorten werden der Milch sowohl Milchsäurebakterienkulturen als auch Labenzym zugesetzt.*

### Versuch 3 – Sauerkraut selbst hergestellt

**A7 Erkläre, warum das Kraut luftdicht abgeschlossen werden muss!**
Die Milchsäuregärung erfolgt unter Luftabschluss, da für diesen Prozess kein Sauerstoff erforderlich ist. Bei Anwesenheit von Sauerstoff können andere Prozesse ablaufen, die zum Verderb des Nahrungsmittels führen. So könnten beispielsweise durch Bakterien bedingte Verwesungsprozesse auftreten.

**A8 Ermittle die Veränderung des pH-Wertes! Entnimm eine Flüssigkeitsprobe sofort nach Fertigstellung des Ansatzes und bestimme den pH-Wert! Ermittle den Wert dann sechs Wochen lang alle drei Tage! Notiere die Ergebnisse!**
*Die Aufgabe ist ergebnisoffen.*

**A9 Stelle deine Ergebnisse in einem Diagramm dar und werte es aus!**
*Die Aufgabe ist ergebnisoffen, die Lösung (Liniendiagramm) ist vom konkreten Versuchsabsatz abhängig.*

*Zusatzinformation: Im Laufe der sechswöchigen Untersuchung wird die Lösung immer saurer. Der pH-Wert fällt kontinuierlich von ungefähr 7 (neutral) bis ungefähr 4,5–4,0 ab.*

**A10 Erkläre die Veränderung des pH-Wertes im Versuchszeitraum!**
Im Laufe der Zeit zersetzen die Milchsäurebakterien im Rahmen der Energiegewinnung immer mehr Glukose. Daraus entsteht die Milchsäure. Da es sich um eine (organische) Säure handelt, reagiert die Flüssigkeit in Abhängigkeit von der Konzentration der Milchsäure zunehmend saurer und der pH-Wert der Lösung sinkt entsprechend.

**A11 Begründe, warum Sauerkraut zu einer gesunden Ernährung beitragen kann!**
Im Sauerkraut sind Vitamine, wie beispielsweise Vitamin C und Vitamin B 12 enthalten. Außerdem enthält Sauerkraut viele Ballaststoffe. Beide Bestandteile sind für eine gesunde Ernährung wichtig, denn Vitaminmangel kann zu Mangelerscheinungen führen und Ballaststoffe sind für eine geregelte Verdauung wichtig, da sie die Darmfüllung beeinflussen.

## Seite 55 (Praktikum B – Bodenbakterien)

### Versuch 1 – Humusbildung

**B1 Beobachte die Veränderungen in den Gläsern ein halbes Jahr lang! Kontrolliere regelmäßig einmal die Woche und notiere deine Ergebnisse!**
*Die Aufgabe ist ergebnisoffen.*

*Zusatzinformation: Im Versuchsprotokoll muss zum Ausdruck kommen, dass die reine Laubstreu am schnellsten zersetzt wurde.*
*Im Stoffgemisch von Laubstreu und Holzresten wurde die Laubstreu umgesetzt, während die Holzreste im Untersuchungszeitraum nur unvollständig abgebaut wurden.*
*Im Stoffgemisch aus Laubstreu, Holz und Plastik ist erkennbar, dass die Laubstreu zersetzt, die Holzreste teilweise umgesetzt wurden, bei den Plastikresten jedoch kein Abbau erfolgte.*

*Hinweis: Aus den Untersuchungsergebnissen können Schlussfolgerungen abgeleitet werden:*
*Da Plastik nicht oder kaum kompostierbar ist, sollte Plastikabfall auf keinen Fall in Gartenabfall geraten.*
*Holzreste benötigen für die Kompostierung eine längere Zeit. Daher sollten Holzreste und Laubstreu getrennt werden.*

**B2 Erkläre, warum die Gartenerde zu den Ansätzen gegeben wird!**
In der Gartenerde befindet sich eine sehr große Anzahl von Bodenbakterien, die als Zersetzerorganismen (Reduzenten bzw. Destruenten) fungieren und somit die Kompostierung und Humusbildung beschleunigen.

**B3 Für die Humusbildung in einem Gartenkomposter wird empfohlen, Laub und Holzabfälle vor dem Befüllen zu trennen. Bewerte diese Empfehlung unter Nutzung deiner Versuchsergebnisse!**
Holzabfälle bestehen vorwiegend aus Holzstoff oder Lignin, während Laubstreu vor allem aus Zellulose besteht. Die Mikroorganismen können Zellulose viel schneller abbauen als Holzstoff.
Durch die Trennung entsteht so ein gleichmäßiger, für den Garten schneller nutzbarer Kompost bzw. Humus und ein unnötiges Trennen (Sieben) wird vermieden.

**B4 In einigen Städten gibt es neben der Hausmülltonne auch Biotonnen. Nimm dazu Stellung!**
Diese Form der Mülltrennung dient der Restmüllvermeidung. Der Biomüll wird wieder in den Kreislauf der Natur zurückgeführt und landet nicht auf der Mülldeponie oder bei der Müllverbrennung. Aus den Biomüllresten kann Kompost hergestellt werden, der der Bodenverbesserung dient. Als Alternative kann er zur Biogasherstellung genutzt werden.

**B5 Erläutere die Bedeutung der Bodenbakterien in der Natur!**
Die Bodenbakterien spielen eine große Rolle im Kreislauf der Natur als Reduzenten (Zersetzerorganismen, Mineralisierer). Diese Bodenbakterien, aber auch Pilze, zersetzen tote organische Substanz wie Laubstreu, Holz, Tierleichen und Kot zu Humusstoffen und letztendlich zu anorganischen Stoffen ab. Dabei entstehen unter anderem Kohlenstoffdioxid, Wasser und Mineralstoffe. Diese Stoffe stehen den Pflanzen wiederum zur Verfügung.

## Seite 55/56 (Praktikum C – Wachstum und Vermehrung bei Hefen)

### Versuch 1 – Gasentwicklung bei der alkoholischen Gärung

**C1 Stelle eine begründete Vermutung auf, was mit dem Luftballon passieren wird!**
*Beispiel:* Bei der Gärung entsteht das Gas Kohlenstoffdioxid. Ich vermute, dass das austretene Gas den Luftballon langsam aufbläst.

**C2 Stelle die Versuchsansätze bei Zimmertemperatur auf! Beobachte eine Stunde lang! Beschreibe die Veränderungen und überprüfe deine Vermutung!**
Die Vermutung konnte bestätigt werden. Nach kurzer Zeit entstanden im Erlmeyerkolben mit Gäransatz Gasblasen, die nach oben stiegen und den Luftballon füllten.

**C3 Erläutere die Bedeutung der alkoholischen Gärung für die Hefen!**
Die Hefen betreiben die alkoholische Gärung bei Sauerstoffabwesenheit zur Energiegewinnung, um ihre Lebensprozesse aufrecht zu erhalten.
Die Energie, die bei der Umsetzung von Glukose zu Alkohol (Ethanol) und Kohlenstoffdioxid freigesetzt wird, dient beispielsweise zum Aufbau körpereigener Stoffe sowie zur Vermehrung.

**C4 Zur Herstellung von Wein wird Traubensaft unter Nutzung von Hefen vergoren! Erkläre, warum die Gefäße bei der Weinherstellung nicht mit einem Stopfen, sondern mit einem Gärröhrchen verschlossen werden!**
Bei der alkoholischen Gärung entsteht als ein Endprodukt das gasförmige Kohlenstoffdioxid, was entweichen muss. Durch das Gärröhrchen kann das Gas ungehindert austreten. Ein Stopfen würde das Entweichen des entstandenen Kohlenstoffdioxids verhindern und so zu einem erhöhten Druck im Reaktionsgefäß führen.
Da das Gärrohrchen mit Wasser gefüllt ist, verhindert es gleichzeitig das Eindringen von Sauerstoff. In Anwesenheit von Sauerstoff könnte sonst der gebildete Alkohol durch entsprechende Bakterien – Essigsäurebakterien - zu Essigsäure umgewandelt werden. Nicht zuletzt verhindert das mit Flüssigkeit gefüllte Gärröhrchen auch das Eindringen von Bakterien aus der Luft.

**C5 Begründe, warum das Gärröhrchen mit Wasser befüllt wird!**

Das bei der Gärung entstandene Kohlenstoffdioxid kann ungehindert über das Gärröhrchen mit dem Wasser nach außen gelangen, aber das Eindringen von Sauerstoff wird verhindert. In Anwesenheit von Sauerstoff könnte sonst der gebildete Alkohol durch entsprechende Bakterien (Essigsäurebakterien) zu Essigsäure umgewandelt werden.

Nicht zuletzt verhindert das mit Flüssigkeit gefüllte Gärröhrchen auch das Eindringen von Bakterien aus der Luft.

**Versuch 2 – Bei welcher Temperatur vermehren sich Hefen am schnellsten?**

**C6 Kontrolliere die Versuchsansätze fünf Tage lang jeweils zur gleichen Zeit! Achte besonders auf die Bläschenbildung sowie die Verfärbung der Flüssigkeit im Gärröhrchen! Notiere deine Ergebnisse in einer Tabelle!**

*Versuchsansatz 1 (ca. 7 Grad Celsius):* Bei dieser Temperatur findet nur eine geringe Bläschenbildung (Kohlenstoffdioxidbildung) statt. Das Kalkwasser verfärbt sich leicht trüb.

*Versuchsansatz 2 (12–15 Grad Celsius):* Bei dieser Temperatur findet im Vergleich zum Versuchsansatz 1 eine erhöhte Bläschenbildung statt. Das Kalkwasser verfärbt sich weiß.

*Versuchsansatz 3 (20–24 Grad Celsius):* Bei diesem Temperaturbereich findet eine kontinuierliche und ständige Bläschenbildung statt. Das Kalkwasser ist trüb weiß gefärbt.

*Versuchsansatz 4 (abgekochte Hefelösung):* Hier findet keine Bläschenbildung statt. Das Kalkwasser bleibt klar.

Vergleiche Tabellen unten.

**C7 Werte deine Ergebnisse unter der Fragestellung zum Versuch aus!**

Die Aktivität der Hefen, ihr Stoffwechsel und ihre Vermehrung sind abhängig von der Außentemperatur. Je höher die Temperatur, desto schneller der Stoffwechsel. Allerdings gilt dies nur bis zu einer Temperatur von 40 bis 50 Grad Celsius. Oberhalb dieser Temperaturen werden die Lebewesen abgetötet. Die Ursache dafür liegt in der Zerstörung ihrer lebensnotwendigen Enzyme – die Eiweiße denaturieren –, ohne die Lebensprozesse wie die Atmung nicht mehr stattfinden können.

*Gestufte Hilfen:*
*Hilfe 1: Überlege, welche Funktionen Eiweiße im Körper haben!*
*Hilfe 2: Berücksichtige die Wirkung von Hitze auf Eiweiße!*

*Zusatzinformation: Als Hintergrundinformation können die Schülerinnen und Schüler auf die Reaktions-Geschwindigkeits-Temperaturregel (RGT-Regel) aufmerksam gemacht werden: Erhöht man die Temperatur um 10 Grad Celcius (10 Kelvin), so erhöht sich die Reaktionsgeschwindigkeit um das Zwei- bis Dreifache.*

**C8 Der Versuchsansatz vier dient als Vergleichslösung. Stelle eine begründete Vermutung auf, warum bei diesem Versuchsansatz keine Bläschenbildung stattfindet!**

*Mögliche Vermutung:* Durch die Hitze des Aufkochens wurden lebenswichtige Eiweißstrukturen der Hefen zerstört, sodass die Hefen abgetötet wurden. Daher findet im Gefäß auch keine Gärung mehr statt. Dementsprechend kann auch kein Kohlenstoffdioxid mehr gebildet werden und die Gasentwicklung bleibt aus.

*Gestufte Hilfen:*
*Hilfe 1: Überlege, welche Funktionen Eiweiße im Körper haben!*
*Hilfe 2: Berücksichtige die Wirkung von Hitze auf Eiweiße!*

| Gasentwicklung | Tag 1 | Tag 2 | Tag 3 | Tag 4 | Tag 5 |
|---|---|---|---|---|---|
| Versuch 1 | schwach | schwach | schwach | schwach | schwach |
| Versuch 2 | gering | gering | gering | gering | gering |
| Versuch 3 | stark | stark | stark | stark | stark |
| Versuch 4 | keine | keine | keine | keine | keine |

| Trübung im Gärröhrchen | Tag 1 | Tag 2 | Tag 3 | Tag 4 | Tag 5 |
|---|---|---|---|---|---|
| Versuch 1 | keine bis schwach | schwach | gering | mittelmäßig | stark |
| Versuch 2 | schwach | gering | mittelmäßig | stark | stark |
| Versuch 3 | mittelmäßig | stark | stark | sehr stark | sehr stark |
| Versuch 4 | keine | keine | keine | keine | keine |

## Versuch 3 – Wirkung von Hefen bei der Herstellung von Hefeteig

### C9 Lies etwa eine Stunde lang alle zehn Minuten die Teighöhen ab! Erstelle aus den Werten ein Liniendiagramm!
*Die Aufgabe ist ergebnisoffen.*

 *Gestufte Hilfe:*
*Hilfe 1: Zeichne ein Koordinatensystem und trage auf der x-Achse die Zeit in Minuten und auf der y-Achse das Volumen des Teigs in Milliliter ein!*
*Hilfe 2: Trage die Messwerte für alle Versuche mit unterschiedlichen Farben in das gleichen Koordinatensystem ein!*

### C10 Vergleiche die vier Versuchsansätze und begründe die unterschiedlichen Ergebnisse!
Folgende Lösungen sind zu erwarten:
*Versuchsansatz 1 (Wasser, Mehl):* Hier findet keine Veränderung des Volumens statt, da Hefe und Zucker fehlen.
*Versuchsansatz 2 (Wasser, Mehl, Hefe):* Es findet kaum oder nur eine verzögerte Volumenzunahme statt. Die Stärke aus dem Mehl muss erst zu Glukose umgewandelt werden, damit die Hefen einen optimalen Gärprozess durchführen können und durch das entstandene Kohlenstoffdioxid eine Volumenzunahme erfolgt.
*Versuchsansatz 3 (Wasser, Mehl, Zucker):* Hier findet keine Volumenzunahme statt, da die Hefe fehlt. Der Gärungsprozess ist Teil des Stoff- und Energiewechsels der Hefen. Daher findet ohne sie auch keine Gärung statt, es entsteht kein Kohlenstoffdioxid und der Teig kann nicht aufgehen.
*Versuchsansatz 4 (Wasser, Mehl, Zucker, Hefe):* Bei diesem Versuchsansatz ist eine starke Volumenzunahme zu beobachten, da sowohl Hefen vorhanden sind, als auch die notwendigen Stoffe für die Gärung. Die Hefen können den Zucker durch alkoholische Gärung bauen. Der Teig geht aufgrund der Kohlenstoffdioxidentwicklung auf.

### C11 Erkläre die Volumenzunahme des rohen Hefeteigs!
Durch die Tätigkeit der Hefen wird Kohlenstoffdioxid abgegeben. Dieses Gas gelangt zwischen die Teilchen des Kuchenteigs und bildet kleine Blasen. Dies bewirkt die Volumenzunahme des rohen Teigs. Beim Backen verfestigen sich die Strukturen, sodass der Hefekuchen locker und luftig wird.

# Wirbellose Tiere in ihren Lebensräumen

## 1 Viele Tiere zählen zu den Wirbellosen

### Vielfalt der wirbellosen Tiere

#### Seite 63 (Material)

#### Material A – Wirbellose ordnen

**A1 Ordne die abgebildeten wirbellosen Tiere ihren Stämmen zu! Begründe deine Auswahl!**
*Gemeiner Kalmar:* ein Weichtier. Sein Körper ist erkennbar nicht in Abschnitte untergliedert. Er ist ein Kopffüßer. Man erkennt Kopf, Fuß (Fangarme/Tentakel) und Eingeweidesack.
*Kaiserskorpion:* ein Gliederfüßer. Sein Körper ist erkennbar in Abschnitte untergliedert.
*Wandelndes Blatt:* ein Gliederfüßer. Sein Körper ist erkennbar in Abschnitte untergliedert. Man sieht auch ein Außenskelett.
*Deutsche Wespe:* ein Gliederfüßer. Ihr Körper ist erkennbar in Abschnitte untergliedert. Man sieht auch ein Außenskelett.
*Großes Papierboot:* ein Weichtier. Bei diesem Kopffüßer erkennt man deutlich ein Gehäuse aus Kalk, einen Kopf und Fuß (Fangarme/Tentakel)
*Kellerassel:* ein Gliederfüßer. Ihr Körper ist erkennbar in Abschnitte untergliedert. Man sieht auch ein Außenskelett.
*Großer Schneckenegel:* ein Ringelwurm. Man erkennt gleichmäßige Körperringe. Er hat kein starres Außenskelett aus Chitin.
*Rote Wegschnecke:* ein Weichtier. Da es eine Schnecke ist, gehört es zu den Weichtieren. Sie hat aber kein Gehäuse aus Kalk. Sie hat kein Außenskelett aus Chitin. Man erkennt aber einen Kopf und Eingeweidesack.
*Seewespe:* ein Nesseltier. Die Seewespe ist eine Qualle. Dies erkennt man an den Fangarmen. Ihr Körper ist nicht deutlich in Kopf, Fuß und Eingeweidesack gegliedert. Sie besitzt auch kein Außenskelett.

**A2 Ordne die Tiere nach zwei weiteren unterschiedlichen Kriterien!**
*Hier sind mehrere Zuordnungen der Schülerinnen und Schüler möglich. In der Regel werden Schülerinnen und Schüler ein einfaches kriterienstetes Ordnen anwenden. Beispiele wären das Ordnen nach Farben, Lebensraum, insbesondere bei wirbellosen Tieren flugfähig/flugunfähig oder schwimmend/nicht schwimmend oder auch Außenskelett vorhanden/nicht vorhanden.*

**Beispiel Lebensraum:**
*Wassertiere:* Gemeiner Kalmar, Seewespe, Großes Papierboot
*Landtiere:* Großer Schneckenegel, Kellerassel, Rote Wegschnecke, Kaiserskorpion
*Lufttiere:* Wandelndes Blatt (nur die Männchen), Deutsche Wespe

*Zusatzinformation: Nur die Männchen des Wandelnden Blattes fliegen. Oft legen sie nur kurze Flugstrecken zurück. Die Weibchen sind fürs Fliegen zu schwer. Daher kann man das Wandelnde Blatt sowohl den Lufttieren und auch den Landtieren zuordnen.*

**Beispiel Außenskelett vorhanden ja/nein?**
*mit Außenskelett:* Kaiserskorpion, Deutsche Wespe, Kellerassel und Wandelndes Blatt (aus Chitin)
*ohne Außenskelett:* Gemeiner Kalmar, Großer Schneckenegel, Seewespe, Rote Wegschnecke, Großes Papierboot (aus Kalk)
*Zusatzinformation: Das Große Papierboot ist mit seinem Kalkgehäuse nicht verwachsen. Es produziert dieses mithilfe von Drüsen an den oberen Teutakeln.*

**A3 Erstelle für zwei der abgebildeten Tiere jeweils einen Steckbrief!**
**Kaiserskorpion**
*Stamm:* Gliederfüßer (Arthropoda)
*Vorkommen:* Tropische Wälder West- bis Zentralafrikas
*Merkmale:* bis zu 15 cm großer, schwarz glänzender Skorpion
*Besonderheiten:* Der Kaiserskorpion besitzt zwar einen bedrohlichen Giftstachel, setzt diesen aber nur sehr selten ein.

**Wandelndes Blatt**
*Stamm:* Gliederfüßer (Arthropoda)
*Vorkommen:* überwiegend in Südostasien anzutreffen
*Merkmale:* je nach Art bis zu 12 cm großes Insekt, dessen Äußeres einem Blatt zum Verwechseln ähnlich sieht
*Besonderheiten:* Wenn sich das Wandelnde Blatt bewegt, schwankt es dabei hin und her wie ein Blatt im Wind.

**Seewespe**
*Stamm:* Nesseltiere (Cnidaria)
*Vorkommen:* vor allem in den Küstengebieten Australiens, der Philippinen und Japans anzutreffen
*Merkmale:* bis zu 30 cm große würfelförmige Qualle mit bis zu 3 m langen Tentakeln
*Besonderheiten:* Die Seewespe zählt zu den giftigsten Tieren der Welt. Vor den Stränden Australiens werden riesige

Netze gespannt, die Badegäste vor Seewespen schützen sollen.

### Großer Schneckenegel
*Stamm:* Ringelwürmer (Annelida)
*Vorkommen:* stehende und fließende Gewässer Europas, Asiens und Nordamerikas
*Merkmale:* bis zu 3 cm langer bräunlicher oder grünlicher Egel mit abgeflachtem Körper und Saugnapf am Kopfende
*Besonderheiten:* Bei Gefahr rollt sich der große Schneckenegel kugelförmig zusammen.

### Deutsche Wespe
*Stamm:* Gliederfüßer (Arthropoda)
*Vorkommen:* ganz Europa sowie Teile Asiens und Afrikas
*Merkmale:* schwarz-gelbes fliegendes staatenbildendes Insekt; Königinnen werden bis zu 2 cm groß, Arbeiterinnen sind kleiner
*Besonderheiten:* Ein Wespenstaat besteht aus 3 000 bis 4 000 Tieren. Wie bei den Bienen herrscht eine organisierte Arbeitsteilung.

### Gemeiner Kalmar
*Stamm:* Weichtiere (Mollusca)
*Vorkommen:* Küstengewässer des östlichen Nordatlantik
*Merkmale:* mit Fangarmen/Tentakeln etwa 50 cm langer Tintenfisch mit langem, spitzen Mantel; am Kopf befinden sich die zwei großen Augen sowie die 10 Tentakeln, von denen zwei sehr lang sind
*Besonderheiten:* in vielen Ländern werden Kalmare gerne gegessen

### Großes Papierboot
*Stamm:* Weichtiere (Mollusca)
*Vorkommen:* weltweit in tropischen und subtropischen Gewässern
*Merkmale:* bis zu 30 cm großer Kopffüßer mit 8 Tentakeln; erwachsene Tiere bilden dünne, weiße Gehäuse aus, die an Papier erinnern
*Besonderheiten:* Zur Befruchtung der Weibchen dienen den männlichen Papierbooten spezielle Arme. Diese können sich vollständig vom Tier trennen und eigenständig ein Weibchen finden und befruchten.

### Kellerassel
*Stamm:* Gliederfüßer (Arthropoda)
*Vorkommen:* weltweit verbreitet; oft unter Steinen, an totem Holz und in der Nähe des Menschen anzutreffen
*Merkmale:* bis zu 2 cm langer Krebs mit 7 Beinpaaren und charakteristischem Rückenpanzer
*Besonderheiten:* Als Destruent helfen Kellerasseln dabei, abgestorbenes organisches Material in den Stoffkreislauf zurückzuführen.

### Rote Wegschnecke
*Stamm:* Weichtiere (Mollusca)
*Vorkommen:* Mittel- und Westeuropa sowie Nordamerika
Stelle eine Vermutung an, warum
der Süßwasserpolyp auch als
Hohltier bezeichnet wird!
*Merkmale:* 12–15 cm lange Nacktschnecke, meist rötlich gefärbt
*Besonderheiten:* In den letzten Jahrzehnten wurde die Rote Wegschnecke weitgehend von der Spanischen Wegschnecke verdrängt.

## Material B – Beutefang beim Süßwasserpolyp

### B1 Beschreibe mithilfe der Abbildung B, wie sich der Süßwasserpolyp ernährt!
Der Süßwasserpolyp ernährt sich zum Beispiel von kleinen Krebstieren. Mithilfe seiner Fangarme fängt der Süßwasserpolyp seine Beute. Berührt ein Beutetier die Fangarme geben die Nesselzellen an den Fangarmen ein Gift ab, das das Beutetier lähmt oder sogar tötet. Danach krümmen sich die Fangarme des Polypen und führen die Beute zur Mundöffnung. und somit in den Körper des Süßwasserpolypen.

### B2 Begründe den Zusammenhang zwischen Struktur und Funktion am Beispiel der Fangarme des Süßwasserpolypen!
Die Fangarme des Süßwasserpolypen sind im Vergleich zu seinem Körper sehr lang und auch beweglich. Außerdem sitzen an den Fangarmen Nesselzellen mit denen der Süßwasserpolyp seine Beute lähmen oder töten kann. Durch diesen speziellen Aufbau der Fangarme kann der Süßwasserpolyp seine Beute erlegen. Die Nesselzellen haben die Funktion die Beute zu lähmen und zu töten. Die langen und beweglichen Fangarme sind für das Einfangen der Beute und für das Zuführen der Beute zur Mundöffnung wichtig. Daher sind die Fangarme ein gutes Beispiel für das Erschließungsfeld Struktur und Funktion.

### B3 Der Süßwasserpolyp gehört zu den Nesseltieren. Begründe diese Zuordnung!
Süßwasserpolypen besitzen Nesselzellen an ihren Fangarmen. Mithilfe des Gifts der Nesselzellen, die in den Nesselkapseln enthalten sind, werden Beutetiere, beispielsweise Wasserflöhe, gelähmt. Da Süßwasserpolypen, wie auch Quallen und Seeanemonen ihre Beute mithilfe von Nesselgift aus den Nesselzellen lähmen, gehören sie zu der Gruppe der Nesseltiere. Nesseltiere sind einfach gebaute Mehrzeller.

### B3 Recherchiere, wie sich der Süßwasserpolyp fortpflanzt!
Süßwasserpolypen können sich geschlechtlich und ungeschlechtlich fortpflanzen. Die ungeschlechtliche Fortpflanzung bezeichnet man als Knospung. Durch Zellteilung entstehen am Fuß des Alttieres junge Polypen (Knospen), die sich, wenn sie voll entwickelt sind, vom

Fuß lösen. Die geschlechtliche Fortpflanzung erfolgt durch Spermien und Eizellen. Aus der befruchteten Eizelle (Zygote) entwickelt sich ein junger Polyp.

**B4 Stelle eine Vermutung an, warum der Süßwasserpolyp auch als Hohltier bezeichnet wird!**

*Beispiel:* Im Innern seines Körpers befindet sich die Verdauungshöhle. Wenn sich keine Nahrung in ihr befindet, ist sie leer bzw. hohl – deshalb die Bezeichnung Hohltier.

# 2 Ringelwürmer

## Der Regenwurm – ein Ringelwurm

### Seite 64–66

**1 Nenne Merkmale des äußeren und inneren Körperbaus des Regenwurms!**

*Äußerer Körperbau:*
- lang gestreckter Körper,
- Gliederung in viele gleichartige Körperringe (Segmente),
- rundes Vorderende mit Mundöffnung,
- abgeflachtes Hinterende mit After,
- Borsten am Bauch und den Seiten jedes Segmentes,
- häufig helle Verdickung im vorderen Drittel des Körpers (Gürtel),
- Sinneszellen über den ganzen Körper verteilt.

*Innerer Körperbau:*
- ringförmige Muskelschicht unter der Haut,
- Längsmuskelschicht unter der Ringmuskelschicht,
- Hautmuskelschlauch aus Ring- und Längsmuskeln,
- jedes Segment durch Querwände begrenzt, sodass eine Kammer entsteht,
- jede Kammer mit Flüssigkeit gefüllt,
- Darm, Rückengefäß, Bauchgefäß und Bauchmark durchziehen den Körper von vorn bis hinten,
- Seitengefäße zwischen Rücken- und Bauchgefäß in jedem Segment,
- Seitengefäße der vorderen Segmente mit Seitenherzen,
- der Hauptnervenstrang, das Bauchmark, ähnelt einer Strickleiter,
- jedes Segment mit zwei Ausscheidungsorganen.

**2 Erläutere am Beispiel der Fortbewegung des Regenwurms den Zusammenhang von Struktur und Funktion!**

Der Regenwurm bewegt sich mithilfe seines Hautmuskelschlauchs, der aus zwei Muskelschichten besteht. Zieht sich die Ringmuskulatur zusammen, streckt sich das Vorderende des Regenwurms. Zieht sich die Längsmuskulatur zusammen, wird die vordere Region des Wurms dick und der Rest des Wurmkörpers wird nach vorne gezogen. Dieses Wechselspiel der Muskeln ermöglicht die kriechende Fortbewegung. Sie wird durch die Borsten unterstützt. Beim Zusammenziehen der Längsmuskulatur werden sie in der vorderen Region ausgestreckt und im Erdreich verankert. So bewegt sich der Wurm fort, ohne zurückzurutschen.

**3 Beschreibe Angepasstheiten des Regenwurms an seinen Lebensraum!**

Der Regenwurm hat einen dünnen, lang gestreckten Körper und ein Hydroskelett, das sich für die Fortbewegung im Boden eignet.
Pro Segment sind vier Borstenpaare vorhanden. Damit kann sich der Regenwurm im und auf dem Boden verankern. Der Halt auf der Unterlage hilft bei der Fortbewegung.
Die Mundöffnung ist so gebaut, dass der Regenwurm sich durch festes Erdreich fressen kann, aber auch sich zersetzende Laubblätter von der Bodenoberfläche in seine Wohnröhre ziehen kann.
Über die gesamte Körperoberfläche verteilt liegen Sinneszellen. So kann nicht nur das Vorderende, sondern der gesamte Körper im Erdreich und auf der Bodenoberfläche Reize wahrnehmen.
Regenwürmer atmen mit der gesamten Körperoberfläche. Das erleichtert ihnen, auch im Boden Sauerstoff aufzunehmen und Kohlenstoffdioxid abzugeben.

**4 Erläutere am Beispiel des Regenwurms den Begriff Zwitter!**

Jeder Regenwurm bildet sowohl Eizellen als auch Spermienzellen. Solche Lebewesen, die sowohl weibliche als auch männliche Geschlechtsorgane haben, nennt man Zwitter.

**5 Erkläre, warum sich Regenwürmer im Winter tief in den Boden zurückziehen!**

Regenwürmer gehören zu den wechselwarmen Lebewesen. Ihre Körpertemperatur ist von der Außentemperatur abhängig und gleicht sich der Umgebungstemperatur an. Um einen Kältetod durch Erfrieren zu vermeiden, ziehen sich Regenwürmer im Winter in frostfreie tiefere Erdschichten zurück.

### Seite 67 (Material)

#### Versuch A – Regenwürmer im Boden

**A1 Betrachte das Glas eine Woche lang jeden Tag! Protokoliere die Unterschiede!**
*Beispiel:* Nach einer Woche sind die Bodenschichten nicht mehr voneinander abgegrenzt, sondern miteinander vermischt.

**A2 Leite aus deinen Ergebnissen die Bedeutung der Regenwürmer für den Boden ab!**
*Beispiel:* Durch ihre Tätigkeit durchmischen die Regenwürmer den Boden und lockern ihn auf. So wird der Boden belüftet. Des Weiteren fressen die Regenwürmer die Blätter und sorgen so für neue Nährstoffe im Boden.

**A3 Begründe, warum im Sandboden weniger Regenwürmer leben als in Gartenerde!**
Regenwürmer sind Feuchtlufttiere. Deshalb benötigen sie zum Überleben feuchte Erde. Da Sandboden relativ schnell austrocknet und in diesem Lebensraum für Regenwürme vergleichsweise wenig Nahrung zur Verfügung steht, finden diese Würmer hier keine optimalen Lebensbedingungen vor und kommen deshalb im Sandboden nicht so häufig wie in humushaltigen Böden vor.

#### Material B – Bedeutung des Regenwurms

**B1 Beschreibe das Säulendiagramm!**
Im Säulendiagramm ist dargestellt, wie viel Kot von Regenwürmern auf einer bestimmten Oberfläche in Gramm pro Quadratmeter während der Monate eines Jahres zu finden ist. Die Kotmenge ist im Januar am geringsten (etwa 6 g pro m$^2$), steigt im Frühjahr stark an und erreicht die größte Menge im Juni (500 g pro m$^2$). Im Juli ist sie dann wieder etwa so gering wie im Mai und fällt im August und September unter den Wert vom April. Im Oktober steigt die Kotmenge auf etwa 270 g pro m$^2$ an und fällt dann bis zum Dezember auf 20 g pro m$^2$ ab, etwa so wie im Januar.

**B2 Stelle Vermutungen an, weshalb die von Regenwürmern produzierte Kotmenge im Jahresverlauf unterschiedlich groß ist!**
Die unterschiedlichen Kotmengen an der Bodenoberfläche sind vermutlich dadurch zu erklären, dass die Regenwürmer unterschiedlich aktiv sind. Wenn sie wenig fressen, scheiden sie auch wenig aus.
Es ist gut vorstellbar, dass die Regenwürmer im Winter nur sehr wenig aktiv sind, weil sie sich bei geringer Temperatur nur schwer fortbewegen können. Ganz ausgeschlossen ist es, Kot an der Bodenoberfläche abzusetzen, wenn der Boden gefroren ist.
Die im Vergleich zum Juni und Juli geringen Kotmengen im August und September könnten darauf zurückzuführen sein, dass die Lebensbedingungen für ein Feuchtlufttier wie den Regenwurm in diesen Monaten nicht günstig sind. Es ist zu trocken.
Im Säulendiagramm ist nur der Kot berücksichtigt, den die Regenwürmer an der Oberfläche absetzen. Denkbar ist es, dass sie auch in den Monaten, in denen nur wenig Kot an der Oberfläche zu finden ist, aktiv sind, aber sich in tieferen Bodenschichten aufhalten und dort ihren Kot abgeben.

 *Gestufte Hilfe: Bedenke, dass die Regenwürmer nur Kot absetzen, wenn sie auch gefressen haben. Überlege, zu welchen Jahreszeiten es für Regenwürmer schwierig sein könnte, zu fressen.*

**B3 Erkläre die in der Tabelle angegebenen Ernteerträge mithilfe der Lebensweise der Regenwürmer!**
Die Anzahl der Getreidekörner und ihre Masse sind in den Getreidepflanzen größer, die auf Boden wachsen, in denen Regenwürmer leben. Regenwürmer können den Boden fruchtbarer machen, weil:
– sie mit ihrem Kot den Boden düngen,
– ihre Wohnröhren für eine bessere Durchlüftung des Bodens sorgen,
– sie durch ihre Tätigkeiten den Boden durchmischen.

*Zusatzinformation: Die für solche Felduntersuchungen gängige Getreideart ist der Weizen. Andere Getreidearten ergeben einen vergleichbaren Nutzen der Regenwürmer durch deutlich höhere Erträge.*

**B4 Erläutere die Bedeutung des Regenwurmkots für die Fruchtbarkeit des Bodens!**
Durch die Kotabgabe der Regenwürmer wird der Boden unter anderen mit Mineral- und Humusstoffen angereichert, die für ein gutes Pflanzenwachstum notwendig sind. Sie benötigen Mineralstoffe zum Aufbau körpereigener organischer Stoffe. (Humusstoffe binden die Mineralstoffe und halten sie im Boden, sodass es weniger zu Auswaschungen kommt.)

#### Material C – Ringelwürmer

**C1 Informiere dich in Lexika, Tierbüchern oder Internet über Aussehen, Lebensraum und Nahrung der abgebildeten Ringelwürmer! Erstelle jeweils einen Steckbrief zum Vergleich der beiden Ringelwürmer!**
*Im Steckbrief des Blutegels sollte enthalten sein:*

*Aussehen:* geringelter Körper, an beiden Körperenden je einen Saugnapf, grün-braun gefärbt mit sechs rötlich-braunen Längsstreifen und schwarzen Flecken auf dem gelb-grünen Bauch;
*Größe:* bis zu 15 cm lang;
*Lebensraum:* stehende Gewässer (Teiche und Seen, auch kleine, flache Gewässer);
*Ernährung:* während der Jugendzeit vorwiegen Amphibien, aber auch wirbellose Tiere; als älteres Tier schneidet der Blutegel mit seinem Vorderende Wunden in die Haut von Säugetieren und saugt das Blut auf;
*Besonderheit:* Blutegel werden in der Medizin eingesetzt. Wenn sie Blut saugen geben sie eine Flüssigkeit in die

Wunde ab, die verhindert, dass das Blut fest wird. Blutegel werden daher genutzt, um bei einem Patienten Blutklumpen aufzulösen oder zu verhindern, dass das Blut in den Adern fest wird. Nach einer Blutmahlzeit kann ein Blutegel bis zu eineinhalb Jahren hungern, ohne zu sterben. Er kann 30 Jahre alt werden.

*Im Steckbrief des Wattwurms sollte enthalten sein:*

*Aussehen:* grün-rötlicher, wurmförmiger Körper. Der Kopf besitzt einen ausstreckbaren Rüssel, der mittlere Körperbereich trägt büschelige Kiemen, der hintere Körperteil ist deutlich dünner;
*Größe:* bis zu 30 Zentimeter lang
*Lebensraum:* Watt der Nordsee, der westlichen Ostsee, des Ärmelkanals und des Atlantiks, im Mittelmeer selten
*Ernährung:* frisst Sand und ernährt sich von den darin enthaltenen Kleinstlebewesen und Resten anderer Lebewesen;
*Besonderheit:* wird von Anglern gerne als Köder benutzt; lebt in einem U-förmigen Gang, in dem er einen Wasserstrom erzeugt. Die hintere Öffnung des Wohnrohrs wird von der aufgeringelten Kotwurst bedeckt (diese Kothäufchen sind im Watt gut sichtbar).

*Zusatzinformation: Der Blutegel (Hirudo medicinalis) besitzt 33 Segmente, die sekundär geringelt sind. Daher scheint er aus deutlich mehr Segmenten zu bestehen. Die Haftscheibe am Hinterende wird aus sieben Segmenten gebildet. Innerhalb des vorderen Saugnapfes liegt die Mundöffnung. Auch der Wattwurm (Arenicola marina) weist eine sekundäre Ringelung der Segmente auf.*

## C2 Recherchiere Nutzungsmöglichkeiten des Medizinischen Blutegels!

Die bis zu 15 Zentimeter groß werdenden Medizinischen Blutegel werden seit Jahrhunderten zur Blutentziehung genutzt. Während des Blutsaugens geben die Egel den Stoff Hirudin ab. Dieser Stoff wirkt im Blut gerinnungshemmend. Deshalb werden beispielsweise Blutegel bei Thrombosen und Venenerkrankungen wie Krampfadern erfolgreich eingesetzt.
Auch bei der Behandlung von Arthrosen (Gelenk-Verschleiß-Erkrankungen), zum Beispiel des Kniegelenkes, kann man Blutegel nutzen.
Weitere Einsatzgebiete sind zum Beispiel Verstauchungen und Zerrungen, Tinnitus und Kopfschmerzen.

## Seite 68–69 (Methode)

### 1 Prüfe in einem Versuch, ob ein Regenwurm riechen kann!
*Zur Planung des Versuchs sollte ein Versuchsprotokoll angelegt werden. Darin sollte enthalten sein:*
*Frage*: Kann ein Regenwurm riechen?
*Vermutungen*:
a) er kann riechen
b) er kann nicht riechen
*Material*:
Regenwurm, große Glasschale oder ein Papierbogen, Wattestäbchen, Düfte (z. B. Deodorant, Essig, Parfum, Zitronensaft), Wattestäbchen
*Versuchsaufbau und Durchführung*:
– Der Regenwurm wird in eine große Schale oder auf einen Bogen Papier gesetzt und beobachtet.
– Ein Wattestäbchen wird mit einer duftenden Flüssigkeit getränkt.
– Man führt das Wattestäbchen langsam immer dichter an das Vorderende des Regenwurms heran und beobachtet die Reaktion. Dabei ist darauf zu achten, dass das Stäbchen den Wurm nicht berührt. (eine mögliche Reaktion des Wurms könnte nicht durch die Duftstoffe, sondern durch die Berührung ausgelöst worden sein. Außerdem besteht die Gefahr, die empfindliche Haut des Regenwurms durch die Duftstoffe zu verletzen).
– Wiederholung des Versuchs mit anderen Körperbereichen des Regenwurms.
*Ergebnis*:
Der Regenwurm zieht sich zurück, wenn eine stark duftende Flüssigkeit in die Nähe des Körpers gebracht wird. Das trifft für alle Bereiche des Körpers zu
*Deutung und Auswertung*:
Die Vermutung b trifft nicht zu. Die Reaktion des Regenwurms zeigt, dass er Duftstoffe in seiner Umgebung wahrnehmen kann. Vermutlich liegen in allen Bereichen des Körpers Sinneszellen oder Sinnesorgane, mit deren Hilfe der Regenwurm chemische Reize wahrnehmen kann. Der Regenwurm kann riechen.

# 2 Insekten

## Die Honigbiene – ein Insekt

### Seiten 70–72

**1 Nenne die Körperabschnitte, die Organe der Fortbewegung und die Sinnesorgane der Honigbiene!**
*Körperabschnitte:* Kopf, Brust, Hinterleib
*Organe der Fortbewegung:* sechs Beine, vier Flügel
*Sinnesorgane:* zwei Netzaugen, zwei Antennen

**2 Beschreibe das Nervensystem der Honigbiene!**
Insekten besitzen ein Strickleiternervensystem. Im Kopfbereich gibt es einen großen Nervenknoten, Oberschlundganglion genannt, welcher die Aufgaben eines Gehirns erfüllt. Auf der Bauchseite befindet sich ein paariger Nervenstrang, wobei die beiden Teilstränge durch Querverbindungen miteinander verbunden sind und der Nervenstrang somit wie eine Strickleiter aussieht. Davon leitet sich der Name Strickleiternervensystem ab.

**3 Erläutere die Angepasstheit der Honigbiene an ihren Lebensraum!**
*Beispiele:* Honigbienen sind an ihren Lebensraum sehr gut angepasst. Mit ihren Netzaugen (Komplexaugen, Mosaikaugen) können sie sich gut in der Umgebung orientieren und Nahrungsquellen und ihren Bienenstock finden.
Ihre vier Flügel ermöglichen es, dass sie schnell auch weite Strecken zu ihren Nahrungsquellen zurücklegen können.
Honigbienen besitzen leckend-saugende Mundwerkzeuge, einen sogenannten Saugrüssel, mit denen sie Nektar aus den Blüten aufnehmen. Im Honigmagen wird der aufgenommene Nektar mithilfe von Wirkstoffen, den Enzymen, zu Honig umgewandelt. Die Hinterbeine der Arbeiterinnen sind zu Sammelbeinen umgebildet. In ihren Körbchen wird Pollen gesammelt.
Am Hinterleib der Arbeiterinnen und Königinnen befindet sich ein Giftstachel, mit dem sie sich gegen Angreifer und Feinde verteidigen können.

**4 Nenne die Aufgaben einer Arbeitsbiene!**
Arbeitsbienen erfüllen im Laufe ihres Lebens verschiedene Aufgaben. Sie:
– putzen Zellen,
– füttern die Larven,
– scheiden Wachs ab und bauen damit Waben,
– nehmen Pollen und Nektar von den Sammelbienen entgegen und füllen damit die Zellen,
– erzeugen mit den Flügeln einen Luftstrom, der die Luft im Bienenstock kühlt,
– bewachen den Eingang zum Bienenstock und wehren Eindringlinge ab,
– sammeln Nektar und Pollen und tragen sie in den Bienenstock.

### Seite 73 (Material)

**Versuch A – Präparation einer Honigbiene**

**A1 Beschreibe die Körperabschnitte der präparierten Honigbiene!**
*Der Kopf* ist von einer dunklen harten Chitinhülle umgeben. Er trägt zwei Antennen und zwei Netzaugen. Vorne unten liegen die Mundwerkzeuge, die wie eine kleine Zange aussehen. Vorne ist der Kopf in einen rüsselartigen Fortsatz verlängert.
*Die Brust* ist annähernd rund und mit einem festen Chitinpanzer umhüllt. Sie ist von gelblichen Härchen besetzt. An ihr entspringen zwei Flügelpaare und drei Beinpaare.
*Der Hinterleib* ist aus mehreren Körperringen zusammengesetzt, die durch dünne Häute miteinander verbunden sind. Er ist braun und gelb gestreift. Nach hinten zu wird der Hinterleib allmählich schmaler. Auch auf dem Hinterleib stehen feine Härchen, allerdings weniger dicht als auf der Brust.

**A2 Zähle die Segmente des Hinterleibs der Honigbiene!**
Im Präparat der Honigbiene sind sieben Segmente (Hinterleibsringe) zu erkennen.

*Zusatzinformation: Die ursprünglichen Insekten besaßen elf Hinterleibsegmente. Bei weiter entwickelten Insektenarten sind die letzten Segmente des Hinterleibs miteinander verschmolzen oder in das Körperinnere eingezogen*

**A3 Vergleiche ein Hinterbein mit einem Mittelbein! Nimm eine Lupe oder ein Binokular zu Hilfe!**
*Gemeinsamkeiten:* Beide Beine haben ein Außenskelett aus Chitin. Beide haben die gleiche Anzahl und Anordnung der Beinglieder.
*Unterschiede:* Im Unterschied zum Mittelbein:
– ist das Hinterbein deutlich größer,
– ist das Hinterbein im unteren Bereich mit starren Borsten besetzt, sodass eine Art Bürste und ein kammartiges Gebildet entsteht,
– hat das Hinterbein ein etwa in der Mitte liegendes Beinglied, das etwa so geformt ist wie ein spitzwinkliges, sehr langes Dreieck. Dieses Beinglied ist außen vertieft ist, so dass eine längliche Mulde entsteht.

**A4 Stelle Vermutungen an, welchen Vorteil die Art der Verbindung von Brust und Hinterleib bietet!**
Der Hinterleib ist mit der Brust nur durch einen schmalen Bereich verbunden. Durch diesen Stiel kann die Honigbiene den Hinterleib weit in verschiedene Richtungen von der Brust abknicken. Dadurch ist sie fähig, ihren Stachel sehr schnell in die richtige Position zu bringen, ohne dass sie sich mit dem ganzen Körper drehen muss.

**A5 Erkläre, weshalb die größten Muskeln der Honigbiene in der Brust liegen!**

An der Brust setzen die Beine und die Flügel an. Die Muskeln, die für die Bewegung der Beine und Flügel erforderlich sind, liegen im Inneren der Brust. Besonders groß sind die Muskeln, durch die die Flügel bewegt werden.

## Material B – Arbeitsbiene

**B1 Ordne die Abbildungen in der richtigen Reihenfolge an!**
C, E, B, D, A

 *Gestufte Hilfe: Gehe zunächst von den Bildern aus, die du genau einordnen kannst. So erhältst du einige feste Stellen in der Reihenfolge und kannst danach die Leerstellen, bei denen du unsicher bist leichter füllen.*

*Hinweis: In den Abbildungen B und C sind zwei Tätigkeiten der Honigbiene dargestellt, die sich im Bild nur schwer unterscheiden lassen (B = Bau von Waben durch Wachsabscheidung und C = Putzen leerer Zellen). Bei der Lösung der Aufgabe B1 sollte daher die Verwechslung dieser Abbildung in der Reihenfolge nicht als Fehler gewertet werden, sofern die Zuordnung der Begriffe in B2 mit der Lösung B1 korrespondiert (siehe Lösung der Aufgabe B2).*

**B2 Ordne die Begriffe Wächter-, Putz-, Sammel-, Bau- und Ammenbiene zu! Begründe!**
Wächterbiene = D
Putzbiene = C (oder B, vgl. Hinweise bei B2)
Sammelbiene = A
Baubiene = B (oder C, vgl. Hinweise bei B2)
Ammenbiene = E

**B3 Beschreibe das Verhalten der Honigbiene in den Abbildungen D und E!**
*Abbildung D:* Die Biene prüft als Wächterbiene, ob die Sammlerinnen, die am Flugloch ankommen, zu ihrem Bienenstock gehören. Sie lässt nur die Bienen hinein, die zu ihrem Volk gehören. Fremde Bienen wehrt sie ab. Dabei kann sie auch ihren Stachel einsetzen.
*Abbildung E:* Die Biene füttert als Ammenbiene die Larven mit Pollen, Honig oder mit Futtersaft.

*Zusatzinformation: Pollen ist die Hauptquelle der Honigbiene für Eiweiß und Fett. Nektar enthält neben Wasser fast nur Zucker. Der an Eiweiß reiche Pollen wird vor allem an die Larven verfüttern. Sie benötigen für ihr Wachstum vor allem Eiweiß, da ihre vielen neu gebildeten Körperzellen wie alle Zellen der Tiere vorwiegend aus Eiweiß bestehen. Die Bienen sind an viele der im Bienenvolk durchgeführten Arbeiten durch besondere physiologische Vorgänge angepasst, zum Beispiel durch die Fähigkeit, Futtersaft zu bilden oder Wachs abzuscheiden.*

*Die Art der Aufgaben einer Arbeiterin im Stock ist nicht streng festgelegt. So können zum Beispiel bei einem plötzlich auftretenden Mangel an Ammenbienen auch ältere Bienen, die bereits als Sammelbienen tätig sind, diese Aufgabe übernehmen. Andererseits können, wenn der Bedarf an Nektar und Pollen hoch ist, Jungbienen früher zu Sammelbienen werden, manchmal schon im Alter von nur fünf Tagen.*

*Außer den dargestellten, auf besondere Aufgaben spezialisierten Arbeitsbienen, gibt es auch Bienen, die weitere Aufgaben erfüllen, zum Beispiel Wassersammlerinnen. Die im Sommer geschlüpften Arbeiterinnen leben etwa vier bis sechs Wochen. Bienen, die im September schlüpfen, überwintern und werden bis zu acht Monate alt.*

**B4 Für ein Gramm Honig muss eine Biene rund 12 000 Blüten besuchen. Berechne, wie viele Blüten zur Produktion von einem Glas Imkerhonig, das 500 Gramm enthält, von Bienen besucht werden müssen!**
*Berechnung:*
500 x 12 000 = 6 000 000
Zur Produktion von einem Glas Imkerhonig, das 500 Gramm enthält, muss die Honigbiene 6 Millionen Blüten besuchen.

 *Gestufte Hilfen:*
*Hilfe 1: Multipliziere die Anzahl der Blütenbesuche mit dem Wert für die Masse von Honig, die in einem Glas enthalten ist.*
*Hilfe 2: Streiche zunächst die Nullen von den Zahlen 12 000 und 500. Multipliziere dann zunächst 5 mit 12 und hänge dann an die Zahl, die sich ergibt, die Nullen an, die du vorher gestrichen hast.*

*Zusatzinformation: Die Zahlen geben nur annähernde Werte wieder, da die Nektarmenge in den verschiedenen Blüten sehr unterschiedlich sein kann. Kleine Blüten wie zum Beispiel Kleeblüten liefern sehr viel weniger Nektar als große, ertragreiche Blüten.*

**B5 Erläutere die Bedeutung des Honigs für das Bienenvolk!**
Die Bienen benötigen den Honig als Nahrungsquelle für sich und ihre Brut sowie zur Überdauerung schlechter Witterungsperioden, blütenarmer Zeiten und des Winters.

**B6 Bewerte folgende Aussage: „Die Imker füttern die Bienen mit Zuckerwasser, um die Honigausbeute zu erhöhen."!**
Die Aussage ist falsch. Als Ersatz für den entnommenen Honig geben die Imker den Bienen Zuckerwasser als Nahrungsquelle. (Vgl. Antwort zu B5)

# Insektenstaaten und Kommunikation

## Seiten 74–76

**1 Stelle die Merkmale und Aufgaben der Bienenwesen in einer Tabelle zusammen!**

| Bienenwesen | Königin | Drohn | Arbeiterin |
|---|---|---|---|
| Körperlänge | 20 mm | 18 mm | 14 mm |
| Aufgaben | Eierlegen, Gründung neuer Staaten, | Begattung der Königin | Verrichtung aller Arbeiten im Innen- und Außendienst |
| Geschlecht | Weibchen | Männchen | Weibchen |
| Fruchtbarkeit | ja | ja | nein |
| Anzahl im Bienenvolk | eine | einige | sehr viele |
| Entstehung | aus befruchteten Eizellen | aus unbefruchteten Eizellen | aus befruchteten Eizellen |
| Ernährung als Larve | besonderes Futter (Gelee Royale) | normales Futter | normales Futter |
| Lebensdauer | einige Jahre | einige Wochen | einige Wochen |

*Zusatzinformation: Eine männliche Honigbiene wird in der Fachliteratur sowie im Duden als der Drohn bezeichnet, während es in der Umgangssprache meistens „die Drohne" heißt.*
*Lebensdauer der Bienenwesen:*
*Königin: 3 bis 4 Jahre*
*Drohn: 1 bis 3 Jahre (je nachdem, ob und wann eine Paarung mit der Königin stattgefunden hat)*
*Arbeiterin: Sommerbiene: 4 bis 6 Wochen*
*Winterbiene: 2 bis 6 Monate*

**2 Erläutere am Beispiel der Bienen das Zusammenleben in einem Tierstaat!**
In Tierstaaten leben viele Individuen einer Art zusammen. Zwischen ihnen findet Arbeitsteilung statt. Staatenbildende Insekten sind zum Beispiel Ameisen, Wespen, Hornissen, Wespen, Termiten und Honigbienen.
Bei den Honigbienen unterscheidet man drei Bienenwesen, die Königin, die Drohnen und die Arbeiterinnen, die unterschiedliche Funktionen im Tierstaat erfüllen und einen Bau aufweisen, der an ihre Funktionen angepasst ist. Die Königin und die Drohnen sind für die Fortpflanzung verantwortlich, während die Arbeiterinnen im Laufe ihres Lebens unterschiedliche Arbeiten, so zum Beispiel als Putz-, Ammen-, Wächter- und Sammelbiene, verrichten.

**3 Da im Tierstaat viele Lebewesen zusammenleben, ist zwischen ihnen eine Kommunikation erforderlich. Beschreibe Beispiele für die Kommunikation zwischen den Bienen eines Bienenstocks!**
Wächterbienen am Eingang des Bienenstockes überprüfen alle ankommenden Bienen aufgrund ihres Geruches auf die Stockzugehörigkeit. Nicht zugehörigen Bienen oder anderen Insekten wird der Zugang verwehrt. Gegebenenfalls kommt der Giftstachel zum Einsatz.
Durch besondere Signale geben Sammelbienen Informationen über gute Nahrungsquellen an andere Sammelbienen ihres Stocks weiter. Liegt die Nahrungsquelle unweit vom Stock entfernt, tanzt die Kundschafterin den Rundtanz. Liegt die Nahrungsquelle, auch Tracht genannt, weit entfernt, wird zur Kommunikation der Schwänzeltanz vollführt.

**4 Beschreibe die Lebensweise der Waldameisen! Nimm dazu auch die Abbildung 06 zu Hilfe!**
Waldameisen leben in großen Staaten mit über 100 000 Tieren. Ihr Bau ist ein Hügelnest im Wald, das sich bis unter die Bodenoberfläche erstreckt. Die Arbeiterinnen sind unfruchtbar. Sie tragen keine Flügel. Waldameisen ernähren sich hauptsächlich von anderen Insekten, Insektenlarven sowie Würmern und anderen kleinen Tieren. Sie töten ihre Beute mit ihren kräftigen, beißenden Mundwerkzeugen, setzen aber auch Ameisensäure ein, die sie aus ihrem Hinterleib verspritzen. Ameisen können sich mithilfe von Duftstoffen verständigen.
Im Staat der Waldameise leben viele Königinnen. Sie legen Eier und sorgen damit für die Vermehrung der Ameisen. Männchen treten nur auf, wenn ein neuer Ameisenstaat gegründet wird. Sie paaren sich mit den Königinnen während des Hochzeitsfluges. Die jungen Königinnen werfen nach dem Hochzeitsflug ihre Flügel ab und gründen einen neuen Staat. Beim Aufbau eines neuen Ameisenvolkes helfen Ameisen aus dem alten Staat oder kleinere Hilfsameisen aus Staaten, deren Königinnen vorher getötet werden.
Ameisen betreuen ihre Larven und Puppen. Sie füttern die Larven und tragen die Puppen an warmen Tagen aus dem unterirdischen Teil des Baus nach oben in die Sonne.

*Zusatzinformation: Waldameisen vernichten große Mengen von Schadinsekten und sind daher für den Wald sehr wichtig. Aus dem Grunde stehen sie unter Schutz.*
*Manche Vögel stören die Ameisen in ihrem Bau auf, die sich daraufhin mit dem Verspritzen von Ameisensäure wehren. Die Ameisensäure dringt in das Gefieder der Vögel ein und tötet die oft dort lebenden Schmarotzer.*

**5 Erstelle einen Steckbrief für die Rote Waldameise!**
*Steckbrief*
**Rote Waldameise**
*Klasse:* Insekten
*Ordnung:* Hautflügler
*Lebensraum:* sonnenreiche Waldränder in Europa und Asien
*Merkmale:* Staaten bildendes Insekt von 4–11 mm Größe, Arbeiterinnen 4–9 mm, Königinnen und männliche Tiere 9–11 mm, Kopf und Hinterleib schwarz, Brustbereich bzw. Taille rot
*Nahrung:* Insekten, Spinnen, Honigtau, Aas
*Feinde:* Lurche, Spinnen, Vögel

**6 Begründe, warum die Rote Waldameise unter Naturschutz steht!**

Rote Waldameisen sind im Ökosystem von großer Bedeutung. Sie vertilgen sehr viele Schadinsekten und tragen so zur Erhaltung des ökologischen Gleichgewichts bei. Gerade in Monokulturen wie Kiefern- und Fichtenforsten können sie die Massenvermehrung der Nonne, einem Forstschädling, eindämmen.
Außerdem vertilgen sie tote Tiere und verhindern so die Ausbreitung von Krankheitserregern.

**7 Vergleiche die Waldameisen mit den Honigbienen!**

*Gemeinsamkeiten:*
– Waldameisen und Honigbienen bilden große Staaten.
– Sie leben in großen gemeinsamen Bauten.
– Die Mitglieder eines Staates erkennen sich und kommunizieren miteinander.
– Es kommen drei verschiedene Wesen vor: fruchtbare Weibchen (Königinnen), Männchen und unfruchtbare Weibchen (Arbeiterinnen).
– Die Aufgaben der drei Wesen sind bei Honigbienen und Waldameisen sehr ähnlich.
– Der Körper von Waldameisen und Honigbienen ist ähnlich gebaut. Der Hinterleib ist zum Beispiel nur über einen schmalen Bereich mit der Brust verbunden.
– Die Paarung und Befruchtung finden während eines Hochzeitsflugs statt.
– Die Königinnen leben sehr viel länger als die Arbeiterinnen und die männlichen Tiere.

*Unterschiede:*
– Honigbienen ernähren sich von pflanzlicher, Waldameisen vorwiegend von tierischer Kost.
– Honigbienen verarbeiten einen Teil ihrer Nahrung, die sie speichern oder verfüttern. Sie wandeln den gesammelten Blütennektar zu Honig um. Waldameisen verfüttern die Nahrung weitgehend unverändert.
– Honigbienen bauen Waben. Sie nutzen Hohlräume als Unterkunft für ihr Volk. Waldameisen bauen große Hügelnester über den unterirdischen Teil ihres Baus.
– Honigbienen bauen Waben aus Wachs mit Zellen, in denen sie ihre Larven groß ziehen. Waldameisen legen Gänge und Kammern in ihrem Bau an. In besonderen Kammern leben ihre Larven.
– Honigbienen verständigen sich über Futterquellen mit bestimmten Tänzen, Waldameisen nutzen Spurduftstoffen für ihre Kommunikation

## Seite 77 (Material)

### Material A – Die „Sprache" der Honigbienen

**A1 Vergleiche die in den Abbildungen A und B dargestellten Bienentänze!**

Beim Tanz in *Abbildung A* läuft die Biene auf der Wabe kreisförmige Figuren, wobei sie nach jedem Umlauf die Richtung wechselt. Beim Tanz in *Abbildung B* läuft die Biene ebenfalls kreisförmige Wege auf der Wabe. Im Unterschied zum Tanz A aber wedelt sie auf einer schräg gerichteten Linie mit dem Hinterleib, sie schwänzelt. Am Ende dieser Schwänzelstrecke läuft sie im Halbkreis zum Beginn der Strecke zurück. Dabei läuft sie abwechselnd einmal rechts von der Schwänzelstrecke und das nächste Mal links davon zurück.

**A2 Beschreibe, bei welchen Voraussetzungen eine Honigbiene den Tanz in Abbildung A aufführt und was sie mitteilt!**

Wenn eine Futterquelle in der Nähe des Bienenstocks liegt, tanzt die Biene, die andere Bienen darüber informiert, den Rundtanz.

 *Gestufte Hilfe: Berücksichtige bei deiner Antwort vor allem die Entfernung einer Futterquelle vom Bienenstock.*

*Zusatzinformation: Die Untersuchungen von Karl* VON FRISCH *(Nobelpreis 1973) und anderen Wissenschaftlern ergaben, dass die Entfernungsgrenze zu einer neuen Futterquelle für den Rundtanz nicht genau festliegt. Wenn die Entfernung zur Futterquelle weniger als 50 bis 100 Meter beträgt, tanzt die Kundschafterbiene den Rundtanz. Es kann sein, dass bei einer Entfernung von 75 Metern eine Biene den Rundtanz zur Information verwendet und eine andere im gleichen Stock lebende Biene den Schwänzeltanz.*

**A3 Beschreibe, in welcher Situation die Honigbiene den Tanz B aufführt!**

Wenn eine Futterquelle weit vom Bienenstock entfernt liegt, tanzt die Biene den Schwänzeltanz, sodass andere Bienen im Bienenstock darüber informiert werden. Sie kann dadurch mitteilen, in welcher Richtung und Entfernung die Futterquelle liegt und wie ergiebig sie ist.

 *Gestufte Hilfe: Berücksichtige bei deiner Antwort vor allem die Entfernung einer Futterquelle vom Bienenstock.*

**A4 Nenne die Richtung, in die eine Sammelbiene abfliegt, wenn sie den Tanz B von einer Kundschafterin vorgetanzt bekommt! Begründe!**

Die Sammelbiene fliegt in einem Winkel von 50° rechts von der Linie zwischen dem Flugloch und der Sonne ab.
*Begründung:* Die Biene tanzt so, dass der Abschnitt des Tanzes, in dem sie schwänzelt 50° rechts von der Senkrechten nach oben zeigt. Das entspricht im Freiland der Richtung: 50° rechts von der Linie, die zur Sonne zeigt.

 *Gestufte Hilfen:*
*Hilfe 1: Denke daran, dass für die Information, die durch den Bienentanz mitgeteilt werden kann, folgende Voraussetzungen gelten:*
*Die senkrecht nach oben zeigende, gedachte Linie auf der Wabe bedeutet: „in Richtung Sonne". Der*

*Winkel zwischen dieser gedachten, senkrechten Linie und dem schwänzelnd ausgeführten Abschnitt des Tanzes gibt den Winkel an, in dem die Biene abfliegen muss. Sie muss auf dem Flug immer diesen Winkel zur Sonne einhalten.*
*Hilfe 2: Die Information, die durch den Schwänzeltanz weitergegeben werden kann, lässt sich so in die menschliche Sprache übersetzen:*
*„Raus aus dem Stock und in dem Winkel zur Sonne abfliegen, der auf der Wabe zwischen der Schwänzelstrecke und der Senkrechten liegt."*

**A5 Aus der Abbildung C kann man entnehmen, wie den Sammelbienen im Stock die Entfernungen zu neuen Futterquellen von Kundschafterinnen vermittelt werden. Werte das Liniendiagramm aus und fasse die Ergebnisse in eigenen Worten zusammen!**
Die Grafik zeigt, wie viele Schwänzelläufe eine Kundschafterbiene während jeweils 15 Sekunden je nach Entfernung der Futterquelle ausführt. Dabei sind Entfernungen von 100 bis 700 Metern berücksichtigt.
Aus dem Liniendiagramm kann man ablesen, dass bei einer Entfernung von 100 Metern 10 Schwänzelläufe pro 15 Sekunden stattfinden. Bei einer Entfernung von 300 Metern sind es etwa 7 Schwänzelläufe pro 15 Sekunden und bei 700 Metern sind es nur 5 Schwänzelläufe.
Je weiter also eine Futterquelle entfernt ist, desto weniger Schwänzelläufe werden in einer bestimmten Zeit getanzt. Mit steigender Entfernung der Futterquelle tanzt die Biene langsamer.

*Gestufte Hilfen:*
*Hilfe 1: Stelle zunächst fest, wo auf der Rechtsachse 100 eingetragen ist. Verfolge von diesem Punkt aus die Hilfslinie nach oben, bis sie an die rote Kurve stößt. Verfolge von diesem Punkt aus die waagerechte Hilfslinie nach links, bis sie an die Hochachse stößt. Dort steht der Wert, der angibt, wie viele Schwänzeltänze pro 15 Sekunden eine Biene ausführt.*
*Gehe genauso vor beim Ablesen der Häufigkeit des Schwänzeltanzes, wenn die Futterquelle in 300 Entfernung liegt, und danach, wenn sie 700 Meter entfernt ist.*
*Vergleiche die Werte, indem du einen „Je-desto"-Satz bildest.*
*Hilfe 2: Verfolge vom Punkt aus, der die Entfernung von 100 Metern auf der Rechtsachse angibt, die Hilfslinie nach oben, bis sie an die rote Kurve stößt. Wenn du von diesem Punkt die Hilfslinie entlang nach links gehst, stößt du an die Stelle der Hochachse, an der der Wert 10 eingetragen ist. Jetzt weißt du, dass die Biene 10 Schwänzeltänze in 15 Sekunden ausführt, wenn die Futterquelle 100 entfernt liegt.*
*Gehe in den nächsten Schritten von den Entfernungsangaben für 300 und 700 Metern auf der Rechtsachse aus und verfahre genauso, wie oben für die Entfernung von 100 Metern gezeigt wurde. Notiere die Häufigkeiten der Schwänzeltänze, die du jetzt erhalten hast auf einem Zettel.*
*Vergleiche die drei Werte, indem du einen „Je-desto"-Satz bildest.*

## Material B – Ameisen

**B1 Die abgebildeten Ameisen gehören einem Volk an. Beschreibe ihr Verhalten!**
Die beiden Ameisen haben den vorderen Teil ihres Körpers aufgerichtet. Sie stehen so nahe zusammen, dass sich ihre Mundwerkzeuge berühren. Ihre Antennen ragen über den Kopf der jeweils anderen Ameise hinaus oder liegen auf ihm.

**B2 Stelle Vermutungen an, wozu das dargestellte Verhalten dienen könnte!**
Die beiden Ameisen könnten sich gegenseitig beriechen. Mit ihren Antennen könnten sie die Duftstoffe aufnehmen, die jede von beiden abgibt.
Möglich wäre es auch, dass eine der beiden Ameisen mit den Mundwerkzeugen Nahrung an die andere abgibt.

*Gestufte Hilfe: Berücksichtige bei deiner Vermutung vor allem die Aufgaben die Antennen der Ameisen.*

**B3 Vergleiche die Kommunikation der Honigbienen und der Waldameisen! Nimm dazu auch die Seiten 75 und 76 zu Hilfe!**
*Gemeinsamkeiten:* Sowohl Ameisen als auch Honigbienen sind in der Lage, Informationen an andere Mitglieder ihres Volkes weiterzugeben.
*Unterschiede:* Honigbienen verständigen sich vor allem durch Bewegungen, die Bienentänze. Außerdem können sie Futterproben an andere Bienen übergeben und sie so darüber informieren, welche Art von Nahrung in einer Futterquelle zu erwarten ist.
Bei Ameisen dienen vor allem Duftstoffe zur Informationsweitergabe. Diese Duftstoffe lassen sich nach ihren Aufgaben einteilen in Erkennungsstoffe, Lockstoffe, Spurduftstoffe und Alarmstoffe.

**B4 Erläutere das biologische Prinzip Information und Kommunikation am Beispiel der Ameisen!**
Das biologische Prinzip der Information und Kommunikation ist bei Ameisen vor allem erkennbar, wenn man die Duftstoffe betrachtet, mit denen sie sich verständigen.
Für die Information ist es erforderlich, dass die Duftstoffe gebildet und abgegeben werden. Das geschieht durch bestimmte Drüsen der Ameisen. Es muss aber auch die Fähigkeit vorhanden sein, die Duftstoffe aufzunehmen und die Bedeutung wahrzunehmen. Die Aufnahme geschieht durch Riechsinneszellen. Sie liegen vor allem in den Antennen. Die Wahrnehmung geschieht im Gehirn der Ameise.

Die Fähigkeit, Informationen auszutauschen, bezeichnet man als Kommunikation. Zwei Ameisen können zum Beispiel miteinander kommunizieren, indem sie sich gegenseitig mit den Antennen beriechen und dabei gegenseitig die Duftstoffe der jeweils anderen Ameise wahrnehmen.

*Gestufte Hilfe: Denke bei deiner Antwort daran, welche Einrichtungen und Fähigkeiten vorhanden sein müssen, wenn die Information von einem Tier auf ein anderes übertragen werden soll. Berücksichtige, dass mit Kommunikation die Fähigkeit gemeint ist, Informationen zwischen zwei Tieren auszutauschen und ihre Bedeutung zu erkennen.*

**B5 Eine Ameise, die fünf Milligramm wiegt, kann ein Gewicht von 500 Milligramm tragen (1 Milligramm = 0,001 Gramm). Berechne, wie schwer die Last wäre, die du tragen könntest, wenn du vergleichsweise so stark wie eine Ameise wärst!**

*Berechnung für einen Schüler oder eine Schülerin mit einer angenommenen Körpermasse von 30 kg:*
Die Ameise kann etwa 100 mal so viel tragen wie sie wiegt.
Wenn die Schülerin oder der Schüler so stark wie eine Ameise wäre, müsste sie oder er 100 mal so viel tragen können wie sie oder er wiegt, also 30 x 100 = 3 000

Eine Schülerin oder ein Schüler mit einer angenommenen Körpermasse von 30 kg könnte eine Last von etwa 3 000 kg tragen, wenn er so stark wie eine Ameise wäre.

*Gestufte Hilfen:*
*Hilfe 1: Berechne zunächst wie viel mal schwerer als der Körper einer Ameise die Last ist, die sie tragen kann. Multipliziere dann das Ergebnis (den Faktor) mit deinem Körpergewicht.*
*Hilfe 2: Die Ameise kann 100 mal so viel tragen wie sie wiegt. Multipliziere deine Körpermasse mit 100. Dadurch erhältst du die Masse, die genauso wie bei der Ameise 100 mal schwerer ist als dein Körper.*
*Zusatzinformation: Die tatsächlich gemessene Angabe in der Aufgabe bezieht sich auf Blattschneiderameisen. Für einheimische Waldameisen findet man in der Literatur Angaben, dass sie etwa das 40-Fache ihres Körpergewichtes tragen können.*

# Insekten entwickeln sich unterschiedlich

## Seiten 78–80

**1 Nenne jeweils zwei Beispiele für die vollständige und die unvollständige Verwandlung bei Insekten!**

*unvollständige Verwandlung:* zum Beispiel Heuschrecken (Grashüpfer), Wanzen (Feuerwanze), Schaben (Küchenschabe)
*vollständige Verwandlung:* zum Beispiel Käfer (Mai-, Juni-, Kartoffelkäfer), Schmetterlinge (Schwalbenschwanz, Kleiner Fuchs, Admiral), Fliegen (Stubenfliege, Goldfliege), Mücken (Stechmücke, Schnake), Ameisen (Rote Waldameise, Schwarze Wegameise), Honigbiene

**2 Vergleiche die vollständige mit der unvollständigen Verwandlung!**
*Gemeinsamkeiten:*
Beide Verwandlungen beginnen mit dem Schlüpfen der Larve aus dem Ei und enden mit der Entstehung eines erwachsenen Insekts. Die Larven häuten sich, wenn sie wachsen. Die Larven sind nicht fähig, sich fortzupflanzen.
*Unterschiede:*
Bei der vollständigen Verwandlung ähneln die Larven den erwachsenen Insekten nicht. Die Verwandlung von der Larve zu einem erwachsenen, fortpflanzungsfähigen Insekt geschieht bei der vollständigen Verwandlung durch die Bildung einer Puppe.
Bei der unvollständigen Verwandlung schlüpfen Larven aus dem Ei, die den erwachsenen Tieren ähneln. Sie haben aber keine Flügel und keine funktionsfähigen Geschlechtsorgane. Die Verwandlung geschieht allmählich in kleinen Schritten ohne ein Puppenstadium.

**3 Erkläre, weshalb sich alle Insekten bei ihrer Entwicklung häuten müssen!**
Das aus Chitin bestehende Außenskelett kann nicht wachsen. Wenn die Larven der Insekten größer werden, müssen sie von Zeit zu Zeit eine neue, größere Chitinhülle bilden und die alte, zu klein gewordene abstreifen.

## Seite 81 (Material)

### Versuch A – Entwicklung von Mehlwürmern

**A1 Erstelle ein Protokoll, in das du deine Beobachtungen mit Datum und Uhrzeit in Stichworten einträgst, auch wenn du keine Veränderungen feststellen konntest!**
**Versuchsprotokoll** (Datum)
*Frage: Wie verläuft die Entwicklung, bei der aus Mehlwürmern Mehlkäfer entstehen?*
*Vermutung 1:* Mehlwürmer wachsen und verpuppen sich. Aus der Puppe schlüpft der erwachsene, fortpflanzungsfähige Käfer.
*Vermutung 2:* Die Mehlwürmer wachsen und werden Schritt für Schritt dem erwachsenen, fortpflanzungsfähigen Mehlkäfer ähnlicher. Ein Puppenstadium tritt nicht auf.
*Material:* Marmeladenglas, Gardinenstoff, Weizenkleie, Haferflocken, Apfel, festes Papier, Mehlwürmer.
*Aufbau und Durchführung:* siehe Anweisungen im Lehrbuch

*Beobachtung:*

| Datum | Uhrzeit | Beobachtung |
|-------|---------|-------------|
|       |         |             |
|       |         |             |
|       |         |             |
|       |         |             |

*Deutung/Auswertung:* In der Entwicklung des Mehlwurms zum erwachsenen, fortpflanzungsfähigen Insekt tritt eine Puppenstadium auf. Die Larven werden nicht schrittweise dem erwachsenen Käfer ähnlich.
Damit ist nachgewiesen, dass die Vermutung 2 nicht zutrifft.

 *Gestufte Hilfe: Eine Vorlage für das Protokoll findest du auf der Seite 14 des Lehrbuchs. Lege für das Protokoll eine Tabelle an, in die du deine Beobachtungen einträgst.*

**A2 Ergänze deine Beobachtungen durch Fotos oder Zeichnungen!**
*Individuelle Schülerlösungen*

### Versuch B – Beobachtungen am Mehlwurm

**B1 Betrachte das Tier mit einer Lupe oder unter dem Binokular!**
*Individuelle Schülerlösungen*

**B2 Beschreibe das Aussehen des Mehlwurms (Größe, Form, Farbe, Gliederung, Beine, Vorder- und Hinterteil)!**
Der Mehlwurm hat eine lang gestreckte Form. Er ist etwa 2 cm lang und rötlich-gelb gefärbt. Sein Körper ist in Körperringe gegliedert. Alle Körperringe, die Segmente, sehen sehr ähnlich aus. Der Kopf ist rundlich. Er trägt zwei einfache Augen, die nicht wie Netzaugen gebaut sind. Vorne unten liegen die Mundwerkzeuge. An den Kopf schließen drei Körperringe an, die jeweils ein Beinpaar tragen. Die Körpergliederung in Kopf, Brust und Hinterleib erinnert an die erwachsener Insekten. Insgesamt hat die Larve 13 Segmente, 1 Kopfsegment, 3 Brustsegmente und 9 Hinterleibssegmente. An jedem Hinterleibssegment liegt rechts und links je ein kleiner Punkt, die Atemöffnung. Die Beine sind kurz und in nur zwei oder drei Glieder unterteilt. Am Vorderende liegt der Kopf mit den Augen und den Mundwerkzeugen. Das Hinterende ist zu dornigen Fortsätzen ausgezogen.

**B3 Zeichne eine beschriftete Skizze des Tieres, in die du alle Einzelheiten einzeichnest, die du bei deinen Beobachtungen gefunden hast! Die Skizze sollte mindestens zehn Zentimeter groß sein.**

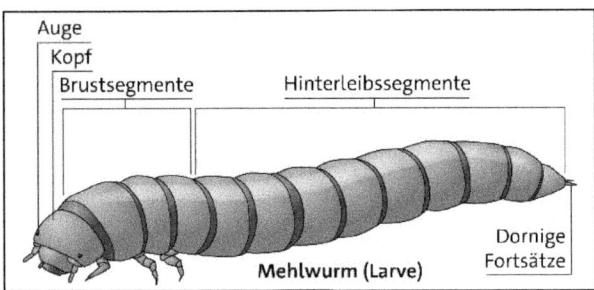
Mehlwurm (Larve)

**B4 Nimm das Tier vorsichtig zwischen die Finger und beschreibe, wie es sich anfühlt!**
Der Mehlwurm fühlt sich glatt und hart an.

**B5 Nenne in Form einer Tabelle die Unterschiede im Körperbau zwischen Mehlwurm und Regenwurm!**

|  | Mehlwurm | Regenwurm |
|---|---|---|
| Körperform | Lang gestreckt, wurmförmig, im Querschnitt rund | Lang gestreckt, im Querschnitt rund |
| Größe | etwa 2 cm | viel größer als ein Mehlwurm |
| Anzahl der Segmente | 13 | viel mehr als ein Mehlwurm |
| Körpergliederung | Gliederung in Kopf, Brust und Hinterleib | nicht vorhanden |
| Körperoberfläche | trocken, hart | feucht, weich |
| Farbe | rötlich-gelb | rötlich |
| Augen | vorhanden | nicht vorhanden |
| Atemöffnungen | 2 Atemöffnungen an jedem Hinterleibssegment | nicht vorhanden |
| Kopf | deutlich vom übrigen Körper abgesetzt | nur sehr undeutlich vom übrigen Körper abgesetzt |
| Beine | vorhanden, 3 Beinpaare | nicht vorhanden |
| Mundwerkzeuge | am Kopf deutlich erkennbar | keine Mundwerkzeuge |

 *Gestufte Hilfe: Nimm die Beschreibungen und Abbildungen des Regenwurms auf den Seiten 64 und 65 zu Hilfe.*

**B6 Nimm Stellung zur Aussage: „Der Mehlwurm ist ein Wurm"!**
Wie aus der Tabelle bei Aufgabe B5 zu entnehmen ist, hat der Mehlwurm viele Merkmale des Körperbaus, die nicht mit dem eines echten Wurms, zum Beispiel eines Regenwurms, übereinstimmen. Der wurmförmig Körper tritt zeitliche begrenzt, nur während eines bestimmten Abschnitts der Entwicklung des Mehlkäfers auf. Der Mehlwurm ist die Larve des Mehlkäfers. Die Aussage ist also falsch. Der Mehlwurm ist kein Wurm.

*Gestufte Hilfe: Verwende für deine Lösung die Tabelle von Aufgabe B5.*

**B7 Lege eine Puppe in die Petrischale und beschreibe das Aussehen (Größe, Form, Farbe, Gliederung, Beine)!**
Die Puppe hat eine Länge von etwa 1 Zentimeter. Sie ist weißlich bis hellbraun gefärbt und zum Bauch hin gekrümmt. Der Hinterleib ist deutlich in Segmente gegliedert. An der Puppe sind Teile des Körpers des erwachsenen Insekts, des Mehlkäfers, bereits erkennbar. Die Antennen, die Mundwerkzeuge, die Augen, die Beine und die Flügel sind bereits angelegt, aber noch nicht fertig ausgebildet. Seitlich haben die Hinterleibssegmente dornige Fortsätze, über denen die Atemöffnungen als kleine Punkte erkennbar sind. Das Hinterleibsende ist zu zwei dornigen Fortsätzen ausgezogen

**B8 Zeichne eine Skizze der Puppe!**

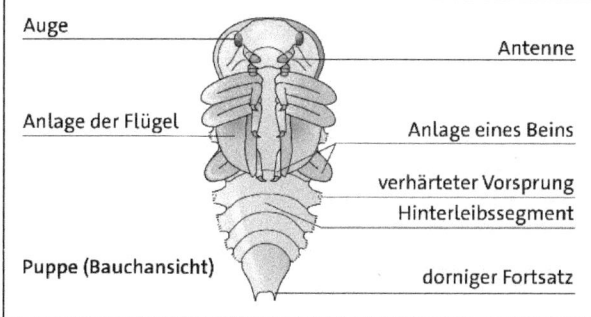

**B9 Vergleiche die drei Entwicklungsstadien des Mehlwurms in Form einer Tabelle! Berücksichtige Größe, Form, Farbe, Gliederung des Körpers, und die Beine!**

|  | Larve (Mehlwurm) | Puppe | erwachsenes Insekt |
|---|---|---|---|
| Größe | 20 bis 25 mm | etwa 10 mm | etwa 15 mm |
| Form | Lang gestreckt, im Querschnitt rund | kurz, etwa so lang wie der erwachsene Käfer | Körper geformt wie ein typischer Käfer |
| Farbe | rötlich-gelb | weißlich-gelb bis hellbraun | sehr dunkel braun bis schwarz |
| Gliederung des Körpers | rundlicher Kopf, drei Brustsegmente, langer Hinterleib | Kopf, Brust und Hinterleib in ähnlicher Form, Anordnung und Größe wie der erwachsene Käfer | in Kopf, Brust und Hinterleib gegliedert |
| Beine | sechs, jedes Bein mit nur wenigen Beingliedern | keine, nur Anlagen von Beinen vorhanden | sechs Beine, jedes Bein in der für Insekten typischen Art gegliedert |

# Angepasstheiten bei Insekten

## Seiten 82–84

**1 Vergleiche den Bau der Mundwerkzeugtypen von zwei selbst gewählten Insekten!**
*Gemeinsamkeiten:* Bei allen Insekten sitzen die Mundwerkzeuge außerhalb des Kopfes. Sie bestehen aus Chitin. Es lassen sich im Grundbauplan unterscheiden: Ober- und Unterlippe sowie die aus je zwei Teilen bestehenden Ober- und Unterkiefer. Die Unterlippe und der Unterkiefer tragen bei vielen Insekten Fühler.
*Unterschiede:*
*Mundwerkzeuge der Ameisen:* Erkennbar sind alle Teile der Mundwerkzeuge. Ober- und Unterkiefer sind sehr kräftig ausgebildet. Ihre jeweils zwei Teile arbeiten wie eine Zange. Die beiden Teile des Unterkiefers tragen je einen Fühler. Außerdem sitzen zwei Fühler an der Unterlippe.
Die Mundwerkzeuge der Ameisen arbeiten beißend wie Beißzangen. Sie dienen zum Beispiel dazu, Beutetiere zu töten, sie zu zerkleinern oder sie festzuhalten. Außerdem können sich Ameisen mit ihren beißenden Mundwerkzeugen verteidigen.
*Mundwerkzeuge der Honigbiene:* Die beiden Oberkieferteile sind wie Beißzangen ausgebildet, die unterhalb des Oberkiefers liegenden Teile der Mundwerkzeuge sind zu einem Leck- und Saugrüssel umgebildet. Eine Honigbiene kann damit Nektar aus Blüten auflecken und einsaugen.
*Mundwerkzeuge der Schmetterlinge:* Der Unterkiefer ist zu einem langen Saugrüssel umgebildet, der in Ruhe spiralig wie ein Schlauch aufgerollt ist. Die übrigen Mundwerkzeuge sind sehr klein. Mit diesem langen Saugrüssel können Schmetterlinge Nektar auch dann aufsaugen, wenn die Nektardrüsen tief in einer Blüte liegen.
*Mundwerkzeuge der Mücken:* Die Mundwerkzeuge sind so umgebildet, dass spitze Stechborsten entstehen. In diesem Stechrüssel liegen ein Rohr und eine Rinne, die dazu dienen, Flüssigkeiten, zum Beispiel Blut, aufzusaugen und Speichel abzugeben.

**2 Erläutere das biologische Prinzip Angepasstheit am Beispiel der Mundwerkzeuge der Insekten!**
Die Mundwerkzeuge sind für jeweils eine bestimmte Lebensweise, vor allem für die Aufnahme einer bestimmten Nahrung geeignet.
So sind zum Beispiel die Beißzangen der Ameisen passend für die Ernährung von Beutetieren und für die Verteidigung.
Der Leck- und Saugrüssel passt zur Ernährung der Honigbiene von Nektar. Zusätzlich hat sie noch Oberkiefer, mit denen sie beißend arbeiten kann, zum Beispiel beim Bau von Waben.
Der lange Saugrüssel der Schmetterlinge stellt eine Angepasstheit an die Ernährung von Nektar dar, der tief am Boden von Blüten liegt.

**3 Beschreibe den Grundbauplan eines Insektenbeins!**
Alle Insekten haben sechs Beine, je ein Paar pro Brustsegment. Die Beine bestehen aus kleinen Chitinröhren. Sie sind in mehrere Teile gegliedert, die gegeneinander bewegt werden können. Innerhalb der Beine liegen Muskeln, die die einzelnen Glieder bewegen können. Die Beine bestehen immer aus den Gliedern: Hüfte, Schenkelring, Schenkel, Schiene und einem mehrgliedrigen Fuß, an dessen Endglied Krallen liegen.

## Seite 85 (Material)

### Material A – Mundwerkzeuge

**A1 Nenne jeweils den Typ der Mundwerkzeuge bei den abgebildeten Insekten!**
– *Engerling:* Beißzangen
– *Tsetsefliege:* Stechrüssel
– *Schwalbenschwanz:* Saugrüssel
– *Hummel:* Leckrüssel

**A2 Stelle Vermutungen an, wie sich die abgebildeten Insekten ernähren! Begründe deine Vermutungen!**
Vermutlich ernähren sich die abgebildeten Insekten auf folgende Art und Weise:
Der *Engerling* beißt Stücke aus fester Nahrung ab und zerkleinert sie.
Die *Tsetsefliege* saugt flüssige Nahrung ein, vermutlich sticht sie mit ihren Mundwerkzeugen in andere Lebewesen.
Der *Schwalbenschwanz* saugt flüssige Nahrung ein, vermutlich Nektar.
Die *Hummel* leckt und saugt flüssige Nahrung auf, vermutlich Nektar.
*Zusatzinformation: Die Tsetsefliege saugt mit ihrem Stechrüssel Blut von Säugern. Sie überträgt Krankheitserreger, darunter auch die für den Menschen sehr gefährlichen Erreger der Schlafkrankheit.*

**A3 Beschreibe zwei Beispiele dafür, dass Insekten ihre Mundwerkzeuge nicht nur für die Nahrungsaufnahme einsetzen!**
*Beispiele können sein:*
– Honigbienen, die mit ihren Mundwerkzeugen die Larven füttern, Waben und Zellen säubern und Wachs bearbeiten, der zum Bau von Waben dient.
– Ameisen, die mit ihren Mundwerkzeugen Material tragen, zum Beispiel Baumaterial, Puppen oder Beutetiere.
– Ameisen, die mit ihren Beißzangen andere Tiere angreifen, zum Beispiel zur Verteidigung.

 *Gestufte Hilfe: Suche vor allem bei den Insekten nach Beispielen, die in Staaten zusammen leben.*

**A4 Erkläre, weshalb Schmetterlinge den Nektar bestimmter Blüten aufnehmen können, Hummeln aber nicht!**
Wenn in einer Blüte die Drüsen, die Nektar bilden, tief im Inneren der Blüte liegen, können Hummeln den Nektar nicht erreichen, weil ihre Mundwerkzeuge nur einen kurzen Rüssel bilden. Schmetterlinge dagegen haben einen sehr langen Saugrüssel. Sie können damit auch Nektar einsaugen, der weit vom Blütenrand entfernt am Boden einer Blüte gebildet wird.

**A5 Drohnen besitzen verkümmerte Mundwerkzeuge. Erkläre diesen Sachverhalt!**
Die männlichen Honigbienen haben nur die Aufgabe die Königin zu befruchten. Ist dies geschehen, haben sie keine Aufgabe mehr im Bienenstock und sterben. Sie werden daher auch nicht mehr von den Arbeiterinnen gefüttert. In der sogenannten Drohnenschlacht werden sie aus dem Bienenstock entfernt und gegebenenfalls getötet.

### Material B – Insektenbeine

**B1 Nenne die Beintypen der dargestellten Insekten!**
– *Gelbrandkäfer:* Schwimmbein
– *Puppenräuber:* Laufbein
– *Filzlaus:* Klammerbein
– *Warzenbeißer:* Sprungbein

**B2 Beschreibe die Aufgaben, die diese Beine erfüllen, und wie sie daran angepasst sind!**
Der *Gelbrandkäfer* benutzt seine Hinterbeine wie Ruder. Die Beine sind vor allem durch die Borsten an diese Aufgabe angepasst. Die Borsten vergrößern die Fläche der Beine, sodass viel Wasser bewegt werden kann
Der *Puppenräuber* hat lange Beine, sodass er große Schritte machen kann. Außer dieser Angepasstheit gibt es noch weitere. Die kleinen, dornigen Fortsätze an den Beinen dienen dazu, Halt am Boden zu finden und verhindern, dass die Beine beim Laufen wegrutschen.
Die *Filzlaus* lebt in behaarten Stellen von Säugetieren. Ihre Beine sind an diese Lebensweise angepasst, weil sie im unteren Bereich zu Klammern umgebildet sind. Damit kann sich die Filzlaus an den Haaren festhalten, sodass sie nicht aus dem Fell heraus fällt und nur schwer zu entfernen ist, wenn sich das befallene Säugetier kratzt.
Der *Warzenbeißer* kann weit springen. Das tut er zum Beispiel, wenn er fliehen muss. Das Bein ist dazu geeignet, weil es sehr lang ist und einen sehr dicken Oberschenkel hat, der viel Platz für große Muskeln bietet. Durch die starke Muskulatur kann sich der Warzenbeißer kraftvoll vom Boden abdrücken, sodass weite Sprünge möglich sind, mit denen er seinen Feinden entkommen kann.

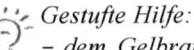 *Gestufte Hilfe: Erkläre bei:*
– *dem Gelbrandkäfer die Borsten an den Hinterbeinen,*
– *dem Laufkäfer die große Länge der Beine und die Dornen an den Beingliedern,*
– *der Filzlaus die Haken am Ende der Beine. Denke daran, dass die Filzlaus an behaarten Stellen des Körpers von Tieren und Mensch lebt.*
– *dem Warzenbeißer die große Länge der Beine und die dicken Schenkel.*

**B3** Ein Menschfloh hat Sprungbeine. Er ist bis zu 3 Millimeter groß und kann bis zu 30 Zentimeter hoch und 50 Zentimeter weit springen. Berechne, wie hoch und wie weit ein Mensch mit einer Körpergröße von 150 Zentimetern springen könnte, wenn er das Sprungvermögen eines Flohs hätte!

Umrechnung der Längenangaben von Zentimeter in Millimeter: 1 Zentimeter = 10 Millimeter; daher die in Zentimetern angegebenen Werte mit 10 multiplizieren

*Hochsprung*:
300 : 3 = x : 1 500
x = 300 x 1 500 : 3 = 150 000
Ein Mensch könnte 150 000 Millimeter hoch springen, das sind 150 Meter.

*Weitsprung*:
500 : 3 = x : 1 500
x = 500 x 1 500 : 3 = 250 000
Ein Mensch könnte 250 000 Millimeter weit springen, das sind 250 Meter.

 *Gestufte Hilfen:*
*Hilfe 1: Berechne zunächst die Sprunghöhe pro 1 mm Körpergröße des Flohs. Multipliziere dann das Ergebnis mit der Körpergröße des Menschen (gemessen in Millimetern). Gehe auch bei der Berechnung der Sprungweite nach diesem Muster vor.*
*Hilfe 2: Berechne zunächst die Sprunghöhe so: 300 geteilt durch 3. So erhältst du die Sprunghöhe pro Millimeter Körpergröße des Flohs. Multipliziere dann das Ergebnis dieser Berechnung mit 1 500 (Körpergröße des Menschen, gemessen in Millimetern). So erhältst du die Sprunghöhe, die ein Mensch erreichen würde. Der Wert gibt die Höhe in Millimetern an. Du musst dann noch umrechnen in Metern. Berücksichtige dabei, dass 1000 Millimeter 1 Meter sind.*

**B4** Vergleiche ein Insektenbein mit einem Wirbeltierbein!

|  | Insektenbein | Wirbeltierbein |
|---|---|---|
| Bau | aus Chitin und Muskeln aufgebaut | aus Knochen sowie Gelenken, Muskeln, Sehnen und Haut aufgebaut |
| Abschnitte | Hüfte, Schenkelring, Schenkel, Schiene, Schiene, Fuß, Krallen | Oberschenkelknochen, Unterschenkelknochen (bestehend aus Elle und Speiche), Fußknochen (bestehend aus Fußwurzel-, Mittelfuß- und Zehenknochen) |
| Funktion | Fortbewegung | |
| weitere Gemeinsamkeit | Muskeln unterstützen die Fortbewegung | |

# Bedeutung und Schutz der Insekten

## Seite 86–88

**1** Erstelle Steckbriefe zu den Neozoen Tigermücke, Asiatischer Marienkäfer und Kartoffelkäfer!
*Steckbriefe*

**Asiatische Tigermücke** (*Aedes albopictus* bzw. *Stegomyia albopicta*)
*Klasse:* Insekten
*Ordnung:* Zweiflügler
*Merkmale:* Diese schwarz weiß gemusterte Stechmücke wird ca. 2–10 mm groß. Auffällig ist die Schwarz-Weiß-Musterung der Hinterbeine. Mückenweibchen stechen vor allem Säugetiere und Vögel.
*Vorkommen:* Ihre ursprüngliche Heimat ist Asien. Heute kommt die Tigermücke auch in Europa, Afrika und Amerika vor. In Deutschland wurde die Tigermücke in Baden-Württemberg und Thüringen nachgewiesen.
*Bedeutung:* Die Tigermücke kann mit ihrem Stich für den Menschen gefährliche Viruserkrankungen wie das Gelb- und Denguefieber sowie Zika übertragen.

**Asiatischer Marienkäfer, Harlekinmarienkäfer** (*Harmonia axyridis*)
*Klasse:* Insekten
*Ordnung:* Käfer
*Merkmale:* Dieser Marienkäfer ist ca. 6–8mm lang und sehr variabel gefärbt. Er besitzt meist 19 schwarze Flecken.
*Vorkommen:* Seine ursprüngliche Heimat ist Japan und China. Zur biologischen Schädlingsbekämpfung gegen Blattläuse wurde der Käfer nach Amerika sowie Europa eingeführt und ist jetzt zu einer Plage geworden, da er kaum Feinde besitzt.
*Bedeutung:* Der Asiatische Marienkäfer verdrängt unsere einheimischen Marienkäferarten. Er kommt häufig in Weinbergen vor. Gelangt er zufällig bei der Weinherstellung in die Maische, so verschlechtert sich die Weinqualität.

**Kartoffelkäfer** (*Leptinotarsa decemlineata*)
*Klasse:* Insekten
*Ordnung:* Käfer
*Merkmale:* Der Käfer wird ca. 10 mm groß. Seine Färbung ist gelb mit jeweils fünf schwarz-braunen Längsstreifen auf den Flügeldecken. Seine Unterseite ist rot-braun und weist schwarze Punkte an den Körperrändern auf. Diese sind auch bei den rötlich bis gelb gefärbten Larven sichtbar. Der Halsschild des Kartoffelkäfers zeigt ebenfalls schwarze Flecken.
*Vorkommen*: Der Kartoffelkäfer war ursprünglich in Amerika (Colorado) beheimatet. Mit Schiffstransporten kam er Ende des 19. Jahrhunderts nach Europa.

*Bedeutung:* Er ernährt sich von Kartoffelpflanzen oder von anderen Nachtschattengewächsen wie Tabak, Tomaten und Paprika. Bei Massenbefall können die Larven und Käfer Kartoffelfelder kahlfressen.

## 2 Begründe, dass es in der Natur keine nützlichen und schädlichen Insekten gibt!

Nützlinge bzw. Schädlinge sind Kategorien aus menschlicher Sicht. In der Natur hat jedes Lebewesen seine Daseinsberechtigung und ist in die Wechselbeziehungen im Ökosystem eingebunden. So ist es weder nützlich noch schädlich, sondern hat im Ökosystem eine bestimmte Funktion.

## 3 Erläutere das Prinzip der biologischen Schädlingsbekämpfung an mindestens zwei Beispielen!

Bei der biologischen Schädlingsbekämpfung werden die Gegenspieler (Nützlinge) von Organismen, die für Menschen eine Schadwirkung haben, gezielt geschützt, gefördert oder eingebürgert.

Durch Aussetzen von Marienkäfern und Schlupfwespen können in Gewächshäusern die Anzahlen von Blattläusen bzw. an Schmetterlingsraupen verringert werden.

Das Anbringen von Nistkästen für Vögel und Fledermäuse erhöht deren Population und kann die Insektenanzahl bzw. die Anzahl schädlicher Wirbelloser verringern.

Das Aufstellen von Sitzkrücken für Greifvögel auf Feldern bzw. an Feldrändern dient der Verringerung der Mäusepopulation.

Durch das Anlegen von Randstreifen an Feldern, Wiesen und Weiden kann die Singvogelpopulation bzw. die von Insektenfressern wie Igel und Spitzmäuse gefördert werden.

Das Ausbringen des *Bacillus thueringensis* auf den Feldern, in Hecken und in Wäldern trägt zur Vernichtung der Raupen des Kohlweißlings, von Gespinstmotten und Eichenwicklerraupen bei.

Auch das Aussetzen von sterilen Männchen, wie beispielsweise bei der Tigermücke, kann die Population verringern.

## Seite 89 (Material)

### Material A – Schutz gefährdeter Insekten

#### A1 Informiere dich im Internet über die oben aufgeführten Insekten! Erstelle für diese jeweils einen Steckbrief!

Die Steckbriefe könnten folgende Informationen enthalten:

### Hirschkäfer

*Stamm:* Gliederfüßer
*Klasse:* Insekten
*Ordnung:* Käfer
*Merkmale:* 25 bis 70 Millimeter lang, teilweise bis zu 90 Millimeter (Weibchen bis 70 Millimeter), Körper schwarz oder braun, Deckflügel und Mundwerkzeuge bei Männchen rot gefärbt, Männchen mit „Geweih"
*Verbreitung:* Mittel-, Süd- und Westeuropa, vereinzelnd auch in England
*Lebensraum:* vor allem in alten Eichenwäldern, auch in Gärten
*Gefährdung:* stark gefährdet durch forstliche Bewirtschaftung der Wälder und Herausnahme von Alt- und Totholz, in Sachsen nur wenige Nachweise des Hirschkäfers, beispielsweise in der Dresdner Elbtalweitung, Mulde-Lößhügelland, Düben-Dahlener Heide, Muskauer Heide und Leipziger Land.
*Besonderheiten:* Die Eiablage erfolgt in morschen Bäumen und im Wurzelbereich von gefällten oder umgefallenen Bäumen.

### Heldbock (Große Eichenbock)

*Stamm:* Gliederfüßer
*Klasse:* Insekten
*Ordnung:* Käfer
*Merkmale:* 20 bis 55 Millimeter lang, schwarz gefärbt, Deckflügel werden nach hinten heller und können bräunlich rot gefärbt sein, Antennen des Männchens können doppelt so lang wie der Körper sein (bei Weibchen etwa Körperlänge)
*Verbreitung:* hauptsächlich Mittel- und Südeuropa, auch Teile Skandinaviens und Osteuropas
*Lebensraum:* natürliche Eichenwälder und Auwälder, feuchte Standorte mit Totholz
*Gefährdung:* gefährdet, da viele natürliche Wälder in Forste umgewandelt wurden
*Besonderheiten:* galt in der Forstwirtschaft lange als Schädling, da die Larven des Heldbocks sich in den Stämmen der Bäume entwickeln und sich vom Holz ernähren.

### Große Moosjungfer

*Stamm:* Gliederfüßer
*Klasse:* Insekten
*Ordnung:* Libellen
*Merkmale:* ungefähr 4 Zentimeter lang, Flügelspannweite bis 6,5 Zentimeter, bei Männchen gelbe oder braune Flecken auf dem Hinterleib (bei jungen Männchen gelbe Flecken, werden allmählich braun bei älteren Tieren), der letzte Fleck auf dem 7. Segment des Hinterleibs bleibt gelb („Schlusslicht")
*Verbreitung:* von Westeuropa bis Zentralasien
*Lebensraum:* besonders an sonnigen stehenden Gewässern in Mittelgebirgen, in Moorgebieten und Torfstichen
*Gefährdung:* stark gefährdet durch Trockenlegung von Teichen und vor allem Nährstoffeintrag in Gewässer, Abtorfung und Vernichtung von Ufervegetationen. In Sachsen kommt die Große Moosjungfer hauptsächlich noch im Heide- und Teichgebiet der Oberlausitz, im Westlausitzer Hügel- und Bergland, im Erzgebirge und dem Vogtland vor.
*Besonderheiten:* Die Entwicklung der Larve findet im Gewässer statt, nach 2 bis 3 Jahren schlüpfen die Tiere.

#### A2 Finde heraus, welche Möglichkeiten es gibt, diese Insekten nachhaltig zu schützen!

- Insektizide und auch Herbizide nur maßvoll einsetzen
- Streublumenwiesen anstelle sterilem kurzgehaltenen Rasen anlegen.
- auch in kleinen Gärten Teiche anlegen, damit Larven der Insekten sich entwickeln können.
- Insektenhotels im Garten anlegen.
- Wälder nicht in Forste umwandeln, sondern sich natürlich entwickeln lassen.
- altes und totes Holz in den Wäldern belassen

**Material B – Insektenhotel**

**B1 Erläutere, welche Insekten durch ein Insektenhotel geschützt werden können!**
Viele gefährdete Insektenarten, die keine natürlichen Lebensräume finden, können mit der Errichtung eines Insektenhotels geschützt werden. Das Insektenhotel bietet diesen Insekten Möglichkeiten zur Brutaufzucht und Überwinterung. In einem Insektenhotel siedeln sich vor allem Insekten an, die nicht in Staaten zusammenleben. Es nisten dort die Insekten, die in ihrer natürlichen Umgebung in Astlöchern von Holz, in Stängeln von krautigen Pflanzen, Erdlöchern oder auch in Totholz nisten. Da viele Gärten und auch bewirtschaftete Wälder den Insekten ihre Nistmöglichkeiten nehmen, da zum Beispiel kein Totholz im Wald belassen wird, kann die Errichtung eines Insektenhotels eine Möglichkeit darstellen, den Insekten einen Nistplatz zu geben. Viele Insekten leben an heimischen Bäumen und Pflanzen, suchen dort nach Nahrung und Nistmöglichkeiten. Oft werden in Gärten aber keine heimischen Bäume und Pflanzen gepflanzt, sodass viele der heimischen Insekten keine „Wohnungen" in Gärten finden können. Ein Insektenhotel kann helfen viele auch nützliche Insekten in den Garten zu locken.

*Zusatzinformation: In Insektenhotels siedeln sich hauptsächlich Einsiedlerbienen an. Von den rund 550 in Deutschland vorkommenden Bienenarten leben viele nicht in Staaten zusammen. Schilfmatten und durchbohrte Holzstücke können Nistplätze für Masken- oder Mauerbienen sein. Ziegelsteine geben Wollbienen, Mauerbienen oder auch einzeln lebenden Wespen einen Lebensraum Altes Holz und Totholz mit Fraßspuren von Käfern oder mit Spalten und Rissen dienen als Wohnungen für Holzbienen, Pelzbienen oder Blattschneiderbienen. Trockene Zweige nützen Bewohnern von markhaltigen Sprossachsen. Je nach Art der verwendeten Materialien können sich also unterschiedliche Insekten ansiedeln. Weitere mögliche Bewohner sind ach Hummeln, Florfliegen oder auch Marienkäfer. Leere Lochziegel sind für Bienen und solitär lebende Wespen eher nutzlos, da der Lochdurchmesser viel zu groß ist. Die Bienen können dort keine Brutzellen anlegen, da sie viel zu viel Material und auch Zeit benötigen würden. Der beste Platz für die Errichtung eines Insektenhotels ist ein sonniger und witterungsgeschützter Standort. In der Nähe sollten ausreichend heimische Kräuter, Sträucher und Bäume vorhanden sein.*

**B2 Diskutiere mit Mitschülern, unter welchen Voraussetzungen die Errichtung eines Insektenhotels an deiner Schule sinnvoll ist!**
*Die Diskussionen der Schülerinnen und Schüler könnte zu folgendem Ergebnis führen:*
Die im Insektenhotel nistenden Tiere dürfen durch den Schulbetrieb nicht gestört werden. Ebenso sollten durch die Tiere keine Personen belästigt werden. Es muss also einen ausreichend geschützten Ort zum Errichten der Konstruktion geben. Außerdem benötigen zum Beispiel die Bienen eine möglichst nahe gelegene ungemähte Wiese, da nur so ein ausreichendes Angebot an Nektar und Pollen liefernden Blütenpflanzen gewährleistet ist.

**B3 Erläutere weitere Maßnahmen zum Schutz unserer einheimischen Insektenarten!**
*Beispiele:* Das Anlegen und Schützen von reich strukturierten Ökosystemen wie zum Beispiel Streuobstwiesen, natürliche Hecken, Feldrandstreifen, Mischwälder fördert den Artenreichtum der Insekten.
Im Garten sowie in der Land- und Forstwirtschaft sollen möglichst keine oder wenige Schädlingsbekämpfungsmittel ausgebracht werden, da durch entsprechende Mittel alle Insekten beeinträchtigt werden.
Geschützten Insektenarten dürfen nicht gefangen und getötet werden.
Naturschutzgebiete bzw. geschützte Biotope tragen zum Artenschutz bei, denn Lebensraumschutz ist Artenschutz.
Umweltverschmutzungen wie Boden- und Wasserverschmutzungen müssen vermieden werden, damit die Lebensräume der Tiere erhalten bleiben.

# 4 Verwandte der Insekten

## Spinnen und Krebstiere

### Seite 90–92

**1 Vergleiche den Körperbau von Spinnen und Insekten!**
*Gemeinsamkeiten:*
Außenskelett, einen gegliederten Körper, gegliederte Beine, Bauchmark, Röhrentracheen, schlauchförmiges Herz im Hinterleib, Darm, Ausscheidungs- und Fortpflanzungsorgane im Hinterleib.
*Unterschiede:*
- Spinnen haben nicht sechs, sondern acht Beine.
- Der Körper der Spinnen ist nur in zwei Bereiche, Kopfbrust-Stück und Hinterleib, gegliedert, und nicht in drei Bereiche.
- Spinnen haben keine Netzaugen, sondern Punktaugen.

- Spinnen besitzen Mundwerkzeuge mit Kieferzangen, die Gift abgeben können.
- Bei Spinnen sind außer den Röhrentracheen auch Fächerlungen vorhanden.

## 2 Vergleiche den Körperbau des Flusskrebses mit dem der Kreuzspinne!

*Gemeinsamkeiten:*
Außenskelett, Körper in zwei Bereiche gegliedert (Kopf-Brust-Stück und Hinterleib), Bauchmark

*Unterschiede:*
- Flusskrebse haben ein Außenskelett, das nicht nur aus Chitin, sondern auch aus Kalk besteht
- Flusskrebse atmen durch Kiemen, nicht über die Lunge.
- Sie haben Netzaugen.
- Am Kopf sind vier Fühler vorhanden.
- Am Kopf befinden sich außer den Kiefern drei Paar Kieferfüße.
- Das erste Laufbeinpaar des Flusskrebses hat Scheren.
- Der Hinterleib ist in Segmente gegliedert und hat Beine.
- Am Ende des Hinterleibs befindet sich der Schwanzfächer.

## 3 Stelle eine Vermutung darüber an, was ein „Butterkrebs" sein könnte!

Wenn Krebse wachsen, müssen sie sich häuten und aus ihrem alten Panzer schlüpfen. Der junge Panzer ist hell und noch weich wie Butter. Deshalb der Name Butterkrebs.

*Zusatzinformationen: Der Panzer härtet erst durch den Einbau von Kalk aus. Das dauert einige Tage. In dieser Zeit verstecken sich die Krebse zwischen Steinen oder in einer Höhle.*

## Seite 93 (Material)

### Material A – Beutefang-Strategien bei Spinnen

**A1 Nenne Gemeinsamkeiten und Unterschiede bei Kreuzspinne und Krabbenspinne!**

*Gemeinsamkeiten:*
- Beiden Spinnen ist der Grundbauplan gemeinsam (Kopf-Brust-Stück mit vier Beinpaaren und deutlich abgegrenzter Hinterleib).
- Beide Spinnen lauern auf Beute.
- Beide Spinnen spritzen Gift in den Körper der Beute und saugen die Beutetiere aus (Außenverdauung).
- Bei beiden Spinnen ist das Männchen wesentlich kleiner als das Weibchen.

*Unterschiede:*
- Die Kreuzspinne lauert in oder neben ihrem Radnetz, die Krabbenspinne lauert auf Blüten.
- Bei der Kreuzspinne verfängt sich die Beute im Netz, die Krabbenspinne packt ihre Beute mit den kräftigen, langen Vorderbeinen.
- Die weibliche Krabbenspinne kann ihre Körperfarbe ändern und sich auf diese Weise tarnen, die Kreuzspinne kann das nicht.

*Zusatzinformation: Nicht nur die Kreuzspinne, sondern auch die Krabbenspinne, spinnt bei großem Nahrungsangebot Beutetiere ein.*

**A2 Stelle Vermutungen an, welche Vorteile und welche Nachteile die jeweilige Jagdweise der Kreuzspinne, der Krabbenspinne und der Listspinne hat!**

*Mögliche Vermutungen:*

*Vorteile der Jagdweise der Kreuzspinne:* Sie fängt ihre Beute mithilfe des Fangnetzes, das deutlich größer ist als sie selbst. So kann sie auch sehr große Beutetiere fangen. Das Netz erlaubt ihr auch, Beutetiere zu fangen, die umherfliegen. Die Kreuzspinne muss sich also bei der Jagd kaum bewegen. So spart sie Energie.

*Nachteile der Jagdweise der Kreuzspinne:* Für den Bau des Netzes muss sie sehr viel Material aufwenden, das sie in den Drüsen ihres Körpers herstellt. Außerdem ist der Netzbau sehr zeitaufwändig.

*Vorteile der Jagdweise der Krabbenspinne:* Die Krabbenspinne muss sich beim Beutefang kaum bewegen, sie lauert. Das spart Energie. Außerdem ist sie durch die Tarnung und dadurch, dass sie sich nicht bewegt, vor Feinden geschützt.

*Nachteile der Jagdweise der Krabbenspinne:* Die Krabbenspinne fängt nur solche Insekten, die von Blüten angelockt werden. Ihr stehen daher weniger Insektenarten als Beute zur Verfügung als der Kreuzspinne. Außerdem sind viele Blütenbesucher wehrhaft, vor allem die häufig anfliegenden Bienen. Die Jagd der Krabbenspinne ist daher gefährlich.

*Vorteile der Jagdweise der Raubspinne:* Die Raubspinne muss kein Netz bauen. Dadurch spart sie Material und Zeit. Sie muss sich nicht tarnen, weil sie sich an vielen Stellen auf die Lauer legen kann, nicht nur auf Blüten. Dadurch stehen ihr mehr verschiedene Beutetiere als Nahrung zur Verfügung.

*Nachteile der Jagdweise der Raubspinne:* Die Raubspinne kann sich nicht tarnen und wird daher von Beutetieren und möglichen Fressfeinden eher erkannt als die Krabbenspinne. Sie ist daher stärker gefährdet. Außerdem hat sie mit ihrer Jagdmethode vermutlich seltener Erfolg als die getarnte Krabbenspinne oder die Kreuzspinne mit ihrem großflächigen Netz. Sie kann fliegende Insekten nicht erbeuten.

*Gestufte Hilfe: Berücksichtige vor allem, welchen Gefahren die Spinnen ausgesetzt sind, wie sicher der Beutefang ist, wie hoch der Aufwand an Material und Energie ist und welche Tiere die Spinnen mit der jeweiligen Jagdmethode fangen kann (zum Beispiel ob auch fliegende Insekten erbeutet werden können).*

### Versuch B – Reaktion der Asseln auf Licht und Feuchtigkeit

**B1 Beobachte, wie sich die Asseln im ersten Versuch verhalten! Zähle vier Minuten lang alle 20 Sekunden, wie viele Asseln sich im belichteten Raum der Petrischale befinden!**
*Aufgabe ist ergebnisoffen.*

**B2 Trage deine Ergebnisse in eine Tabelle ein!**
*Individuelle Schülerantworten*

| Zeit | 20 sec | 40 sec | 60 sec |
|---|---|---|---|
| Asseln im Licht | | | |
| Asseln im dunklen Bereich | | | |

**B3 Übertrage deine Daten in ein Liniendiagramm! Die x-Achse bezeichnet die Anzahl der Asseln und die y-Achse die Zeit!**
*Individuelle Schülerantworten*

**B4 Werte die Ergebnisse aus!**
*Individuelle Schülerantworten*

**B5 Notiere die Beobachtungen zum zweiten Versuch und werte sie wie beim ersten Versuch aus!**
*Auch diese Aufgabe ist ergebnisoffen. Die Auswertung sollte nach demselben Schema erfolgen wie die Auswertung zum ersten Versuch.*

# 5 Weichtiere

## Schnecken

### Seite 192–195

**1 Beschreibe den äußeren Bau einer Gehäuseschnecke!**
Beim Kriechen sind vom weichen Körper der Weinbergschnecke der Fuß und der Kopf gut zu erkennen. Am Kopf befinden sich zwei paar Fühler – die langen Augenfühler und die kurzen Tastfühler. Außerdem ist das Gehäuse sichtbar.

**2 Gib an, welche Körperbereiche der Schnecke in der Schale liegen und welche außerhalb, wenn sich die Schnecke fortbewegt!**
Wenn sich die Schnecke fortbewegt, liegen der Kopf mit den Sinnesorganen, der Mundöffnung, der Zunge und der Radula außerhalb der Schale. Auch der Fuß mit dem darin liegenden Abschnitt des Darms und der Muskulatur, der Magen und die Schleimdrüse liegen bei der Fortbewegung außerhalb der Schale. Alle anderen Körperbereiche liegen in der Schale.
Innerhalb der Schale liegen die Lunge, das Herz, die Niere, die Fortpflanzungsorgane, ein großer Teil des Darms, die Mitteldarmdrüse und der obere Teil des Rückziehmuskels.

**3 Nenne die Sinnesorgane der Schnecke und ihre Aufgaben!**
*Kurze Fühler:* Mit ihnen kann die Schnecke schmecken und tasten.
*Lange Fühler:* Sie tragen an ihren Enden die Augen.
*Gesamte Haut:* In ihr liegen verschiedene Sinneszellen, zum Beispiel solche, die zur Wahrnehmung von Berührungen dienen.

**4 Begründe die Angepasstheit der Schnecken an ihren Lebensraum!**
Die Schnecke ist ausgezeichnet an ihren Lebensraum angepasst. Mit ihrem schleimigen und muskulösen Fuß kann sie selbst gefährliche Hindernisse überwinden. Bei längerer Trockenheit zieht sich die Gehäuseschnecke in ihr Gehäuse zurück und verschließt es mit einem Schleimpfropf. Mit der Radula (Reibeplatte) kann sie hervorragend pflanzliche Nahrung zu sich nehmen.
Zur Aufnahme des lebensnotwendigen Sauerstoffs dienen die Atmungsorgane. Landlebende Schecken nutzen dazu die Lungen (Mantelhöhle) sowie die Haut. Wasserschnecken atmen durch Kiemen und Haut. Es gibt auch lungenatmende Wasserschnecken wie die Posthornschnecke.
Die Schnecke besitzt zwei Paar Fühler. Das vordere, erste Fühlerpaar dient als Geschmacks- und Tastorgan. Am Ende des größeren Fühlerpaars befinden sich die Augen zur Orientierung. Sinneszellen sind im ganzen Körper verteilt. So kann sie schnell auf Veränderungen reagieren. Bei Berührung zieht sich die Schnecke zusammen.

**5 Vergleiche nach selbst gewählten Kriterien einen Regenwurm, ein Insekt und eine Gehäuseschnecke!**

|  | **Regenwurm** | **Insekt** | **Gehäuseschnecke** |
|---|---|---|---|
| Körpergliederung | gleichmäßig segmentiert | ungleichmäßig segmentiert (Kopf, Brust, Hinterleib) | ungleichmäßig segmentiert (Kopf, Fuß, Eingeweidesack, Gehäuse) |
| Körperbedeckung | nackte, schleimige und drüsenreiche Haut | trockener Chitinpanzer | feuchte, schleimige Haut, zum Teil Gehäuse |
| Atmungsorgane | Haut | Tracheen (Larven auch über Tracheenkiemen oder Haut) | Lunge (Mantelhöhle), Kiemen, Haut |
| Lebensraum | Land | Land, Luft, Wasser | Land, Wasser |
| Nahrung | pflanzlich | pflanzlich, tierisch, teilweise Aas | pflanzlich, teilweise Aas, selten tierisch |
| Ernährungsweise | | heterotroph | |
| Blutkreislauf | geschlossen | offen | offen |
| Nervensystem | | Strickleiternervensystem | |
| Körpertemperatur | | wechselwarm | |
| Bedeutung für den Menschen | Verbesserung der Bodenqualität | Nützling, Schädling | Schädling, Nahrungsmittel (Weinbergschnecke) |
| Tiergruppe | | Wirbellose | |

**6 Begründe, weshalb die Schnecke nur bei Regen, in der Dämmerung und nachts auf Nahrungssuche geht!**
Schnecken sind Feuchtlufttiere. Sie müssen Wasserverlust vermeiden. Nachts, in der Dämmerung sowie bei Regen ist der Boden und die Luft kühler und feuchter als tagsüber und im Sonnenschein. Die Schnecke geht daher nur zu diesen Zeiten auf Nahrungssuche.

**7 Erläutere, wie Weinbergschnecken überwintern!**
Weinbergschnecken graben sich mit dem Fuß eine Winterhöhle, die mit Erde verschlossen wird. Zur Kälteisolation wird auch Pflanzenmaterial in die Höhle gezogen. Die Schnecke zieht sich tief in das Gehäuse zurück und verschließt es mit einem kalkhaltigen Sekret, welches an der Luft zu einem Deckel erstarrt. Zwischen der Schnecke und dem Deckel befindet sich ein Luftpolster, welches ebenfalls zur Isolierung dient. Die kalte Jahreszeit verbringen sie so in Kältestarre.

## Seite 97 (Material)

### Material A – Fortbewegung der Schnecke

**A1 Beschreibe die Fußsohle der kriechenden Schnecke!**
Die Fußsohle ist abgeflacht. Auf der Fußsohle verlaufen quer zur Fortbewegungsrichtung dunkle, schmale Streifen. Dazwischen liegen breitere, helle Querstreifen. Der Rand der Fußsohle ist ebenfalls hell.

*Zusatzinformation: Dort, wo die Fußsohle durch eine wellenartige Muskelbewegung von der Glasplatte abgehoben ist, erscheint sie dunkler als in den Bereichen, wo sie Kontakt zur Glasplatte hat.*

**A2 Erkläre mithilfe des Modellversuchs mit einem Papierstreifen die Fortbewegung einer Schnecke!**
Die Schnecke hebt das Hinterende der Kriechsohle leicht an, zieht es ein kleines Stück zusammen und setzt das Ende der Kriechsohle etwas weiter vorne wieder auf. Diese Bewegung setzt sich wie eine Welle von hinten nach vorn fort und bewegt die Schnecke ein kleines Stück nach vorne.

 *Gestufte Hilfe: Stelle genau fest, wo sich der Bereich des Papierstreifens befindet, der gerade nach oben gebogen ist, wenn er wieder Kontakt mit der Auflagefläche erhält.*

**A3 Erkläre, was durch den Modellversuch mit dem Papierstreifen nicht erklärt wird!**
Der Modellversuch erklärt nicht, dass mehrere wellenartige Muskelbewegungen gleichzeitig von hinten nach vorne über die Kriechsohle laufen. Er stellt nur die Bewegung einer einzigen Welle dar. Er erklärt ebenfalls nicht, wodurch die Wellenbewegungen zustande kommen, nämlich durch Muskeln.

 *Gestufte Hilfe: Vergleiche die dunklen und hellen Streifen in Abbildung A mit dem Modell.*

*Zusatzinformation: Durch den dauerhaften Kontakt des Saums mit dem Untergrund entsteht zwischen Untergrund und Fußsohle ein Unterdruck. Dieser Unterdruck ist durch den Modellversuch ebenfalls nicht erklärbar. Er unterstützt die Fortbewegung auf dem Untergrund.*

## Material B – Schnecke beim Fressen

**B1 Ordne den Zahlen die entsprechenden Fachbegriffe zu!**
1 = Radula, 2 = Zunge, 3 = Mund, 4 = Oberkiefer, 5 = Muskeln, 6 = Schlund

**B2 Beschreibe den Vorgang in Abbildung B!**
In Abbildung B hat die Schnecke die Zunge aus dem Mund herausgestreckt und presst sie auf das Blatt. Die Radula wird hin und her gezogen. So können die Chitinzähnchen der Radula Pflanzenteilchen von der Blattoberfläche abraspeln. Sie werden dann durch den Mund zum Schlund transportiert.

 *Gestufte Hilfe: Beachte in der Abbildung B die Lage des Organs, das in Abbildung A mit 1 bezeichnet ist. Achte auch auf den schwarzen Pfeil. Er gibt Bewegungsrichtungen an.*

*Zusatzinformation: Im Gegensatz zum Schaufelradbagger bewegt sich die Radula nur so lange in Richtung Schlund, bis die Zunge mithilfe von Muskeln die gesamte Radula über das Blatt gezogen hat. Dann muss die Radula mittels anderer Muskeln in den Ausgangszustand gebracht werden und der Vorgang beginnt von neuem.*

**B3 Erläutere an diesem Beispiel den Zusammenhang von Bau und Funktion!**
Schnecken besitzen ein hoch spezialisiertes Organ zur Nahrungsaufnahme – die Raspelzunge oder Radula. Auf der Raspelzunge befinden sich die teilweise kompliziert gebauten Radulazähnchen, mit denen sie die Nahrung abraspeln. und anschließend in den Schlund befördern.

## Material C – Weitere Schneckenarten

**C1 Informiere dich in Lexika, Tierbüchern oder im Internet über die abgebildeten Schneckenarten und erstelle jeweils einen Steckbrief!**
*Steckbriefe*

### Hain-Schnirkelschnecke
*Aussehen*: Gehäuse kugelförmig, aus einer festen Kalkschale, helle Grundfarbe, meistens mit dunklen Streifen, aber auch einfarbig; Körper kann je nach Schnecke verschieden gefärbt sein;
*Größe*: Gehäuse etwa 20 bis 25 Zentimeter breit;
*Lebensraum*: Gärten, Wälder, Parks, Hecken;
*Ernährung*: abgestorbene und sich zersetzende Pflanzen, Pilze, manchmal auch tote Schnecken;
*Besonderheit*: Gehäuse und Weichkörper können von Schnecke zu Schnecke sehr verschieden gefärbt sein.

### Rote Wegschnecke
*Aussehen*: ohne Gehäuse (Nacktschnecke), Farbe von Schnecke zu Schnecke sehr unterschiedlich (grau, rot, rotbraun, dunkelbraun);
*Größe*: 12 bis 15 Zentimeter lang;
*Lebensraum*: Wälder, feuchte Wiesen, Gärten; nur bei feuchtem Wetter oder nachts aktiv;
*Ernährung*: frische Pflanzen und Aas;
*Besonderheit*: heute selten geworden, wurde von der eingeschleppten Spanischen Wegschnecke verdrängt.

### Wellhornschnecke
*Aussehen*: Gehäuse hell, groß und von Rinnen durchzogen, sodass eine wellige Oberfläche entsteht, fester Deckel, der am Fuß angewachsen ist;
*Größe*: Gehäuse 6 bis 11 Zentimeter hoch (größte Schnecke der Nordsee);
*Lebensraum*: kalte Meere (Nordsee und Nordatlantik), auf weichen Böden;
*Ernährung*: Muscheln, Würmer, Aas;
*Besonderheit*: getrenntgeschlechtlich (keine Zwitter); es gibt also weibliche und männliche Tiere; leere Gehäuse werden häufig von Einsiedlerkrebsen bewohnt; getrocknete und gemahlene Eihüllen wurden früher als Juckpulver verwendet.

### Gemeine Sumpfdeckelschnecke
*Aussehen*: Gehäuse mit dunklen und hellen Streifen; fester Deckel, der auf dem Fuß festgewachsen ist;
*Größe*: Gehäuse bis 4 Zentimeter hoch;
*Lebensraum*: Süßwasser, stehende und langsam fließende Gewässer;
*Ernährung*: vorwiegend sich zersetzende Pflanzen, zum geringen Teil auch lebende Pflanzen;
*Besonderheit*: getrenntgeschlechtlich (keine Zwitter); es gibt also männliche und weibliche Tiere.

**C2 Ordne mithilfe der Steckbriefe die Schnecken der Gruppe der Lungenschnecken oder der Kiemenschnecken zu!**
- *Hain-Schnirkelschnecke*: Lungenschnecke
- *Rote Wegschnecke*: Lungenschnecke
- *Sumpfdeckelschnecke*: Kiemenschnecke
- *Wellhornschnecke*: Kiemenschnecke

*Zusatzinformation: Neben der großen Zahl an Kiemenschnecken in Salz- und Süßgewässern gibt es in heimischen Gewässern mehrere Arten von Wasserlungenschnecken, z. B. die Spitzschlammschnecke (Lymnaea stagnalis) oder die Posthornschnecke (Planorbarius corneus), die ihren Luftvorrat immer wieder an der Wasseroberfläche erneuern müssen.*

**C3 Nenne fünf weitere Tiere, die über Kiemen atmen!**
Fischarten (Bachforelle, Haiarten usw.), Kaulquappen (z. B. von Erdkröten, Grasfröschen, Laubfröschen), Flusskrebs, Larven der Libellen

# Der Mensch – Stoff- und Energiewechsel

## 1 Aufnahme von Stoffen

### Nahrungsmittel und ihre Inhaltsstoffe

#### Seite 104–106

**1 Nenne die Bedeutung der Inhaltsstoffe von Lebensmitteln für den Menschen!**
*Kohlenhydrate:* Bedeutung als Energiequelle.
*Fette:* Bedeutung als Energiequelle sowie für das Wachstum und die Entwicklung des Körpers.
*Eiweiße:* Bedeutung für das Wachstum und die Entwicklung des Körpers, für die Regulation von Vorgängen im Körper sowie als Energiequelle.
*Vitamine:* Bedeutung für lebenswichtige Vorgänge im Körper und deren Regulation.
*Mineralstoffe:* Bedeutung für das Wachstum und die Entwicklung des Körpers und deren Regulation sowie für die Aufnahme und Umwandlung von Stoffen.
*Ballaststoffe:* Anregung der Darmtätigkeit.

#### Seite 107–109 (Material)

**Versuch A – Nachweis von Glukose mit Teststreifen**

**A1 Vergleiche sofort die Färbungen der Testfelder mit der Farbskala auf der Teststreifendose! Beschreibe deine Beobachtungen!**
Beim Teststreifen, der in destilliertes Wasser getaucht wurde, bleibt das Testfeld gelb. Beim Teststreifen, der in die Glukoselösung getaucht wurde, wird das Testfeld grün bis blaugrün.

*Zusatzinformation: Es ist wichtig, dass die Teststreifen nur maximal zwei Sekunden in die zu prüfende Lösung getaucht werden, dass nach dem Herausnehmen der anhaftende Lösungstropfen durch Abtupfen mit der Kante auf einem Filterpapier entfernt wird und dass die Auswertung nach 30 bis spätestens 60 Sekunden nach dem Herausnehmen erfolgt. Bei längerem Kontakt mit der zu prüfenden Lösung und späterer Auswertung ist die Farbintensität des Testfeldes verändert.*

**A2 Prüfe mit neuen Teststreifen, ob Traubensaft, Milch und 25 ml destilliertes Wasser, in dem ein Spatellöffel Honig gelöst wurde, Glukose enthalten!**
Bei Honig und Traubensaft verfärbt sich das Testfeld grün bis grün-blau. Sie enthalten Glukose. Bei Milch bleibt das Testfeld gelb. Sie enthält keine Glukose.

*Zusatzinformation: Honig hat einen sehr hohen Glukosegehalt von 33,9 Gramm pro 100 Gramm Honig, bei Weintrauben beträgt der Glukosegehalt 7,18 Gramm pro 100 Gramm. Beide Tests zeigen daher ein positives Ergebnis. Milch enthält nur 0,006 Gramm Glukose pro 100 Gramm. Der Test verläuft daher negativ.*

**Versuch B – Nachweis von Glukose mit der Fehling-Probe**

**B1 Beschreibe, woran man erkennt, dass das zweite Reagenzglas Glukose enthält!**
Die Lösung im Reagenzglas mit Glukose färbt sich orangerot bis rotbraun. Am Boden des Reagenzglases setzt sich eine so gefärbte Schicht ab.

**B2 Untersuche mit dieser Methode die Lebensmittel aus Versuch A! Beschreibe deine Beobachtungen!**
Die Lösungen der Reagenzgläser mit gelöstem Honig, mit Traubensaft und mit Milch färben sich rot.

*Zusatzinformation: Die Fehling-Probe ist im Unterschied zur Teststreifenmethode kein spezifischer Glukosenachweis, sondern zeigt generell beim Vorhandensein von Aldehydgruppen eine positive Reaktion. Aldehydgruppen wirken in alkalischem Milieu, das durch die Natronlauge der Fehling II-Lösung entsteht, reduzierend. Dabei wird das in der Fehling I-Lösung vorhandene blaue Kupfer(II)sulfat zu rotem Kupfer(I)oxid reduziert. Im Honig kommt neben der Glukose etwa die gleiche Menge Fruktose vor. Fruktose besitzt keine Aldehydgruppe, sondern eine Ketogruppe, die nicht reduzierend wirkt. Im alkalischen Milieu findet aber eine Umwandlung der Fruktose in Glukose statt. Die Fehling-Probe weist daher bei Honig auf einen noch höheren Gehalt an Glukose hin als die Teststreifenmethode. Milch enthält etwa fünf Prozent Laktose, ein aus Glukose und Galaktose bestehender Zweifachzucker. Bei der Fehling-Probe öffnen sich die ringförmigen Einfachzucker und die Aldehydgruppen bewirken eine positive Reaktion. Bei Saccharose, die aus Fruktose und Glukose besteht, ist eine Ringöffnung nicht möglich. Die Fehling-Probe ist hier negativ.*
*Die Fehling-Probe wurde 1848 von Hermann FEHLING als erste Methode zur quantitativen Bestimmung von Zucker im Harn eingeführt.*

**Versuch C – Nachweis von Stärke mit Iod-Kaliumiodid-Lösung**

**C1 Beschreibe, woran man das Vorhandensein von Stärke erkennt!**
Stärke färbt sich bei Zugabe von Iod-Kaliumiodid-Lösung tiefblau bis violett.

**C2 Nenne die Lebensmittel, die Stärke enthalten!**
Kartoffeln, Reis und Bananen enthalten Stärke.
*Zusatzinformation: Bei Kartoffeln und Reis zeigt sich direkt nach dem Auftropfen ein blauer Fleck, bei Bananen entwickelt sich nach einiger Zeit ein graublauer Fleck. Diese Lebensmittel enthalten also Stärke. Bei Äpfeln und Joghurt bleibt die aufgetropfte Iod-Kaliumiodid-Lösung gelb, sie enthalten keine Stärke.*
*Stärke besteht zu 20 Prozent aus spiralig aufgebauter Amylose und zu 80 Prozent aus verzweigt aufgebautem Amylopektin. Beim Nachweis mit Iod-Kaliumiodid-Lösung bildet die Amylose mit Iod eine Einschlussverbindung. Iodmoleküle lagern sich in die Amylosespirale ein, wodurch die blaue bis violette Färbung zustande kommt.*
*Bananen enthalten nur ein bis zwei Prozent Stärke. Je reifer die Bananen sind, desto mehr Stärke ist bereits zu Glukose abgebaut.*

### Versuch D – Nachweis von Fett mit der Fettfleckprobe

**D1 Beschreibe, woran man das Vorhandensein von Fett erkennt!**
Auf dem Filterpapier ist nach dem Trocknen das Wasser nicht mehr zu erkennen. Das Fett ist dagegen noch als glasiger Fleck sichtbar.

**D2 Untersuche mit dieser Methode verschiedene Lebensmittel! Nenne die Lebensmittel, die Fett enthalten!**
Milch sowie die filtrierten Flüssigkeiten der Erdnüsse und des Käses enthalten Fett.

### Versuch E – Nachweis von Fett mit Sudan III-Lösung

**E1 Beschreibe, woran man das Vorhandensein von Fett erkennt!**
Das Fett setzt sich oben auf dem Wasser ab und färbt sich nach dem Schütteln rot.

**E2 Stelle mit dieser Methode fest, welche Lebensmittel aus Versuch D Fett enthalten! Vergleiche die Ergebnisse mit denen der Fettfleckprobe!**
Milch, Erdnüsse und Käse enthalten Fett. Die Ergebnisse stimmen mit denen der Fettfleckprobe überein.

*Zusatzinformation: Sudan III ist ein Farbstoff, der sich wesentlich besser in unpolaren Lösungsmitteln löst als in polaren. In einem Fett-Wasser-Gemisch reichert sich daher der Farbstoff in der Fettphase an.*

### Versuch F – Nachweis von Eiweiß mit Teststreifen

**F1 Vergleiche sofort die Färbungen der Testfelder mit der Farbskala auf der Teststreifendose! Beschreibe deine Beobachtungen!**
Beim Teststreifen, der in destilliertes Wasser getaucht wurde, bleibt das Testfeld gelb. Beim Teststreifen, der in die Eiklarlösung getaucht wurde, wird das Testfeld grün.
*Zusatzinformation: Für die Handhabung der Teststreifen gelten die Zusatzinformationen von A1.*
*Das Eiklar von einem Ei reicht für eine ganze Klasse, wenn man mit destilliertem Wasser eine Eiklarlösung herstellt und diese auf die Arbeitsgruppen aufteilt.*

**F2 Prüfe mit neuen Teststreifen das Vorkommen von Eiweiß in verschiedenen Lebensmitteln! Nenne die Lebensmittel, die Eiweiß enthalten!**
Bei Milch und Bohnen ist der Eiweißnachweis deutlich positiv. Bei Orangensaft ist eine schwache grünliche Verfärbung des Testfeldes zu beobachten.
*Zusatzinformation: Eier enthalten 12,8 Gramm Eiweiß pro 100 Gramm. Dabei enthält das Eigelb 16,1 Gramm und das Eiklar 10,9 Gramm pro 100 Gramm. Vollmilch enthält 3,3 Gramm, getrocknete grüne Bohnen 20,2 Gramm, getrocknete dicke Bohnen 28,1 Gramm und Orangensaft 0,7 Gramm Eiweiß pro 100 Gramm. Orangenlimonade enthält kein Eiweiß.*

### Versuch G – Nachweis von Eiweiß mit der Biuretprobe

**G1 Beschreibe, woran man das Vorhandensein von Eiweiß erkennt!**
Die Lösung im zweiten Reagenzglas, die Eiklar enthält, verfärbt sich violett. Die Lösung im ersten Reagenzglas bleibt hellblau.
*Zusatzinformation: Eiweiße (Proteine) bilden aufgrund ihrer Peptidbindungen mit Kupfer(II)-Ionen im alkalischen Milieu violette Komplexverbindungen.*

**G2 Untersuche in gleicher Weise die Lebensmittel aus Versuch F! Vergleiche die Ergebnisse mit denen aus Versuch F!**
Eiklarlösung, Milch und Bohnen enthalten Eiweiß. Sie bewirken eine deutliche Violettfärbung. Bei Orangensaft zeigt sich eine schwache Violettfärbung. Die Ergebnisse entsprechen denen aus Versuch F.

# Gesunde Ernährung

## Seite 110–112

**1 Erkläre, was man unter Energiebedarf versteht!**
Der Energiebedarf ist der Gesamtumsatz an Energie, die man an einem Tag verbraucht. Auch wenn man nichts tut, braucht der Körper Energie. Diese Energiemenge nennt man Grundumsatz. Im Durchschnitt verbraucht man dabei 4,2 Kilojoule Energie pro Kilogramm Körpermasse und Stunde. Bewegt man sich oder strengt man sein Gehirn an, benötigt man zusätzlich Energie, die als Leistungsumsatz bezeichnet wird. Der Leistungsumsatz hängt von der Art

der Aktivitäten ab und ist zum Beispiel bei sportlichen Aktivitäten sehr hoch. Die Summe des täglichen Grundumsatzes und des täglichen Leistungsumsatzes ergibt den Gesamtumsatz.

**2 Beschreibe, worauf man achten sollte, wenn man sich gesund ernähren möchte!**

- Man sollte darauf achten, dass man etwa die Menge an Nahrung aufnimmt, die gerade so viel Energie liefert, wie man auch verbraucht.
- Die Nahrung sollte alle Nährstoffe, Kohlenhydrate, Fette und Eiweiße, sowie ausreichend Vitamine, Mineral- und Ballaststoffe enthalten.
- Man sollte darauf achten, dass die Nährstoffe in einem ausgewogenen Verhältnis aufgenommen werden. Um dies zu erreichen, kann man sich an der Ernährungspyramide orientieren. Getreideprodukte und Kartoffeln sowie Obst und Gemüse sollten zusammen etwa 75 Prozent betragen, und eiweißreiche Lebensmittel wie Fleisch und Milchprodukte etwa 20 Prozent. Butter, Öl und Margarine sowie Süßigkeiten sollten höchstens fünf Prozent der täglichen Nahrung betragen.
- Die Lebensmittel sollten frei von Schadstoffen sein. Frische Lebensmittel sind Konserven und Fertigprodukten vorzuziehen. Außerdem sollten die Lebensmittel schonend zubereitet werden.

## Seite 113 (Material)

### Material A – Energiebedarf

**A1 Ermittle den täglichen Leistungsumsatz dieses Schülers!**

| Aktivität | Leistungsumsatz (kJ) | Zeit (h) |
|---|---|---|
| Schlafen | 0 | 9 |
| Schule | 1 560 | 6 |
| Fahrt zur Schule | 352 | 0,5 |
| Fahrt nach Hause | 488 | 0,25 |
| Hausarbeiten | 260 | 2 |
| Fußballtraining | 3 884 | 2 |
| Restliche Zeit | 459 | 4,25 |
| Summe | 7 003 | 24 |

**A2 Ermittle den täglichen Gesamtumsatz dieses Schülers!**

*Grundumsatz:*
In einer Stunde: $4{,}2 \cdot 50 = 210 \text{ kJ}$.
In 24 Stunden: $210 \text{ kJ} \cdot 24 = 5\,040 \text{ kJ}$.

*Leistungsumsatz:*
Laut Berechnung zur Aufgabe A1: 7 003 kJ

*Gesamtumsatz:*
Grundumsatz + Leistungsumsatz = Gesamtumsatz,
5 040 kJ + 7 003 kJ = 12 043 kJ.
Der Schüler hat an diesem Tag einen Gesamtumsatz von etwa 12 000 kJ.

*Gestufte Hilfen:*
*Hilfe 1: Berücksichtige, dass der Gesamtumsatz sich aus dem Grundumsatz und dem Leistungsumsatz zusammensetzt.*
*Hilfe 2: Berechne zunächst den Grundumsatz und nutze die Lösung zur Aufgabe A1.*

**A3 Ermittle deinen ungefähren Gesamtumsatz pro Tag!**
*individuelle Schülerantworten*

### Material B – Ausgewogene Ernährung

**B1 Stelle die Menge der Inhaltsstoffe der beiden Gerichte in einer Tabelle dar! Berechne die Nährstoffverhältnisse, und trage sie ebenfalls in die Tabelle ein!**
*Vgl. Tabelle unten bzw. Tabelle oben auf S. 49.*

*Gericht A*

| Lebensmittel | Menge (g) | Kohlenhydrate (g) | Fett (g) | Proteine (g) | Vitamine (mg) | Mineralstoffe (mg) | Ballaststoffe (g) | Energie (kJ) |
|---|---|---|---|---|---|---|---|---|
| Spaghetti | 120 | 90,2 | 1,4 | 15,6 | 74,7 | 232,3 | 0,4 | 1824 |
| Hackfleisch | 60 | 0 | 14,7 | 11,3 | 1,6 | 386,4 | 0 | 745,8 |
| Tomatensoße | 30 | 20,3 | 1,2 | 2,6 | 0 | 0 | 0 | 428,4 |
| Summe | 210 | 110,5 | 17,3 | 29,5 | 76,3 | 618,7 | 0,4 | 2998,2 |
| Nährstoffverhältnis (%) | | 70,2 | 11 | 18,8 | | | | |

*Gericht B*

| Lebensmittel | Menge (g) | Kohlenhydrate (g) | Fett (g) | Proteine (g) | Vitamine (mg) | Mineralstoffe (mg) | Ballaststoffe (g) | Energie (kJ) |
|---|---|---|---|---|---|---|---|---|
| Bratwurst | 120 | 0 | 43,2 | 15,2 | 4,4 | 799 | 0 | 1723 |
| Pommes frites | 70 | 25,2 | 10,8 | 3 | 16,6 | 890,5 | 1 | 945,7 |
| Ketchup | 20 | 4,8 | 0 | 0,4 | 0 | 0 | 0 | 87,2 |
| Summe | 210 | 30 | 54 | 18,6 | 21 | 1689,5 | 1 | 2755,9 |
| **Nährstoffverhältnis (%)** | | 29,3 | 52,6 | 18,1 | | | | |

 *Gestufte Hilfen:*
*Hilfe 1: Vorgabe des Tabellenrasters*
*Hilfe 2: Addiere zunächst für jedes der beiden Gerichte die Werte aller enthaltenen Nährstoffe. Berechne dann den prozentualen Anteil, den jeder der Nährstoffe an dieser Summe hat.*
*Hilfe 3: Die Summe aller enthaltenen Nährstoffe ergibt bei Gericht A 157,3 g und bei Gericht B 102,6 g. Berechne, wie viel Prozent die Masse jedes Nährstoffs an 157,3 g bzw. 102,6 g hat.*
*Hilfe 4: Die Berechnung der prozentualen Anteile erfolgt nach der Formel:*

$$\frac{100 \cdot \text{Masse des Nährstoffes}}{\text{Summe der Masse aller Nährstoffe}}$$

**B2 Vergleiche die in B1 dargestellten Werte mit den Empfehlungen für ein ausgewogenes Nährstoffverhältnis!**
Bei *Gericht A* sind es 70,2 % Kohlenhydrate, 11 % Fett und 18,8 % Protein. Im Vergleich zu den Empfehlungen für ein ausgewogenes Nährstoffverhältnis sind das etwa 15 % mehr Kohlenhydrate, 19 % weniger Fett und etwa 4 % mehr Protein.

Bei *Gericht B* ist das Nährstoffverhältnis 29,3 % Kohlenhydrate, 52,6 % Fett und 18,1 % Protein. Im Vergleich zu den Empfehlungen für ein ausgewogenes Nährstoffverhältnis sind das etwa 26 % weniger Kohlenhydrate, 22 % mehr Fett und etwa 3 % mehr Protein.

Keines der beiden Gerichte entspricht also der Empfehlung für eine ausgewogene Ernährung.

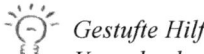 *Gestufte Hilfe:*
*Vorgabe der bei B1 berechneten Werte.*

**B3 Ergänze die beiden Gerichte sinnvoll durch einen Salat oder Nachtisch! Begründe!**
*Gericht A:*
Bei diesem Gericht ist der Anteil an Kohlenhydraten zu hoch und der Anteil an Fett zu niedrig. Sinnvoll wäre eine Ergänzung durch Parmesankäse und als Nachtisch Eiskrem. Beide Lebensmittel erhöhen den Fettanteil. Allerdings erhöht die Eiskrem auch den Anteil an Kohlenhydraten.

*Gericht B:*
Bei diesem Gericht ist der Anteil an Kohlenhydraten zu niedrig und der Anteil an Fett zu hoch. Eine Ergänzung durch Karotten und zum Nachtisch frische Erdbeeren wäre sinnvoll. Beide Lebensmittel erhöhen den Kohlenhydratanteil, ohne eine weitere Erhöhung des Fettanteils zu bewirken.

 *Gestufte Hilfe:*
*Überprüfe das jeweilige Verhältnis von Kohlenhydrate, Fette und Proteine.*

# Essstörungen

## Seite 114–116

**1 Erläutere den Begriff Essstörung!**
Als Essstörung bezeichnet man ein Essverhalten, das nicht den tatsächlichen, körperlichen Bedürfnissen entspricht. Einige Essstörungen können lebensbedrohend sein. Ursachen für diese seelischen Erkrankungen können sein:
– seelische Belastungen
– die Angst, zu dick zu werden
– der dringende Wunsch nach einem perfekten Körper
– Frust

## Seite 141 (Material)

### Material A – Essstörungen

**A1 Beschreibe die Szenen der Abbildungen A und B, und benenne die jeweils dargestellte Essstörung!**
*Abbildung A*
Im Bild links oben sieht man eine Frau, die an einem Tisch vor einem Teller mit Essen sitzt. Ihre Körperhaltung und ihre Hände weisen darauf hin, dass sie das Essen ablehnt. Ein Pfeil verbindet dieses Bild mit dem Bild rechts unten. Dieses zeigt dieselbe Frau, wie sie sich in einem Spiegel betrachtet. Obwohl sie tatsächlich sehr dünn ist, sieht sie sich im Spiegel ziemlich dick.
Die beiden Szenen der Abbildung A zeigen die Magersucht, auch Anorexie genannt.

*Abbildung B*
Im Bild links oben sieht man eine Frau vor einem geöffneten Kühlschrank stehen. Der Kühlschrank ist mit Lebensmitteln gefüllt, und die Frau isst die Lebensmittel direkt aus dem Kühlschrank heraus.
Ein Pfeil verbindet dieses Bild mit dem Bild rechts unten. Dort kniet dieselbe Frau neben einer Toilettenschüssel und erbricht das aus dem Kühlschrank Gegessene.
Die beiden Szenen der Abbildung B zeigen die Ess-Brech-Sucht, auch Bulimie genannt.

**A2 Nenne mögliche Ursachen und Folgen dieser beiden Essstörungen!**
*Magersucht:*
Ursachen der Magersucht sind seelische Probleme. Zum Beispiel kann der Wunsch, dem gesellschaftlichen Schönheitsideal perfekt zu entsprechen, Mädchen im Alter zwischen 13 und 18 Jahren so stark unter Druck setzen, dass sie durch Diäten und übertriebene sportliche Aktivitäten jegliche Gewichtszunahme vermeiden. Das Bedürfnis der vollkommenen Kontrolle über den eigenen Körper kann dabei zu einer falschen Wahrnehmung des eigenen Körpers führen, indem man sich als zu dick wahrnimmt, tatsächlich aber immer dünner wird.
Die Folgen sind starkes Untergewicht, Muskel- und Kreislaufschwäche. Außerdem stellen sich Haarausfall und Störungen des Hormonhaushaltes ein, der bei Frauen zum Ausbleiben der Regelblutung führt. Die Magersucht kann zum Tod führen.

*Ess-Brech-Sucht:*
Ursachen der Ess-Brech-Sucht sind ebenfalls seelische Probleme. Dabei wird zum Beispiel versucht, unangenehme Gefühle oder Stress durch Essattacken zu verdrängen, bei denen große Mengen an Lebensmittel in kurzer Zeit verzehrt und anschließend wieder erbrochen werden. Die körperlichen Folgen sind Kreislauf- und Verdauungsstörungen sowie Schädigungen der Magenschleimhaut und der Speiseröhre.

*Gestufte Hilfe:*
*Vorgabe der beiden Formen der Essstörung.*

*Zusatzinformation: Die Ursachen für die hier genannten Essstörungen sind tatsächlich vielfältiger als in den Lösungsvorschlägen beschrieben. Die Vorschläge wurden auf die aus dem Text zu entnehmenden Ursachen reduziert. Ursachen für die Magersucht können auch in Konflikten in der Familie oder in der Mutter-Kind-Beziehung begründet sein. Auch bei der Ess-Brech-Sucht können die Ursachen familiärer Art sein. Zum Beispiel kann der Stress, der zu Essattacken führt, in zu hohen Leistungsansprüchen der Eltern oder in deren Trennung bestehen. Auch sexueller Missbrauch kann eine Ursache für die Ess-Brech-Sucht sein.*

*Umfangreiche Informationen finden sich in der Broschüre „Essstörungen – Leitfaden für Eltern, Angehörige und Lehrkräfte", Bundeszentrale für gesundheitliche Aufklärung (BZgA), 127 Seiten. Die Broschüre kann auf der Homepage der BZgA bestellt oder als PDF-Datei heruntergeladen werden.*

**A3 Stelle die Teufelskreise der beiden Essstörungen in Form eines kreisförmigen Pfeildiagramms und einzelnen Begriffen zwischen den Pfeilen dar!**
*Magersucht:*

*Gestufte Hilfen:*
*Hilfe 1: Vorgabe des Begriffs „Abmagerung" mit abgehenden und zuführenden Pfeilen*
*Hilfe 2: Vorgabe eines Rohschemas der kreisförmig angeordneten Pfeile*

*Ess-Brech-Sucht:*

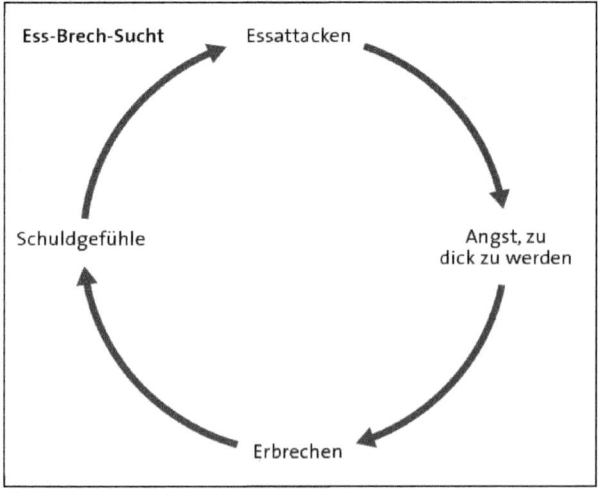

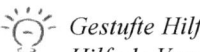 *Gestufte Hilfen:*
*Hilfe 1: Vorgabe des Begriffs „Essattacken" mit abgehenden und zuführenden Pfeilen.*
*Hilfe 2: Vorgabe eines Rohschemas der kreisförmig angeordneten Pfeile und der Begriffe des Pfeilschemas in ungeordneter Reihenfolge.*

## Material B – Body-Mass-Index

**B1 Nenne mithilfe der beiden Diagramme die unteren und oberen BMI-Werte für das Normalgewicht eines neun- und vierzehnjährigen Jungen und Mädchens!**

*Jungen*
Neunjährig: unterer BMI-Wert = 14,5,
oberer BMI-Wert = 19,5
Vierzehnjährig: unterer BMI-Wert = 17,
oberer BMI-Wert = 23,5
*Mädchen*
Neunjährig: unterer BMI-Wert = 14,
oberer BMI-Wert = 20
Vierzehnjährig: unterer BMI-Wert = 16,5,
oberer BMI-Wert = 24

**B2 Berechne deinen eigenen BMI-Wert und bewerte dein Gewicht!**
Beispiel: Vierzehnjähriges Mädchen,
Körpergewicht = 50 kg, Körpergröße = 1,55 m
BMI = 50 kg : (1,55 m)² = 20,8 kg/m².
Dieser BMI-Wert befindet sich im mittleren Bereich des Normalgewichtes.

 *Gestufte Hilfe:*
*Nimm zur Bewertung das Diagramm im Lehrbuch zur Hilfe.*

## Material C – Fettleibigkeit

**C1 Beschreibe die mit A gekennzeichnete Ursache für Fettleibigkeit! Nenne noch drei weitere Ursachen!**
Bei A sieht man einen Mann, der in einem Sessel vor einem Fernsehgerät sitzt. Dieses Bild weist auf Bewegungsmangel als Ursache für die Fettleibigkeit hin.
Weitere Ursachen können erbliche Faktoren, zu hohe Nahrungszufuhr, zum Beispiel aufgrund seelischer Probleme, und Krankheiten sein.

**C2 Vergleiche die Fettleibigkeit mit der Bulimie!**
Die Fettleibigkeit ist eine Folgeerkrankung bzw. ein Symptom einer anderen Erkrankung. Ursache kann eine Essstörung – die Esssucht sein. Häufig werden Fettleibigkeit und Esssucht miteinander verwechselt bzw. als dasselbe angesehen.
Bei der Bulimie handelt es sich um eine Essstörung, also sozusagen um die Grunderkrankung.

*Zusatzinformation: Im Folgenden werden die beiden Essstörungen miteinander verglichen:*
*Gemeinsamkeiten Esssucht und Bulimie*
– *Ursachen sind häufig seelische Probleme.*
– *Es entsteht ein Teufelskreis, in dem Schuldgefühle den erneuten Auslöser für die zu hohe Nahrungszufuhr oder die Essattacken darstellen.*
*Unterschiede der beiden Essstörungen*
– *Bei der Esssucht werden ständig über den ganzen Tag verteilt zu große Mengen gegessen. Bei der Bulimie finden häufig Essattacken statt, bei denen in kurzer Zeit sehr viel gegessen und anschließend wieder erbrochen wird.*
– *Bei der Esssucht findet eine ständige Gewichtszunahme statt, sodass sich ein BMI deutlich über dem Normalgewicht einstellt. Bulimie-Kranke haben dagegen meistens ein normales Gewicht.*
– *Fettleibigkeit infolge der Esssucht kann in der Öffentlichkeit nicht verborgen werden, während Bulimie in der Öffentlichkeit nicht auffällt, da die Essanfälle heimlich stattfinden.*
– *Die körperlichen Folgen bei der Fettleibigkeit sind vor allem Bluthochdruck, Diabetes und Wirbelsäulenprobleme, bei der Bulimie Kreislauf- und Verdauungsstörungen sowie Schädigungen der Magenschleimhaut und der Speiseröhre.*

# Verdauung von Kohlenhydraten

## Seite 118–120

**1 Beschreibe, wie Stärke verdaut wird!**
Der erste Verdauungsvorgang findet im Mund statt. Der Mundspeichel zerlegt die Stärke in kleine Stücke, die Maltose, die nur aus je zwei Glukosebausteinen bestehen.
Stärke, die im Mund nicht verdaut wurde, wird im Zwölffingerdarm durch den Bauchspeichel zu Maltose abgebaut.
Der Abbau der Maltose zu Glukose findet im Dünndarm durch den Dünndarmsaft statt.

*Zusatzinformation: Aus Gründen der Vereinfachung wurde im Text und in der Abbildung 04 auf Seite 144 darauf verzichtet, die genaue Wirkung der Amylase beim Menschen darzustellen.*
*Die α-Amylase, die in den Verdauungssäften von Tier und Mensch enthalten ist, setzt nicht am Ende der Stärkeketten an, sondern an allen Stellen des Moleküls. Die Spaltung der Stärke durch α-Amylase lässt daher nicht nur Maltosen entstehen, sondern auch kurze Ketten aus mehr als zwei Glukosemolekülen und auch einzelne Glukosemoleküle. (Daher ist im bekannten Test unter Wirkung des Mundspeichels auch Glukose nachweisbar.)*
*In der Abbildung der Amylase-Wirkung ist nur die Entstehung von Maltosemolekülen dargestellt.*

*Die β-Amylase, die in keimenden Samen vorkommt, setzt am Ende des Stärkemoleküls an. Durch sie entstehen nur Maltosemoleküle.*

**2 Erkläre, wie der Dünndarm im Bau seiner Funktion der Nährstoffaufnahme angepasst ist!**
Der Dünndarm ist so gebaut, dass seine Oberfläche besonders groß ist. Dazu ist seine Wand in Falten gelegt, aus denen kleine Fortsätze, die Darmzotten in den Darmraum hineinragen. Die äußere Zellmembran der Darmzotten ist vielfältig zu Mikrovilli eingefaltet. Durch diese Oberflächenvergrößerung kann der Dünndarm seine Funktion, die Aufnahme von Bausteinen der Nährstoffe ins Blut, besonders gut erfüllen.

*Zusatzinformation: Die Oberflächenvergrößerung bietet auch den Vorteil, besonders viel Dünndarmsaft abgeben zu können.*

**3 Beschreibe die Arbeitsweise von Enzymen!**
Enzyme können Stoffe bei Körpertemperatur umwandeln. Dazu heften sich Enzyme zunächst an den Stoff, der verändert werden soll. Wenn das geschehen ist, erfolgt die Umwandlung, zum Beispiel die Spaltung in zwei Bestandteile. Danach löst sich das Enzym wieder von dem jetzt umgewandelten Stoff. Nach diesem Vorgang liegt es wieder in der gleichen Form vor, wie vorher. Es kann sich daher sofort wieder an einen Stoff binden, der umgewandelt werden soll.

## Seite 121 (Material)

### Versuch A – Wirkung des Speichels auf Stärke

**A1 Beschreibe den Versuchsaufbau!**
Es werden zwei Reagenzgläser mit der gleichen Menge an Stärkelösung in je ein Becherglas gestellt. Beide Stärkelösungen sind mit Iod-Kaliumiodid-Lösung blau-violett gefärbt. Das Reagenzglas steht in einem Becherglas mit Wasser, das bei Versuch A eine Temperatur von 37 °C und bei Versuch B eine Temperatur von 12 °C hat. Die Temperatur wird mit einem Thermometer kontrolliert. In beide Reagenzgläser wird mit einer Pipette die gleiche Menge an Mundspeichel eingetropft. Beide Reagenzgläser bleiben drei Minuten in den Bechergläsern stehen.

**A2 Erkläre das Ergebnis des Versuchs A!**
Im Versuch A entfärbt sich die Stärkelösung nach der Zugabe von Speichel. Die blauviolette Färbung der Lösung zu Beginn des Versuchs zeigt an, dass Stärke vorhanden ist. Das Enzym Amylase im zugegebenen Speichel hat dazu geführt, dass die Stärke in Glukose zerlegt wurde. Weil Iod-Kaliumiodid-Lösung nur Stärke färbt, aber nicht Glukose, verschwindet die blaue Farbe, wenn die Stärke abgebaut wurde.

 *Gestufte Hilfe:*
*Berücksichtige, dass Iod-Kaliumiodid-Lösung Stärke blauviolett färbt, aber nicht Glukose.*

**A3 Stelle Vermutungen an, wie sich das Ergebnis des Versuchs B erklären ließe!**
Im Versuch B herrschen die gleichen Bedingungen vor, wie in Versuch A, bis auf die Temperatur. Sie beträgt statt 37 °C nur 12 °C. Dass sich die Stärkelösung nicht entfärbt, könnte daran liegen, dass das Enzym Amylase des Mundspeichels bei einer so geringen Temperatur nicht oder nur langsam wirken kann.

**A4 Begründe, weshalb die Stärke angefärbt wurde!**
Die Stärke wurde angefärbt, um nachzuweisen, dass sie im Reagenzglas enthalten ist. Wenn man die Stärke nicht anfärbt, kann man nicht erkennen, ob sie abgebaut wird oder bestehen bleibt.

**A5 Begründe, weshalb in beiden Versuchen alle Versuchsbedingungen außer einer gleich sein mussten!**
Durch die Versuche sollte die Frage geklärt werden, ob die Temperatur für die Wirkung von Amylase im Mundspeichel von Bedeutung ist. Wenn die Versuchsergebnisse bei 37 °C anders sind als bei 12 °C kann man darauf schließen, dass die Temperatur für die Wirkung der Amylase von Bedeutung ist. Wenn in den Versuchen noch eine weitere Bedingung unterschiedlich wäre, zum Beispiel die Menge an gelöster Stärke, könnte man nicht entscheiden, ob die unterschiedlichen Versuchsergebnisse durch die unterschiedliche Temperatur oder durch die unterschiedliche Menge an gelöster Stärke zustande gekommen sind.

 *Gestufte Hilfen:*
*Hilfe 1: Überlege, welche Folgen es hätte, wenn nicht alle Bedingungen gleich wären.*
*Hilfe 2: Überlege, was passieren würde, wenn bei Versuch B mehr Stärke im Reagenzglas vorhanden wäre als bei Versuch A.*

### Material B – Wirkung von Enzymen

**B1 Beschreibe die im Schema dargestellten Vorgänge, durch die ein Stoff mithilfe eines Enzyms gespalten wird!**
Der Stoff, der gespalten werden soll (*a*), heftet sich an ein Enzym (*b*).
Das Enzym beginnt, die Verbindung zwischen zwei Bestandteilen des Stoffes zu lösen (*c*).
Der Stoff ist in zwei Bestandteile gespalten (*d*).
Die beiden Bestandteile des Stoffes lösen sich vom Enzym (*e*).
Das Enzym ist unverändert und bereit, sich wieder mit dem Stoff, der bei a dargestellt ist, zu verbinden (*f*).

**B2 Begründe mithilfe des Schemas, weshalb nur eine geringe Menge von Enzymen für die Spaltung einer großen Stoffmenge erforderlich ist!**

Das Enzym wird bei der Spaltung des Stoffes nicht verändert. Das gleiche Enzym kann daher in kurzen Abständen hintereinander immer wieder den Vorgang der Spaltung auslösen. Wenn das Enzym bei der Spaltung verbraucht würde, wäre eine viel größere Menge an Enzym für die Spaltung der gleichen Stoffmenge erforderlich.

**B3 Fertige ein ähnliches Schema an, in dem dargestellt ist, dass ein Enzym nur einen bestimmten Stoff spalten kann!**

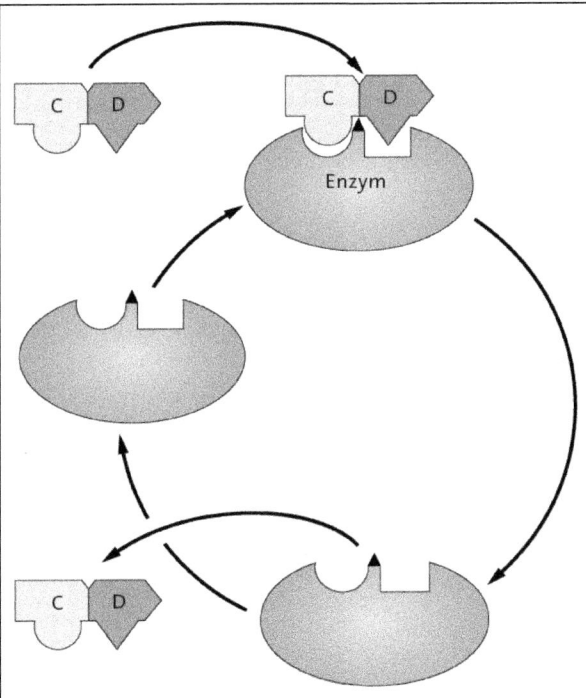

*Gestufte Hilfen:*
*Hilfe 1: Beachte die Form des Enzyms und der Stoffe.*
*Hilfe 2: Überlege, welche Form ein Stoff haben müsste, wenn das Enzym ihn nicht spalten kann.*

*Zusatzinformation: Wird in das Schema ein zweiter Stoff eingetragen, der von seiner Form her nicht in die Aussparungen auf der Oberseite des Symbols für das Enzym passt, wird dadurch dargestellt, dass die Spaltung nur erfolgen kann, wenn der zu spaltende Stoff eine Verbindung mit einer bestimmten Stelle des Enzyms eingeht.*

**B4 Erläutere am Beispiel des bei B3 angefertigten Schemas das biologische Prinzip Struktur und Funktion!**

Ein Enzym kann seine Funktion, zum Beispiel die Spaltung eines Stoffes, nur erfüllen, wenn die Struktur des Enzyms zu der des Stoffes passt, der gespalten werden soll.

Nur so können sich Enzym und Stoff für eine kurze Zeit miteinander verbinden, sodass die Spaltung in Gang gesetzt wird.

## Verdauung von Eiweißen und Fetten

### Seite 124–126

**1 Beschreibe, wie Eiweiße verdaut werden!**

Im Magen werden die Eiweiße durch Proteasen des Magensafts in kurze Aminosäureketten zerlegt. Im daran anschließenden Zwölffingerdarm, der in den Dünndarm übergeht, wirken weitere Enzyme auf die Aminosäureketten ein. Sowohl der Bauchspeichel, der von der Bauchspeicheldrüse in den Zwölffingerdarm abgegeben wird, als auch der Dünndarmsaft, der von der Dünndarmwand gebildet wird, enthalten Proteasen, die die Aminosäureketten in einzelne Aminosäuren spalten.

**2 Begründe den unterschiedlichen Aufbau der Eiweiße der Nahrung und der Eiweiße der Zellen des Menschen!**

Körperfremde Eiweiße werden in den Verdauungsorganen in ihre kleinsten wasserlöslichen Bestandteile zerlegt. Über das Blut gelangen die Aminosäuren zu den Zellen des Menschen. Dort werden diese Aminosäuren zu neuen – körpereigenen – Eiweißen zusammengesetzt, allerdings in der spezifischen Reihenfolge, die für die jeweiligen menschlichen Eiweiße charakteristisch ist, und somit anders als in den Eiweißen der Nahrung. Daher sind die Eiweiße, die der Mensch mit der Nahrung aufnimmt, anders gebaut als die, aus denen seine Zellen bestehen.

**3 Beschreibe die Aufgaben der Magensäure!**
– Sie schafft eine saure Umgebung. Das ist erforderlich, weil die Proteasen des Magensaftes nur in saurer Umgebung wirken können.
– Sie fällt gelöste Eiweiße aus Flüssigkeiten aus. Dadurch werden sie nicht so schnell in den Darm weitertransportiert, sodass die Proteasen länger Zeit haben, sie abzubauen.
– Sie tötet in der Nahrung enthaltene Krankheitserreger ab, zum Beispiel Bakterien.

**4 Begründe, weshalb Eiweißmangel besonders gefährlich ist!**

Eiweiße sind die Hauptbestandteile der Zellen des Menschen, sie sind Baustoffe und sind als Enzyme und Hormone an der Regulation von Stoffwechselprozessen beteiligt. Bei Eiweißmangel können alte, nicht mehr funktionsfähige Eiweiße nicht durch neue ersetzt werden und neue Baustoffe fehlen. Dadurch kommt es zu gefährlichen Gesundheitsstörungen. Das gilt vor allem für Kinder. Wenn Eiweiße fehlen, können sie keine oder nicht mehr genügend neue Zellen bilden, sodass es zu Wachstumsstörungen kommt.

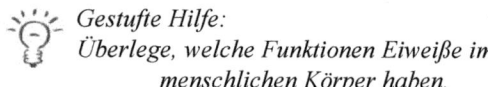
*Gestufte Hilfe:*
*Überlege, welche Funktionen Eiweiße im menschlichen Körper haben.*

**5 Nenne Verdauungsorgane, die am Abbau der Fette beteiligt sind!**
die Bauchspeicheldrüse, die Leber und die Gallenblase, der Zwölffingerdarm und der Dünndarm

**6 Erläutere das Prinzip der Oberflächenvergrößerung am Beispiel der Wirkung von Galle!**
Die Gallenflüssigkeit löst große Fetttropfen in viele kleine auf. Die gleiche Menge Fett hat eine größere Oberfläche, wenn sie in Form von vielen kleinen Tropfen vorliegt, als wenn sie nur aus wenigen großen Tropfen besteht.

**7 Begründe, weshalb die Galle in einigen Fachbüchern nicht als Verdauungssaft bezeichnet wird!**
Unter Verdauung versteht man den Abbau von Nährstoffen in ihre Bestandteile. Galle ist zwar an der Verdauung von Fett beteiligt, enthält aber keine Fett abbauenden Enzyme. Weil sie also nicht in der Lage ist, Fett in seine Bestandteile Glycerin und Fettsäuren zu zerlegen, handelt es sich im eigentlichen Sinne nicht um einen Verdauungssaft. Die in der Galle enthaltenen Stoffe zerteilen lediglich die Fetttropfen und machen sie für die Lipasen des Bauchspeichels und des Dünndarmsafts leichter zugängig.

## Seite 127 (Material)

### Material A – Verdauung von Nährstoffen

**A1 Benenne die mit Zahlen gekennzeichneten Bereiche!**
1 = Mundhöhle, 2 = Magen, 3 = Leber, 4 = Gallenblase, 5 = Bauchspeicheldrüse, 6 = Dünndarm

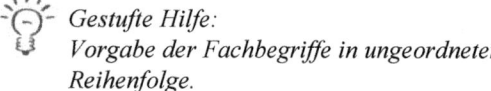
*Gestufte Hilfe:*
*Vorgabe der Fachbegriffe in ungeordneter Reihenfolge.*

**A2 Nenne die Fachbegriffe für die in der Abbildung B dargestellten Symbole und ordne sie den passenden Stellen des Schemas A zu! Dabei sind Mehrfachnennungen möglich.**
a = Protein → Mundhöhle *(1)* und Magen *(2)*
b = kurze Aminosäureketten → Magen *(2)* und Dünndarm *(6)*
c = Aminosäuren → Dünndarm *(6)*

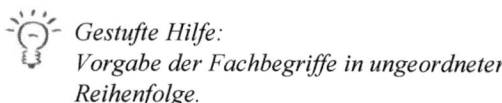
*Gestufte Hilfe:*
*Vorgabe der Fachbegriffe in ungeordneter Reihenfolge.*

**A3 Ordne die Enzyme Proteasen, Lipasen, Maltase, Amylasen den Stellen der Abbildung A zu, an denen sie gebildet werden!**
*Proteasen:* Magen *(2)*, Bauchspeicheldrüse *(5)* und Dünndarm *(6)*
*Lipasen:* Bauchspeicheldrüse *(5)* und Dünndarm *(6)*
*Maltasen:* Dünndarm *(6)*
*Amylasen:* Mundhöhle *(1)* und Bauchspeicheldrüse *(5)*

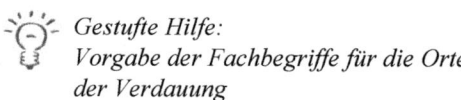
*Gestufte Hilfe:*
*Vorgabe der Fachbegriffe für die Orte der Verdauung*

**A4 Nenne die Organe, die an der Bildung und Speicherung der Flüssigkeit beteiligt sind, die Fett in kleine Tropfen verteilt!**
Leber *(3)* und Gallenblase *(4)*

**A5 Nenne den Ort, an denen die Nährstoffe oder ihre Bestandteile in das Blut aufgenommen werden!**
Die Nährstoffe oder ihre Bestandteile werden im Dünndarm *(6)* ins Blut aufgenommen.

### Versuch B – Wirkung von Pepsin

**B1 Stelle Vermutungen an, welches Ergebnis das Experiment zeigen wird!**
*Reagenzglas A:* Durch die Wasserzugabe wird die Eiklar-Lösung nur verdünnt. Es finden keine Verdauungsprozesse statt. Beim Erhitzen werden die Eiweiße des Eiklars gerinnen und den Inhalt des Reagenzglases weiß färben. Das Reagenzglas dient als Blindprobe dem Vergleich mit Reagenzglas B.

*Reagenzglas B:* Durch die Zugabe der salzsauren Pepsin-Lösung werden im Reagenzglas die langkettigen Eiweiße des Eiklars in kurze Aminosäureketten gespalten. Diese können beim Erhitzen nicht mehr gerinnen, dadurch bleibt vermutlich die Lösung klar.

**B2 Beschreibe deine Beobachtungen beim gleichzeitigen Erhitzen beider Reagenzgläser im Wasserbad!**
*Reagenzglas A:* Die Eiklar-Lösung wird sehr schnell trüb und färbt sich weiß.

*Reagenzglas B:* Die Eiklar-Lösung trübt sich etwas ein. Sie wird aber nicht weiß.

**B3 Erkläre die erhaltenen Ergebnisse!**
*Reagenzglas A:* Es fand keine Verdauung statt. Das Eiklar gerann. Die Weiß-Färbung zeigt das Ergebnis an.

*Reagenzglas B:* Es fand Verdauung statt. Die kurzen Aminosäureketten konnten nicht gerinnen. Die fehlende Weiß-Färbung zeigt das Ergebnis an. Die Trübung entstand vermutlich durch nicht verdaute Eiklar-Eiweiße.

**B4 Begründe mögliche Fehler, die aufgetreten sein könnten!**
– Beide Reagenzgläser blieben klar bzw. wurden leicht trüb. Die Zeit zum Erhitzen war zu kurz.

– Beide Reagenzgläser verfärbten sich weiß. Wahrscheinlich war die Wirkungszeit des Enzyms zu kurz, es wurde nicht genügend Eiweiß verdaut. Es könnte auch sein, dass die salzsaure Pepsin-Lösung nicht gut funktionierte.

*Zusatzinformation: Das Eiklar sollte in ca. 0,5 l Wasser mit etwas Kochsalz gelöst werden. Bei der Pepsin-Lösung sollte etwa ein Teelöffel Pepsin in 100 ml Wasser gelöst werden. Erst kurz vor dem Experiment mit verdünnter Salzsäure auf einen pH-Wert von 2–3 einstellen.*

## Lunge – Atmung und Gasaustausch

### Seite 130–133

**1 Beschreibe die Bewegungen bei der Brust- und Bauchatmung!**
*Brustatmung:* Beim Einatmen zieht sich die Zwischenrippenmuskulatur zusammen. Dadurch heben sich die Rippen, sodass sie weniger schräg verlaufen. Das hat eine Erweiterung des Brustkorbs zur Folge.
Beim Einatmen erschlafft die Zwischenrippenmuskulatur und die Elastizität des Brustkorbs lässt die Rippen in die schräg nach unten gerichtete Stellung zurücksinken. Dadurch verringert sich der Raum, den der Brustkorb umschließt.
*Bauchatmung:* Beim Einatmen ziehen sich die Muskeln des Zwerchfells zusammen. Dadurch wird die kuppelförmige Wölbung des Zwerchfells flacher und es senkt sich in Richtung Bauchraum ab. Das hat eine Erweiterung des Brustraums nach unten zur Folge. Beim Ausatmen drücken die Eingeweide des Bauches das Zwerchfell wieder in seine ursprüngliche Stellung zurück. Dadurch wird der Brustraum wieder kleiner.

**2 Stelle in einem Pfeildiagramm den Weg eines Sauerstoffteilchens von der Luft in der Nase bis ins Blut dar!**
Nase → Rachen → Kehlkopf → Luftröhre → Bronchien → Bronchiolen → Lungenbläschen → Kapillaren der Lunge → Lungenvene

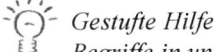 *Gestufte Hilfe:*
*Begriffe in ungeordneter Reihenfolge vorgeben.*

*Zusatzinformation: Zur Vernetzung mit anderen Themen wäre hier eine Erweiterung der Aufgabe sinnvoll, in der man den Transport bis in die Muskelzellen erwartet.*

**3 Beschreibe den Zusammenhang von Struktur und Funktion am Beispiel der Lungenbläschen!**
Die Lungenbläschen sind so gebaut, dass in kurzer Zeit viel Sauerstoff an das Blut abgegeben und viel Kohlenstoffdioxid in die Luft aufgenommen werden kann.
Die Wände der Lungenbläschen und der sie umgebenden Lungenkapillaren sind sehr dünn, sodass die Gase leicht hindurchwandern können.
Die Lungenbläschen sind in sehr großer Anzahl vorhanden. Dadurch bilden sie eine sehr große Gesamtoberfläche, an der gleichzeitig sehr viel Sauerstoff und Kohlenstoffdioxid ins Blut beziehungsweise in die Luft übertreten können.
Die Lungenkapillaren sind ebenfalls in sehr großer Anzahl vorhanden. Auch sie bilden dadurch eine sehr große Oberfläche, an der der Gasaustausch in kurzer Zeit stark ablaufen kann.
Die Lungenkapillaren liegen den Lungenbläschen sehr eng an. Dadurch ist der Weg, den der Sauerstoff und das Kohlenstoffdioxid nehmen müssen, sehr kurz, sodass der Gasaustausch sehr schnell vonstattengehen kann.

**4 Erläutere mithilfe der Abbildung 06 die Wirkung des Rauchens!**
Die beim Rauchen eingeatmeten Verbrennungsprodukte des Tabaks können im ganzen Körper ihre hochgiftige und krebserregende Wirkung entfalten. Nikotin ist ein starkes Nervengift, das schnell Veränderungen im Gehirn herbeiführt. Der Raucher wird süchtig. Wird die Sucht nicht gestillt, entstehen körperliche Entzugserscheinungen: Gereiztheit, Konzentrationsstörungen und zitternde Hände. Nikotin bewirkt weiterhin eine Verengung der Blutgefäße, wodurch Blutdruck und Puls steigen. Die Hauttemperatur sinkt. Die Haut altert auch schneller durch Nikotingenuss. Neben Nikotin sind im Tabak die schädlichen Teerstoffe enthalten. Sie lagern sich beim Rauchen in der Lunge ab, verkleben die Flimmerhärchen und erschweren somit die Atmung. Oft entsteht Raucherhusten und die körperliche Leistungsfähigkeit nimmt ab. Da Teerstoffe krebserregend wirken, erhöht Rauchen das Krebsrisiko aller Organe des Atmungstraktes.

### Seite 134–135 (Material)

#### Material A – Atembewegungen

**A1 Vergleiche den Zustand des Brustkorbs bei A und B! Beschreibe, wie sich A in den bei B dargestellten Zustand ändert!**
Bei A ist der Brustkorb enger und schmaler als bei B. Die Rippen sind stärker schräg nach unten gerichtet als bei B. Der Zustand des Brustkorbs bei A ändert sich in den bei B, wenn sich die Zwischenrippenmuskulatur zusammenzieht.

**A2 Vergleiche die beiden Tabellen! Ordne die Tabellen den Abbildungen des Brustkorbs zu! Begründe die Zuordnung!**
*Vergleich:* In der Tabelle 1 ist der Sauerstoffgehalt der Luft geringer (17 Prozent) als in Tabelle 2 (21 Prozent), der Gehalt an Kohlenstoffdioxid ist höher (4 Prozent) als in Tabelle 2 (0,03 Prozent). Der Gehalt an Stickstoff und an den anderen Gasen ist in beiden Tabellen gleich.

*Zuordnung:* Tabelle 1 – Abbildung A
Tabelle 2 – Abbildung B

*Begründung:* Tabelle 1 gibt die Zusammensetzung der Luft in der Luftröhre an, die ausgeatmet wird; Tabelle 2 zeigt die eingeatmete Luft. Die ausgeatmete Luft hat in der Lunge einen Teil ihres Sauerstoffs abgegeben und Kohlenstoffdioxid aufgenommen. Daher ist der Sauerstoffgehalt von 21 Prozent auf 17 Prozent gesunken und der Gehalt an Kohlenstoffdioxid von 0,03 Prozent auf 4 Prozent gestiegen.

Beim Ausatmen wird der Raum des Brustkorbs kleiner, beim Einatmen größer. Der enge und schmale Brustkorb mit den schräg nach unten weisenden Rippen umschließt einen kleineren Raum als der weite Brustkorb in Abbildung B. Abbildung A zeigt daher den Brustkorb, wenn der Mensch ausatmet; B, wenn er einatmet. Daher muss Tabelle 1 (ausgeatmete Luft) der Abbildung A und Tabelle 2 (eingeatmete Luft) der Abbildung B zugeordnet werden.

*Gestufte Hilfen:*
*Hilfe 1: Berücksichtige bei der Zuordnung vor allem die Werte für Sauerstoff und Kohlenstoffdioxid.*
*Hilfe 2: Stelle zunächst fest, welche der Abbildungen des Brustkorbs den Zustand während der Ein- beziehungsweise der Ausatmung darstellt. Überlege dann, wie hoch der Gehalt an Sauerstoff beziehungsweise Kohlenstoffdioxid ist, wenn von außen kommen Luft durch die Luftröhre in die Lunge strömt beziehungsweise wenn Luft aus der Lunge in Richtung Mund und Nase strömt.*
*Hilfe 3: Tabelle 1 gibt die Werte bei der Ausatmung an, Tabelle 2 bei der Einatmung.*

**A3 Erkläre die Vorgänge, die zu den Unterschieden führen, die in den Tabellen dargestellt sind!**

In den Lungenbläschen wandert ein Teil des Sauerstoffs aus der Luft durch die Wände des Lungenbläschens und der daran angrenzenden Kapillaren in das Blut über. Auf dem gleichen Weg tritt Kohlenstoffdioxid aus dem Blut in die Luft der Lungenbläschen über. Dadurch verliert die Luft Sauerstoff und reichert sich mit Kohlenstoffdioxid an.

*Gestufte Hilfe:*
*Berücksichtige dabei vor allem die Vorgänge, die in den Lungenbläschen ablaufen.*

### Material B – Luftvolumen in der Lunge

**B1 Stelle mithilfe der Grafik das Luftvolumen fest, das bei ruhendem Körper mit einem Atemzug aufgenommen wird und das Luftvolumen, das maximal aufgenommen werden kann!**

Bei ruhendem Körper nimmt die Lunge mit einem Atemzug 0,5 Liter Luft auf. Maximal kann sie mit einem Atemzug 3,5 Liter Luft aufnehmen.

*Gestufte Hilfe: Suche in der Grafik zunächst den Wert für den Ruhezustand, der angibt, wie viel Luft nach der Ausatmung in der Lunge vorhanden ist (2,5 l).*

**B2 Berechne das Luftvolumen, das bei ruhendem Körper in die Lunge aufgenommen wird: pro Minute, pro Stunde und pro Tag!**

*Pro Minute:* Der Grafik ist zu entnehmen, dass der Mensch für einen Atemzug etwa 4 Sekunden benötigt. Eine Minute hat 60 Sekunden. Er atmet also in einer Minute 15-mal (60 : 4 = 15). Bei jedem Atemzug nimmt er 0,5 Liter Luft auf.
Daher: 15 · 0,5 l = 7,5 l
Der Mensch nimmt pro Minute 7,5 Liter Luft auf.

*Pro Stunde:* 60 · 7,5 l = 450 l
Der Mensch nimmt pro Stunde 450 Liter Luft auf.

*Pro Tag:* 24 · 450 l = 10 800 l
Der Mensch nimmt pro Tag 10 800 Liter Luft auf.

*Gestufte Hilfen:*
*Hilfe 1: Stelle zunächst fest, wie viel Sekunden ein Atemzug dauert. Lies dazu ab, wie viel Zeit zwischen zwei aufeinanderfolgenden höchsten Punkten der grün gezeichneten Kurve vergeht.*
*Hilfe 2: Ein Atemzug dauert vier Sekunden. Berechne zunächst, wie viele Atemzüge in einer Minute gemacht werden. Multipliziere diese Zahl der Atemzüge mit dem bei B1 berechneten Wert.*

**B3 Ein Schwimmer benötigt etwa 45 Liter Luft pro Minute. Beschreibe, wie sich die Grafik ändert, wenn die Atmung des Schwimmers dargestellt wird!**

Der Schwimmer atmet häufiger und die bei einem Atemzug aufgenommene Luftmenge ist größer. Im rechten Bereich der Grafik (normale Atmung) werden die Wellen schmaler, sie folgen in kürzerer Zeit aufeinander. Außerdem werden sie höher, da die pro Atemzug aufgenommene Luftmenge größer ist.

*Gestufte Hilfe: Berücksichtige dabei sowohl den Ausschlag der Kurven nach oben und unten als auch die Häufigkeit der Ausschläge.*

**B4 Die Leistungsfähigkeit einer Lunge kann als Luftvolumen angegeben werden, das ein Mensch maximal bei einem Atemzug ausatmen kann. Ermittle diesen Wert mithilfe der Grafik!**

Zur Berechnung muss man das Luftvolumen, das der Mensch maximal einatmen kann (3,5 l) zu dem Volumen addieren, das er maximal ausatmen kann (1,2 l).
Daher: 3,5 l + 1,2 l = 4,7 l
Der Mensch kann bei einem Atemzug maximal 4,7 Liter Luft ausatmen.

*Gestufte Hilfe: Berücksichtige die Maximalwerte der Grafik für die Ein- und Ausatmung.*

*Zusatzinformation: Bei den angegebenen Daten handelt es sich um Durchschnittswerte der Bevölkerung. Der Wert gibt die Vitalkapazität an. Er kann je nach Körpergröße, Körpergewicht, Alter, Geschlecht von dem in der Aufgabe errechneten Wert (4,7 Liter) abweichen. Bei Spitzensportlern kann sie zum Beispiel sehr viel höher liegen, bis zu 7 Liter.*

## Material C – Kehlkopf

### C1 Beschreibe die Aufgabe des Kehlkopfdeckels!

Der Kehlkopfdeckel verschließt beim Einatmen die Speiseröhre und gibt die Luftröhre frei. Dadurch ist gewährleistet, dass die Luft in die Lunge strömt und nicht in den Magen.
Beim Transport der Nahrung vom Mund in die Speiseröhre verschließt der Kehlkopfdeckel die Luftröhre. So verhindert er, dass die Nahrung in die Luftröhre gerät. Das kann dazu führen, dass die Luftröhre verstopft, sodass der Mensch nicht mehr atmen kann.

### C2 Um Laute beim Sprechen zu erzeugen, muss Luft durch die Stimmbänder im Kehlkopf strömen. Erkläre mithilfe der Abbildung, weshalb man beim Essen nicht reden sollte!

Beim Sprechen strömt Luft durch den Kehlkopf. Das ist nur möglich, wenn der Kehlkopfdeckel den Weg durch die Luftröhre frei gibt. Wenn man beim Essen spricht, besteht die Gefahr, dass Teile der Nahrung unbeabsichtigt durch den Rachen in die Nähe des Kehlkopfes und von dort in die offen liegende Luftröhre gelangen. Man verschluckt sich. In schweren Fällen kann das lebensgefährlich sein, weil wegen der verstopften Luftröhre keine Atmung mehr möglich ist.

*Gestufte Hilfe: Vergleiche zunächst den Weg der Luft und den Weg der Nahrung im Rachen und Kehlkopf.*

## Material D – Teer im Zigarettenrauch

### D1 Werte die Abbildungen aus!

Durch beide Papiertaschentücher wurde in einem Experiment Zigarettenrauch von einer Versuchsperson ausgeatmet. Bei A wird der Rauch aus der Mundhöhle hindurch geblasen. Der Fleck ist etwas kleiner aber sehr intensiv von den Inhaltsstoffen des Rauches gefärbt. Bei B wird der Rauch aus der Lunge kommend hindurch geatmet. Der Fleck ist etwas größer und wesentlich weniger intensiv gefärbt. Im Rauch waren weniger Inhaltsstoffe enthalten, die im Papiertaschentuch sich absetzen konnten. Die fehlenden Inhaltsstoffe im Vergleich zu A blieben beim Einatmen in der Lunge zurück und können dort und im Organismus zu Schäden und Erkrankungen führen.

### D2 Erläutere die Wirkung des Teers!

Der Teer entsteht durch die Kondensation von fest-flüssigen Bestandteilen des Zigarettenrauches auf den Oberflächen des Atmungstraktes, insbesondere der Lunge. Diese mehr oder minder zähflüssige Masse behindert die Funktion der Flimmerhärchen, sie verkleben. Dadurch wird die Selbstreinigung der Lunge erheblich eingeschränkt. Schadstoffe des Zigarettenrauches, andere Schadstoffe, Staub, Mikroorganismen, wie Pilzsporen oder krankmachende Bakterien, und Viren können nur noch schlecht aus der Lunge transportiert und abgehustet werden. Sie alle können länger wirken und besser in den Körper eindringen. Sie können im Körper Krankheiten oder Vergiftungen verursachen. Die Inhaltsstoffe des Teers lösen sehr wahrscheinlich in den Geweben des Atmungstraktes aber auch anderen Geweben und Organen Krebs aus.

### D3 Entwickle eine Apparatur mit der man das Experiment zur Abbildung A auch ohne eine Versuchsperson durchführen könnte!

Die zu testende Zigarette wird mit dem Filterstück in einen Schlauch gesteckt. Dieser Schlauch ist mit einem Glasrohr verbunden, das mit Watte als Filtersubstanz gefüllt ist. Ein weiterer Schlauch verbindet alles mit einer Apparatur, die einen Unterdruck erzeugen kann. Zur Erzeugung des Unterdrucks kann eine Saugflasche mit Wasserstrahlpumpe, ein Kolbenprober, eine große Spritze oder eine elektrisch angetriebene Pumpe genutzt werden.

*Gestufte Hilfen:*
*Hilfe 1: Vorgabe, dass für das Gelingen des Experimentes ein Unterdruck erzeugt werden muss.*
*Hilfe 2: Bereitstellen der nötigen Geräte für das Experiment.*

*Zusatzinformation: Sollte die Apparatur auch praktisch getestet werden, ist unter einem Abzug zu arbeiten (Jugendschutzgesetz).*

## Material E – Hauttemperatur und Puls beim Rauchen

### E1 Werte die Wärmebilder aus!

Dargestellt sind die Wärmebilder einer Hand eines Rauchers vor und nach dem Rauchen. Je mehr sich die Farben von Rot nach Blau verändern, umso kälter sind die Teile der Hand. Die Mittelhand ist bei beiden Bildern fast gleich warm. Lediglich der Ansatz der Finger ist nach dem Rauchen etwas kälter. Die etwas kühleren Finger, gelb-grün gefärbt, haben sich im zweiten Bild vor allem an den Spitzen sehr stark abgekühlt. Sie weisen nur noch eine hellblaue Färbung auf.
Nach dem Rauch bewirkte das Nikotin eine Verengung der Gefäße. Die Finger mit ihrer relativ großen Oberfläche werden weniger mit wärmendem Blut durchblutet und kühlen somit schnell ab.

Biosphäre 7/8, Lösungen

**E2 Werte das Diagramm aus!**
Dargestellt ist die Anzahl der Pulsschläge pro Minute in Abhängigkeit der Zeit in Minuten. Vor Beginn des Rauchens liegt er etwa bei 74 Schlägen. Mit dem Rauchen zwischen der 10–15 Minute beginnt die Pulsschlaganzahl erst langsam und dann immer schneller zu steigen. Das Maximum mit 88 Schlägen pro Minute wird in der 28 Minute erreicht. Danach sinkt die Pulsschlaganzahl wieder. Der Anstieg der Pulsschlaganzahl wird durch das Nikotin in Rauch verursacht. Je mehr Nikotin nach Beginn des Rauchens aufgenommen wurde, umso schneller steigt sie. Nach dem Ende des Rauchens wird kein Nikotin mehr zugeführt und es wird im Körper abgebaut. Dadurch sinken seine Konzentration und damit auch die Pulsschlaganzahl.

**E3 Erkläre, welche Folgen aus den Ergebnissen für den Kreislauf abgeleitet werden können!**
Nikotin verengt die Gefäße und erhöht die Erhöhung der Herzschlaganzahl. Dadurch steigt der Blutdruck in den Gefäßen. Wenn die Gefäße im Kreislaufsystem schon geschädigt sind, z. B. durch Arteriosklerose Engstellen aufweisen oder dünne, weniger stabile Stellen aufweisen, besteht eine große Gefahr, dass solche Gefäße durch ein Blutgerinnsel verstopfen oder platzen können. Das Risiko eines Herzinfarktes oder Gehirnschlages steigt erheblich. Durchblutungsstörungen in den Beinen und Armen können auch möglich sein.

### Material F – Warnhinweise auf Zigarettenpackungen

**F1 Begründe die Berechtigung der einzelnen Warnhinweise!**
*„Rauchen führt zur Verstopfung der Arterien und verursacht Herzinfarkte und Schlaganfälle."*
Vergleiche Antwort C3

*„Rauchen verursacht tödlichen Lungenkrebs."*
Die Teerstoffe des Rauches setzen sich in der Lunge ab. Durch das verkleben der Flimmerhärchen werden sie nur langsam heraus transportiert. Somit können sie länger auf das Lungengewebe wirken. Alle Teerstoffe können Krebs auslösen. Im Laufe der Zeit wird die Entstehung von Lungenkrebs immer wahrscheinlicher.
siehe auch Antwort D2

*„Rauchen in der Schwangerschaft schadet Ihrem Kind."*
In der Schwangerschaft steht das Blut des ungeborenen Kindes mit dem Blut der Mutter in der Plazenta im Stoffaustausch. Auch die ins Blut gelangten Schadstoffe des Zigarettenrauches werden in das Blut des Kindes übertragen. Dort schädigen sie die Entwicklung des Kindes und machen es auch nikotinabhängig.

*„Schützen Sie Kinder – lassen Sie sie nicht Ihren Tabakrauch einatmen!"*
In der Umgebung von Rauchern können Kinder den Zigarettenrauch auch einatmen. Das wird als Passivrauchen bezeichnet. Da sich Kinder in der Entwicklung befinden, können auch die geringeren Schadstoffmengen in der Umgebungsluft eines Kindes über längere Zeiträume zu Erkrankungen führen.

*„Rauchen kann tödlich sein."*
Die Folgen langjährigen Rauchens können zu tödlich verlaufenden Erkrankungen wie Herzinfarkt, Gehirnschlag oder Lungenkrebs führen.
Vergleiche auch obere Antworten

# 2 Stofftransport im Körper

## Blut – Zusammensetzung und Aufgaben

### Seite 138–140

**1 Nenne die festen und flüssigen Bestandteile des Blutes!**
*Flüssige Bestandteile:* Blutplasma
*Feste Bestandteile:* rote Blutzellen, weiße Blutzellen, Blutplättchen

**2 Berechne die Anzahl der roten Blutzellen, die in fünf Litern Blut enthalten sind!**
In 1 Milliliter Blut befinden sich etwa 5 Milliarden = 5 000 000 000 rote Blutzellen.
In 1000 Milliliter Blut befinden sich 5 Billionen = 5 000 000 000 000 rote Blutzellen.
In 5 Liter Blut befinden sich 5 mal 5 000 000 000 000 = 25 Billionen rote Blutzellen.
Die Anzahl der roten Blutzellen in fünf Litern Blut beträgt also 25 Billionen.

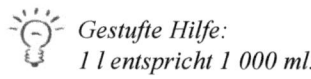
*Gestufte Hilfe:*
*1 l entspricht 1 000 ml.*

**3 Beschreibe den Zusammenhang zwischen Struktur und Funktion der roten Blutzellen!**
Die roten Blutzellen haben die Form einer in der Mitte eingedellten Scheibe. Durch diese Form vergrößert sich die Oberfläche im Vergleich zu einer nicht eingedellten, flachen Scheibe. Über die so vergrößerte Oberfläche kann mehr Sauerstoff aufgenommen und abgegeben werden.

Die roten Blutzellen haben keinen Zellkern. Der Platz, den der Zellkern einnehmen würde, ist mit Hämoglobin gefüllt. Auf diese Weise kann eine rote Blutzelle mehr Hämoglobin enthalten und so mehr Sauerstoff transportieren.

**4 Stelle die Unterschiede zwischen roten und weißen Blutzellen in Form einer Tabelle dar! Berücksichtige dabei ihre Form, Größe, Anzahl und Aufgabe!**

|  | rote Blutzellen | weiße Blutzellen |
|---|---|---|
| Form | Scheiben, die in der Mitte eingedellt sind | kugelig |
| Größe | 7 Mikrometer Durchmesse | 10 Mikrometer Durchmesser |
| Anzahl | etwa 5 Milliarden in 1 Milliliter Blut | etwa 5 bis 8 Millionen in einem Milliliter Blut |
| Aufgaben | Transport von Sauerstoff | Abwehr von Krankheitserregern und Fremdkörpern |

**5 Stelle den Vorgang der Blutgerinnung als Pfeildiagramm dar!**
Verletzung → Aufreißen der Blutplättchen → Freisetzen bestimmter Stoffe → Umwandlung eines im Blutplasma enthaltenen Proteins → Bildung von Fibrin → Verfangen von roten Blutzellen im Fibrinnetz

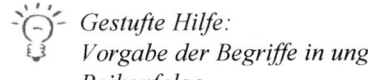 *Gestufte Hilfe:*
*Vorgabe der Begriffe in ungeordneter Reihenfolge*

**6 Erläutere die Bedeutung der Blutgerinnung!**
Die Blutgerinnung sorgt für den Verschluss von Wunden. Dadurch werden Blutungen gestoppt, sodass der Blutverlust meistens gering bleibt. Bei einem Verlust von mehr als einem Liter Blut besteht Lebensgefahr.

## Seite 141 (Material)

### Material A – Blutspende

**A1 Begründe, weshalb zwei Blutspenden nicht zu dicht aufeinanderfolgen dürfen!**
Die entnommene Menge Blut, vor allem die fehlenden Blutzellen, müssen ersetzt werden. Die Neubildung der Blutzellen braucht eine gewisse Zeit. Bei zu rascher neuer Blutspende könnte die Menge der Blutzellen so stark absinken, dass gesundheitliche Schäden möglich werden.

**A2 Stelle Vermutungen an, weshalb nicht jeder Mensch Blut spenden kann!**
Da ein Blutverlust die Leistungsfähigkeit einschränkt und um gesundheitliche Risiken sowohl für den Spender als auch für den Empfänger zu vermeiden, können folgende Personengruppen kein Blut spenden:
– Menschen, die Krankheitserreger im Blut haben, da die Erreger durch eine Blutspende in den Körper des Empfängers gelangen können,
– Menschen, die unter Blutarmut leiden,
– Menschen, die zu alt oder zu jung sind.

**A3 Begründe, weshalb die körperliche Leistungsfähigkeit kurz nach einer Blutspende herabgesetzt ist!**
Wenn rote Blutzellen fehlen, ist die Sauerstoffversorgung des Körpers entsprechend geringer. Das ist der Grund für die herabgesetzte körperliche Leistungsfähigkeit.

 *Gestufte Hilfe:*
*Begründe über den Verlust der roten Blutzellen.*

### Material B – Blutbestandteile

**B1 Nenne für jede Person den Bestandteil des Blutes, dessen Wert vom normalen Zustand abweicht!**
*Person A:* Es gibt keine Unterschiede, alle Werte sind normal.
*Person B:* Die Anzahl der weißen Blutzellen ist deutlich geringer.
*Person C:* Die Anzahl roten Blutzellen ist deutlich geringer.
*Person D:* Die Anzahl der Blutplättchen ist deutlich geringer.

**B2 Beschreibe die Schwierigkeiten, mit denen die Personen B, C und D zu kämpfen haben! Begründe jeweils mithilfe der Tabelle!**
*Person B:* Diese Person hat Probleme bei der Immunabwehr, weil die hierfür verantwortlichen weißen Blutzellen in zu geringer Zahl vorhanden sind.
*Person C:* Diese Person hat Probleme mit ihrer körperlichen Leistungsfähigkeit, weil die roten Blutzellen, die Sauerstoff transportieren, in zu geringer Zahl vorhanden sind.
*Person D:* Diese Person hat Probleme bei der Blutgerinnung, weil die hierfür verantwortlichen Blutplättchen in zu geringer Zahl vorhanden sind.

### Material C – Bluterkrankheit

**C1 Nenne Bestandteile des Blutes, die an der Blutgerinnung beteiligt sind!**
Blutplättchen, ein bestimmtes im Blutplasma enthaltenes Protein

**C2 Begründe, weshalb die Krankheit so gefährlich ist!**
Das Blut von Bluterkranken kann Wunden nicht schließen. Dadurch kann viel Blut verloren gehen. Wenn weniger Blut vorhanden ist, kann der Körper nicht mehr so gut mit Sauerstoff und Nährstoffen versorgt werden und alle weiteren Transportaufgaben des Blutes sind nur verringert möglich. Bei großem Blutverlust besteht Lebensgefahr.

**C3 Begründe, weshalb Bluterkranke schon nach kleinen Stößen große, blutunterlaufene blaue Flecke unter der Haut haben!**

Durch Stöße reißen die dünnen Wände der Kapillaren, sodass Blut in das umgebende Gewebe austritt. Bluterkranken fehlt die Fähigkeit, solche Öffnungen des Blutkreislaufs schnell zu schließen, sodass sich selbst nach geringen Verletzungen der Kapillaren viel Blut im umgebenden Gewebe ansammelt, das große blaue Flecken unter der Haut bildet.

# Blutkreislauf

### Seite 142–144

**1 Nenne die zwei Blutgefäße, die an das Herz anschließen und sauerstoffreiches Blut transportieren!**
Die Lungenvene und die große Körperarterie, die Aorta, schließen an das Herz an und transportieren sauerstoffreiches Blut.

**2 Beschreibe den Vorteil eines doppelten Blutkreislaufs!**
Zwei Kreisläufe bieten den Vorteil, dass in beiden Kreisläufen das Blut mit der vollen Kraft des Herzens transportiert wird. Wenn der Mensch nur einen Blutkreislauf hätte, müsste mit einem Herzschlag das Blut sowohl durch den Körper als auch durch die Lunge gepumpt werden. Der Herzmuskel ist aber nicht in der Lage, so kräftig zu pumpen, dass das Blut im selben Kreislauf zunächst den Körper und dann auch noch die Lunge durchströmen kann.

*Zusatzinformation: Bei nur einem Kreislauf müsste der Blutdruck sehr viel höher sein. Im gleichen Kreislauf müsste sowohl der Körper als auch die Lunge mit Blut versorgt werden. In den Kapillaren der Lunge und des Körpers sinkt der Blutdruck jedoch stark ab. Das Blut, das zum Beispiel die Kapillaren des Körpers bereits durchflossen hätte, könnte dann nur mit sehr geringem Druck die Lunge versorgen.*
*Diese Schwierigkeit ließe sich durch die Erhöhung des Blutdrucks, zum Beispiel durch ein kräftiger schlagendes Herz, lösen. Das wäre aber sehr wahrscheinlich nicht möglich, weil ein höherer Blutdruck stärkere Gefäßwände erfordert. Die Wände der Kapillaren dürfen aber nicht stärker sein, weil dann die Diffusion durch die Gefäßwände nicht oder nicht mehr ausreichend möglich wäre.*

**3 Erläutere den Zusammenhang von Struktur und Funktion am Beispiel der Kapillarwände!**
*Struktur:* Die Wände der Kapillaren sind sehr dünn.
*Funktion:* In den Kapillaren gibt das Blut Sauerstoff und Nährstoffe an die Umgebung ab und nimmt Kohlenstoffdioxid und Abfallstoffe aus der Umgebung auf.
*Zusammenhang:* Die abgegebenen Stoffe wandern durch die Wände der Kapillaren in die Umgebung. Die ins Blut aufgenommenen Stoffe durchqueren die Wände in umgekehrter Richtung. Dieser Transport wird dadurch erleichtert, dass die Kapillarwände sehr dünn sind.

*Zusatzinformation: Es kann auch folgender Zusammenhang erläutert werden:*
*Struktur: Die hohe Anzahl der Kapillaren vergrößert die Oberfläche ihrer Wände (Prinzip der Oberflächenvergrößerung).*
*Funktion: In den Kapillaren gibt das Blut Sauerstoff und Nährstoffe an die Umgebung ab und nimmt Kohlenstoffdioxid und Abfallstoffe aus der Umgebung auf.*
*Zusammenhang: Durch die große Oberfläche der Kapillarwände kann das Blut in kurzer Zeit sehr viele Stoffe abgeben und aufnehmen.*

### Seite 145 (Material)

#### Material A – Blutkreislauf

**A1 Nenne die Fachbegriffe für die mit Zahlen gekennzeichneten Blutgefäße!**
**1** = Lungenarterie, **2** = Lungenvene, **3** = Aorta (Körperarterie), **4** = obere Hohlvene, **5** = untere Hohlvene

 *Gestufte Hilfe:*
*Vorgabe der Fachbegriffe in ungeordneter Reihenfolge.*

**A2 Beschreibe zwei Wege, die eine Blutzelle nehmen kann, wenn sie von der Aorta aus durch den Kreislauf transportiert wird, bis sie die Aorta wieder erreicht hat! Fertige dazu jeweils ein Pfeildiagramm an!**

– Weg durch die Kapillaren des Gehirns und des Oberkörpers:
Aorta → Kapillaren des Gehirns → obere Hohlvene → Herz → Lungenarterie → Kapillaren der Lunge → Lungenvene → Herz → Aorta

– Weg durch die Kapillaren der inneren Organe:
Aorta → Kapillaren der inneren Organe → untere Hohlvene → Herz → Lungenarterie → Kapillaren der Lunge → Lungenvene → Herz → Aorta

– Weg durch die Kapillaren der Muskeln:
Aorta → Kapillaren, die die Muskeln durchbluten → untere Hohlvene → Herz → Lungenarterie → Kapillaren der Lunge → Lungenvene → Herz → Aorta

– Weg durch die Kapillaren des Skeletts und der Haut:
Aorta → Kapillaren die das Skelett und die Haut durchbluten → untere Hohlvene → Herz → Lungenarterie → Kapillaren der Lunge → Lungenvene → Herz → Aorta

 *Gestufte Hilfen:*
*Hilfe 1: mögliche Wege vorgeben (Gehirn und Oberkörper, innere Organe, Muskeln, Skelett und Haut).*
*Hilfe 2: jeweils Vorgabe der zu verwendenden Fachbegriffe.*

**A3 Stelle die Durchblutung der im Schema angegebenen Organe als Säulendiagramm dar!**

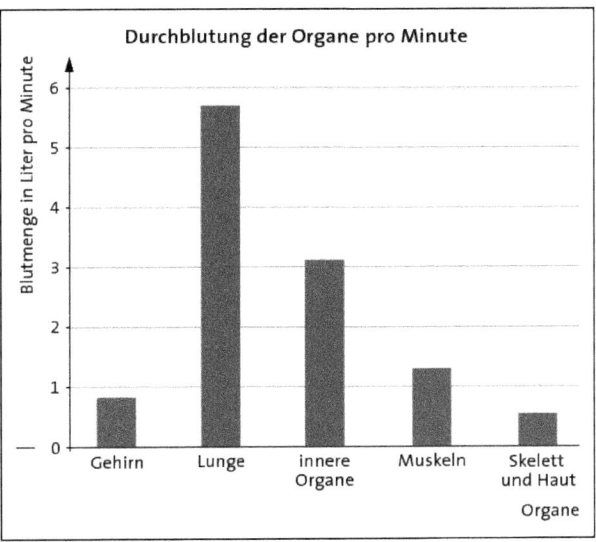

*Gestufte Hilfen:*
*Hilfe 1: Vorgabe der Achsenbeschriftung*
*Hilfe 2: Vorgabe der Achsenskalierung der Hochachse (1 cm = 1 l)*

**A4 Während eines Marathonlaufs, einer Klassenarbeit oder der Zeit nach einem reichhaltigen Mittagessen ändert sich die Durchblutung der Organe gegenüber dem Ruhezustand. Stelle Vermutungen an, in welchen Organen die Durchblutung während der oben genannten Tätigkeiten besonders stark ansteigt!**
Während eines Marathonlaufs: Muskulatur, Herz, Lunge
Während einer Klassenarbeit: Gehirn
Während der Zeit nach einem reichhaltigen Mittagessen: innere Organe

*Zusatzinformation: Im Lehrbuch ist in dem Schema die Durchblutung des Herzens nicht dargestellt. Die Menge des Blutes, die das Herz versorgt, ist daher nicht berücksichtigt. Um die Darstellung zu vereinfachen, ist die Gesamtmenge des Blutes hier als Summe der übrigen Blutmengen angegeben. Die tatsächliche Menge des gesamten Blutes ist daher höher. Die Blutmenge, die das Herz versorgt, müsste noch hinzugerechnet werden.*

**Material B – Durchblutung der Haut**

**B1 Vergleiche den Durchmesser der Blutgefäße in Schema A und B!**
Im Schema B ist der Durchmesser der Blutgefäße, die unmittelbar unter der Haut liegen, größer als im Schema A. Die äußeren Kapillaren und die außen liegende Vene sind erweitert.

**B2 Erläutere den Vorteil, den die Veränderungen der Durchmesser im Schema B mit sich bringen!**

Bei körperlicher Anstrengung produziert der Körper mehr Wärme als in Ruhe. Bei einer starken Wärmebildung kann es zu einem Überhitzen des Körpers kommen. Daher ist es vorteilhaft, wenn die Wärme an die Umgebung abgegeben werden kann.
Durch erweiterte Blutgefäße kann mehr Blut fließen. Weil bei körperlicher Anstrengung (Abbildung B) die Gefäße erweitert werden, die direkt unter der Haut liegen, kann mehr Wärme über die Haut an die Umgebung abgegeben werden.

*Gestufte Hilfe:*
*Berücksichtige, dass bei körperlicher Anstrengung die Wärmeproduktion hoch ist.*

# Herz – Bau und Funktion

## Seite 146–148

**1 Beschreibe die Lage der Segelklappen und der Taschenklappen!**
Die Segelklappen befinden sich auf jeder Herzseite zwischen dem Vorhof und der Herzkammer. Die Taschenklappen liegen auf beiden Seiten des Herzens zwischen den Herzkammern und den Arterien.

**2 Begründe, weshalb die Herzkranzgefäße so wichtig für das Herz sind!**
Der Herzmuskel verrichtet sehr viel Arbeit. Hierfür benötigt er Energie. Diese gewinnt er aus den Nährstoffen, hauptsächlich Glukose. Dazu benötigt er Sauerstoff. Nährstoffe und Sauerstoff werden von den Herzkranzgefäßen an den Herzmuskel heran transportiert. Es müssen aber auch Abfallstoffe und Kohlenstoffdioxid abtransportiert werden. Auch dies erledigen die Herzkranzgefäße.
Wird der Herzmuskel von den Herzkranzgefäßen nicht mehr ausreichend versorgt, so sterben Teile von ihm ab.

**3 Beschreibe die Vorgänge während der Diastole und während der Systole!**
Während der *Diastole* ist der Herzmuskel entspannt. Das Blut strömt aus den Vorkammern durch die geöffneten Segelklappen in die Herzkammern. Die Taschenklappen sind geschlossen.
Während der *Systole* kontrahiert die Herzmuskulatur, sodass das Blut in den Herzkammern unter Druck gerät, die Taschenklappen sich öffnen und Blut in die Aorta beziehungsweise in die Lungenarterie gepresst wird. Die Segelklappen sind geschlossen. Die Vorkammern sind inzwischen wieder mit Blut aus den Hohlvenen beziehungsweise der Lungenvene gefüllt.

*Gestufte Hilfe:*
*Berücksichtige dabei die Kontraktion des Herzmuskels, die Stellung der Klappen und den Blutfluss.*

**4 Erkläre, wodurch die Segelklappen geschlossen und die Taschenklappen geöffnet werden!**
Durch die Kontraktion des Herzmuskels, die den Druck des Blutes in den Herzkammern erhöht, werden die Segelklappen geschlossen. Die Taschenklappen werden dadurch geöffnet.

## Seite 149 (Material)

### Material A – Bau des Herzens

**A1 Benenne die mit Zahlen gekennzeichneten Teile mit Fachbegriffen!**
1 = Aorta, 2 = obere Hohlvene, 3 = Segelklappen, 4 = rechte Herzkammer, 5 = untere Hohlvene, 6 = Herzscheidewand, 7 = linke Herzkammer

*Gestufte Hilfe:*
*Vorgabe der Fachbegriffe in ungeordneter Reihenfolge.*

**A2 Begründe, ob sich das Herz in der Diastole oder der Systole befindet!**
Das Herz befindet sich in der Diastole, weil die Segelklappen geöffnet und die Taschenklappen geschlossen sind.

*Gestufte Hilfe:*
*Beachte den Zustand der Herzklappen.*

*Zusatzinformation: Eine Begründung über den Kontraktionszustand der Herzkammern und Vorhöfe ist nicht möglich, weil die Abbildung des anderen Zustandes (also der Systole) zum Vergleich nicht vorliegt.*

**A3 Beschreibe die Fließrichtung des Blutes in den Gefäßen 1 und 5!**
1: (sauerstoffreiches) Blut fließt aus der rechten Herzkammer in den Lungenkreislauf zur rechten Lunge.
5: (sauerstoffarmes) Blut fließt aus dem Körperkreislauf in den rechten Vorhof

**A4 Stelle Vermutungen an, welche Folgen es hätte, wenn die beiden Bereiche 4 und 7 durch ein Loch im Bereich 6 nicht vollständig voneinander getrennt wären!**
Sauerstoffarmes Blut aus der rechten Herzhälfte würde in die linke Herzhälfte gelangen und sich dort mit dem sauerstoffreichen Blut vermischen. Der Sauerstoffgehalt des Blutes in der linken Herzhälfte würde dadurch sinken. Wegen der zu geringen Sauerstoffversorgung wäre die körperliche Leistungsfähigkeit stark beeinträchtigt.

### Material B – Sportlerherz

**B1 Berechne die Unterschiede der Herzmassen in Prozent zwischen der untrainierten Person und den Sportlern!**
Herzmasse (untrainierte Person) = 647 g
→ entsprechend 100 %;
Herzmasse (Kurzstreckenläufer) = 806 g
→ entsprechend 125 % (Steigerung also um 25 %);
Herzmasse (Radsportamateur) = 929 g
→ entsprechend 144 % (Steigerung also um 44 %);
Herzmasse (Radrennprofi) = 1012 g
→ entsprechend 156 % (Steigerung also um 56 %).

*Gestufte Hilfen:*
*Hilfe 1: Gehe davon aus, dass 647 g 100 % entsprechen.*
*Hilfe 2: Berechne nach der Formel:*
$$\frac{100 \cdot Herzmasse\ der\ Sportler}{Herzmasse\ der\ untrainierten\ Person}$$

**B2 Stelle Vermutungen an, wie es zu den dargestellten Unterschieden gekommen sein könnte!**
Da die untrainierte Person die kleinste Herzmasse besitzt, müssen die Unterschiede damit im Zusammenhang stehen, wie gut die jeweiligen Personen trainiert sind. Dies legt die Vermutung nahe, dass sich die Masse des Herzens durch Sporttraining vergrößern kann. Eine besonders starke Zunahme der Herzgröße ist möglich, wenn Sportarten betrieben werden, die Ausdauer erfordern. Das zeigen die sehr großen Herzmassen von Radrennprofis und Radsportamateuren.

**B3 Erkläre, weshalb das Herz eines trainierten Sportlers unter anderem dafür verantwortlich ist, dass seine Körperleistung höher ist als die einer untrainierten Person!**
Je größer ein Herzvolumen ist, desto mehr sauerstoffreiches Blut kann das Herz über die Aorta in den Körperkreislauf pumpen. Durch die bessere Versorgung der Zellen (vor allem der Muskelzellen) mit Sauerstoff sind diese leistungsfähiger.

*Gestufte Hilfe:*
*Bedenke dabei vor allem die Sauerstoffversorgung für die Energiegewinnung des Körpers.*

**B4 Erkläre, weshalb das Herz von Radrennprofis bei ruhendem Körper weniger häufig pro Minute schlägt als das Herz einer untrainierten Person!**
In Ruhe besteht kein erhöhter Sauerstoffbedarf. Dieser geringere Sauerstoffbedarf kann wegen der größeren Blutmenge, die das Herz des Radrennprofis in den Körper pumpt, mit weniger Herzschlägen (im Vergleich zur untrainierten Person) gedeckt werden. Die untrainierte Person braucht wegen ihres kleineren Herzvolumens mehr Herzschläge, um den Körper mit der gleichen Sauerstoffmenge zu versorgen wie der Radrennprofi.

*Gestufte Hilfe:*
*Bedenke dabei den geringeren Sauerstoffbedarf des ruhenden Körpers.*

**Material C – Leistungen des Herzens**

**C1 Berechne jeweils für den ruhenden und den belasteten Körper, wie viel Liter Blut in einer halben Stunde in die Aorta gepumpt werden!**

eine halbe Stunde = 30 Minuten
*In Ruhe:*
70 ml pro Herzschlag, 70 Herzschläge pro Minute
Blutmenge:
70 ml · 70 · 30 = 147 000 ml = 147 l
*Bei Belastung:*
70 ml/Herzschlag, 130 Herzschläge/Minute
Blutmenge:
70 ml · 130 · 30 = 273 000 ml = 273 l

In Ruhe werden 147 l Blut und bei Belastung 273 l Blut in einer halben Stunde in die Aorta gepumpt.

 *Gestufte Hilfen:*
Hilfe 1: 1 000 ml entsprechen 1 l.
Hilfe 2: Berechne zunächst die Anzahl der Herzschläge pro Minute und multipliziere diesen Wert mit dem Wert der Blutmenge, die pro Herzschlag in die Aorta gepumpt wird.

**C2 Erkläre die Unterschiede, die sich für den ruhenden und den belasteten Körper ergeben!**

Der ruhende Körper hat einen weit geringeren Sauerstoffbedarf als der belastete, deshalb ist die Anzahl der Herzschläge pro Minute auch viel kleiner (im vorliegenden Beispiel etwa halb so groß).

 *Gestufte Hilfe:*
Berücksichtige den Sauerstoffbedarf des Körpers.

**C3 Berechne, wie oft pro Tag bei ruhendem Körper das gesamte Blut durch das Herz fließt!**

Wie in C1 ausgerechnet wurde, werden in einer halben Stunde 147 l Blut durch die linke Herzhälfte bewegt, somit 294 l durch beide Herzhälften. In 24 Stunden sind das 48 · 294 l = 14 112 l.
Ein erwachsener Mensch besitzt etwa 6 l Blut.
14 112 l : 6 l = 2 352 l.
Das gesamte Blut des Menschen fließt 2352-mal durch das Herz.

 *Gestufte Hilfen:*
Hilfe 1: Verwende bei der Berechnung den bei C1 ermittelten Wert (147 l). Bedenke dabei, dass bei C1 der Wert nur für eine Herzkammer errechnet wurde.
Hilfe 2: Multipliziere den bei C1 für eine halbe Stunde berechneten Wert mit 48 (pro Tag 24 Stunden, also 48 halbe Stunden). Teile dann den errechneten Wert für die Menge des pro Tag durch das Herz fließenden Blut durch den Wert für die gesamte Blutmenge des Körpers (6 l). Antworte in einem ganzen Satz.

**C4 Begründe, weshalb die aus beiden Herzkammern in die Blutgefäße ausströmenden Blutmengen gleich groß sein müssen!**

Das Herz pumpt Blut in zwei Kreisläufe, in den Lungen und in den Körperkreislauf. und des großen Kreislaufs (Körperkreislauf). Das Kreislaufsystem kann aber nur funktionieren, wenn die vom Herzen abtransportierte Blutmenge genauso groß ist wie die aufgenommene. Es muss also im Lungenkreislauf genauso viel Blut in Richtung Lungen gepumpt werden, wie von den Lungen wieder in das Herz zurückfließt. Entsprechendes gilt auch für den Körperkreislauf.

 *Gestufte Hilfe:*
Bedenke, dass das Blut in einem geschlossenen Kreislauf fließt, die Blutgefäße also nie verlässt.

## Seite 150–151 (Im Blickpunkt Medizin)

**Herz-Kreislauf-Erkrankungen**

**1 Beschreibe die Vorgänge im Herz-Kreislauf-System, die zu einer Verstopfung von Blutgefäßen des Gehirns oder des Herzens führen können!**

Die Blutgefäße des Gehirns und die Blutgefäße des Herzens, die Herzkranzgefäße, können infolge einer Arteriosklerose verstopfen. Eine Arteriosklerose entsteht, wenn sich Fett und Kalk an der Arterienwand ablagern. Das kann Wucherungen der Arterienwand auslösen, die die Arterie so stark verengen, dass es zu einer vollständigen Verstopfung kommt.

**2 Erkläre, weshalb ein Herzinfarkt und ein Schlaganfall tödlich sein können!**

Bei einem *Herzinfarkt* verstopfen die Herzkranzgefäße. Der von dem Herzkranzgefäß versorgte Teil des Herzmuskels erhält kein Blut und damit auch keinen Sauerstoff mehr. Nach kurzer Zeit sterben die betroffenen Muskelzellen ab. Wenn bei einem Herzinfarkt zu große Teile des Herzmuskels absterben, kann das Herz so stark geschädigt werden, dass es aufhört zu schlagen. Der Körper wird dann nicht mehr mit Nährstoffen und Sauerstoff versorgt,

Biosphäre 7/8, Lösungen

und das Kohlenstoffdioxid wird nicht mehr abtransportiert. Der Mensch stirbt.

Bei einem *Schlaganfall* verstopfen die Blutgefäße im Gehirn. Infolgedessen werden die Nervenzellen nicht mehr ausreichend mit Sauerstoff versorgt. Wenn dadurch die Teile des Gehirns längere Zeit nicht arbeiten können oder absterben, die für die Steuerung lebenswichtiger Vorgänge im Körper erforderlich sind, stirbt der Mensch.

**3 Recherchiere im Internet, wie man erkennen kann, ob jemand einen Schlaganfall erlitten hat!**
*Ergebnis der Recherche sollten drei Erkennungsmerkmale sein, die die Diagnose eines Schlaganfalls ermöglichen:*
Um einen Schlaganfall zu diagnostizieren, sollte man folgende drei Fragen zu den Fähigkeiten des Patienten beantworten:
– Kann der Patient lachen – die Zähne zeigen?
– Kann der Patient einfache Sätze deutlich und fehlerfrei nachsprechen?
– Kann der Patient mit geschlossenen Augen beide Arme mit nach oben gerichteten Handflächen so waagerecht ausgestreckt halten, dass sie auf gleicher Höhe bleiben?

*Zusatzinformation: Wie schwerwiegend die Folgen eines Schlaganfalls sind, hängt im Wesentlichen davon ab, wie schnell die Behandlung einsetzt. Die Kriterien, durch die man einen Schlaganfall erkennen kann, sollten daher in der Bevölkerung bekannt sein, um möglichst schnell Hilfe holen zu können. Die schnelle Diagnose kann Leben retten oder die Folgen des Schlaganfalls sehr stark mildern („Time is brain"). Ein Schlaganfall ist ebenso ein Notfall wie ein Herzinfarkt. Die europaweit einheitliche Notrufnummer ist die 112.*

# 3 Energie für alle Lebensprozesse

## Energiebereitstellung durch Zellatmung

### Seite 152–153

**1 Erläutere die körperlichen Folgen des erhöhten Sauerstoffbedarfs in den Muskelzellen!**
Die für die Muskeltätigkeit benötigte Energie in Form von ATP wird durch die Zellatmung in den Mitochondrien bereitgestellt. Für diesen Prozess wird Sauerstoff benötigt. Dieser wird über das Atmungssystem aufgenommen und durch das Blutkreislaufsystem über die Erythrocyten zu den Zellen, auch zu den Muskelzellen, transportiert. Bei erhöhtem Sauerstoffbedarf verändert sich dementsprechend die Atmung. Sie beschleunigt sich und die Atemzüge werden tiefer, um mehr Sauerstoff in kürzerer Zeit aufnehmen zu können. Die Herzfrequenz steigt ebenfalls, dadurch kann der aufgenommene Sauerstoff schneller zu den Zellen transportiert werden.

**2 Erläutere anhand des Schemas in der Abbildung 03 die Prozesse zur Energiebereitstellung für die Muskeln!**
Die durch die Verdauungsorgane bereitgestellte Glukose ist ein Ausgangsstoff der Zellatmung und wird über das Blutkreislaufsystem zu den Muskelzellen und innerhalb der Zellen schließlich bis in die Mitochondrien transportiert. Der über die Atmung aufgenommene Sauerstoff gelangt ebenso auf diesem Weg zu den Zellen.
In den Mitochondrien wird die energiereiche Glukose unter Sauerstoffverbrauch zu den energiearmen Stoffen Kohlenstoffdioxid und Wasser abgebaut. Die dabei freigesetzte nutzbare Energie kann im Körper für die verschiedensten Aufgaben genutzt werden, beispielsweise für die Muskeltätigkeit und die Aufrechterhaltung der Körpertemperatur.
Das während des Prozesses anfallende Kohlenstoffdioxid wird aus den Zellen heraus und über das Blutkreislaufsystem wieder in die Lungen transportiert und dort ausgeatmet. Das entstandene Wasser gelangt über das Blut in die Nieren und wird dann in Abhängigkeit vom Flüssigkeitshaushalt des Körpers bei Bedarf ausgeschieden.

### Seite 155 (Material)

**Material A – Zusammenwirken von Organsystemen**

**A1 Übertrage das Schema in deinen Hefter, ergänze folgende Begriffe: Energie, Verdauung, Sauerstoff, Niere, Atmung, Wasser!**

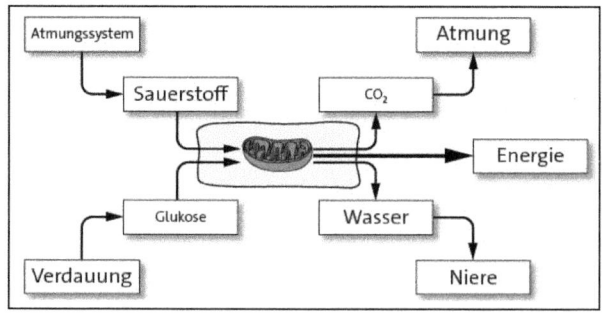

**A2 Im Sportunterricht steht ein 1 000 m Lauf an. Die Muskeln unseres Bewegungssystems benötigen dafür viel Energie. Benenne und erläutere den Prozess, der dafür zuständig ist!**
Die für die Muskeltätigkeit notwendige Energie erhält der Organismus durch den Prozess der Zellatmung, indem körpereigene, energiereiche und organische Stoffe (Glukose) mithilfe von Sauerstoff zu körperfremden, energiearmen und anorganischen Stoffen (Kohlenstoffdioxid und

Wasser) abgebaut werden. Die dabei freigesetzte Energie wird als chemische Energie im ATP gespeichert und kann für die Muskeltätigkeit genutzt werden.

**A3 Begründe, warum die unterschiedlichen Organsysteme bei körperlicher Anstrengung ihre Aktivität steigern müssen!**

Bei körperlicher Anstrengung müssen die Muskeln vermehrt arbeiten, dazu benötigen sie entsprechend mehr Energie in Form von ATP, was zu einem erhöhten Sauerstoffbedarf führt. Der Sauerstoff wird für die Zellatmung benötigt, bei dem durch den Abbau von Glukose Energie freigesetzt und in Form von chemischer Energie des ATP gespeichert wird.

Bei erhöhtem Sauerstoffbedarf beschleunigt sich die Atmung, um mehr Sauerstoff in kürzerer Zeit aufnehmen zu können. Die Herzfrequenz steigt ebenfalls, dadurch kann der aufgenommene Sauerstoff schneller zu den Zellen transportiert werden.

**A4 Nach längerer körperlicher Aktivität benötigt unser Körper neue „Energie" durch Nahrung. Begründe!**

Glukose ist ein Ausgangsstoff der Zellatmung. Sie wird im Mitochondrium mithilfe von Sauerstoff zu Kohlenstoffdioxid und Wasser abgebaut. Die frei werdende Energie wird im ATP gespeichert. Nach körperlicher Anstrengung bedarf es der Zufuhr neuer Glukose in die Zellen. Dies wird über die Verdauung energiereicher organischer Stoffe gewährleistet. Die im Dünndarm dann resorbierten organischen Stoffe werden über das Blutkreislaufsystem den Zellen und somit auch den Mitochondrien zugeführt.

*Hinweis: Es handelt sich bei dieser Musterantwort um eine stark vereinfachte Darstellung. Dabei wurde nicht berücksichtigt, dass die aufgenommene Glukose nur zu einem geringen Teil in dieser Form verbleibt, sondern meistens in Form von Glykogen in Leber und Muskeln gespeichert bzw. in Fett umgewandelt wird.*

## Versuch B – Fitness

**B1 Stelle die Messwerte der Jugendlichen mit unterschiedlichen Farben in einem Liniendiagramm dar!**

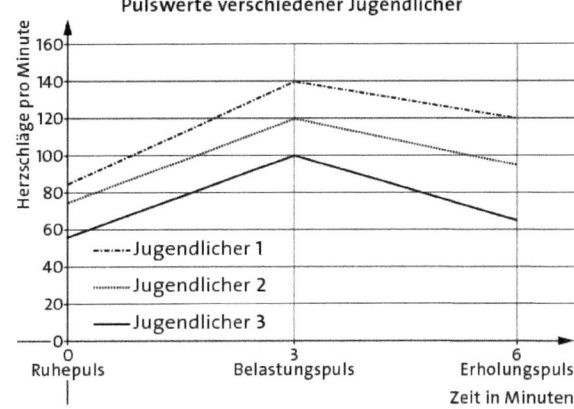

*Gestufte Hilfen:*
*Hilfe 1: Vorgabe der Achsenbeschriftung.*
*Hilfe 2: Vorgabe der Achsenskalierung (x-Achse: ¡cm = 1 Minute; y-Achse: ¡cm = 10 Schläge/Minute).*

**B2 Beschreibe das Diagramm und die Kurvenverläufe!**

Das Diagramm zeigt die Pulswerte von 3 verschiedenen Jugendlichen. Auf der x-Achse ist die Zeit in Minuten aufgetragen, auf der y-Achse die Anzahl der Herzschläge pro Minute (Herzfrequenz).

Der Jugendliche 1 hat einen Ruhepuls von etwa 75 Herzschlägen pro Minute und erreicht nach drei Minuten einen Belastungspuls von 120. Nach drei Minuten Pause hat die Herzfrequenz abgenommen. Der Erholungspuls beträgt etwa 95.

Aus der Kurve des Jugendlichen 2 lässt sich ein Ruhepuls von unter 60 ablesen. Nach drei Minuten Belastung hat die Herzfrequenz zugenommen und das Herz schlägt 100mal pro Minute. Danach nimmt die Herzfrequenz innerhalb von drei Minuten wieder ab. Der Erholungspuls liegt dann nur leicht über dem Wert des Ruhepulses.

Der Jugendliche 3 hat einen Ruhepuls von etwa 85. Während der Belastung nimmt der Puls schnell zu. Sein Belastungspuls beträgt 140. Am Ende der Belastung nimmt die Herzfrequenz langsam ab. Nach drei Minuten Pause beträgt der Erholungspuls 120.

**B3 Begründe, welche der Kurven für einen trainierten und welche für einen untrainierten Jugendlichen gilt!**

Die Differenz zwischen dem Belastungspuls und dem Erholungspuls lässt eine Aussage über die Fitness und damit den Trainingszustand einer Person zu.

Beim Jugendlichen 3 beträgt die Differenz zwischen dem Belastungspuls und dem Erholungspuls 20 Herzschläge pro Minute und ist daher relativ gering. Dementsprechend ist diese Kurve einer untrainierten Person zuzuordnen. Die Kurve des Jugendlichen 2 gilt für eine trainierte Person. Die Differenz beträgt fast 40 Herzschläge pro Minute und ist daher relativ hoch. Der Erholungspuls hat innerhalb von drei Minuten fast wieder den Wert des Ruhepulses erreicht. Dies bedeutet, dass das Herz-Kreislauf-System an körperliche Belastungen gut angepasst ist.

 *Gestufte Hilfen:*
*Hilfe 1: Beachte dabei die unterschiedlichen Differenzen zwischen dem Belastungs- und Erholungspuls.*
*Hilfe 2: Jugendlicher 2 = trainierte Person; Jugendlicher 3 = untrainierte Person.*

**B4 Miss deinen Ruhepuls, und mache dann in schneller Folge drei Minuten lang Kniebeugen. Miss unmittelbar danach deinen Belastungspuls und nach drei Minuten Pause den Erholungspuls. Trage deine Daten in das Diagramm von A1 ein und beurteile deinen Trainingszustand!**
*Individuelle Schülerlösungen.*
*Die Beurteilung des Trainingszustandes erfolgt über die Ermittlung der Differenz zwischen Belastungspuls und Erholungspuls, sowie dem Vergleich mit den Jugendlichen aus Aufgabe A1.*

 *Gestufte Hilfe:*
*Vorgabe des Diagramms von A1 mit allen Kurven.*

*Zusatzinformation: Der Ruhepuls wird am besten morgens direkt nach dem Aufwachen gemessen, wenn sich der Körper in völliger Ruhe befindet.*
*Damit Beeinträchtigungen des Körpers wie Stress oder Infektionen die Werte nicht zu sehr beeinflussen, sollte der Ruhepuls an mehreren aufeinanderfolgenden Tagen ermittelt werden. Daraus errechnet man einen Mittelwert, der bei Trainingsdokumentationen eine wichtige Grundlage bildet. Zu Beginn einer sportlichen Aktivität muss der Ruhepuls somit eigentlich nicht mehr bestimmt werden.*
*Der Belastungspuls sollte unmittelbar nach einer Belastung gemessen werden, da die Herzfrequenz nach Beendigung der Belastung in der Regel relativ schnell wieder abfällt. Der Belastungspuls ist auch von der Art der körperlichen Belastung abhängig.*
*Zur Ermittlung des Erholungspulses sind im Sport unterschiedliche Zeitabstände möglich. Wie bei der Erhebung des Ruhepulses sollte auch beim Erholungspuls durch mehrmaliges Wiederholen ein Mittelwert gebildet werden. Um Vergleichswerte zu haben, sollte mit einheitlichen Zeitfenstern gearbeitet werden.*

**B5 Beobachte parallel zu den Messungen in Aufgabe B4 deine Atmung und erkläre die registrierten Veränderungen!**
Bei der erhöhten körperlichen Leistung kommt es zur Vertiefung der Atemzüge und zur Beschleunigung der Atmung. Es wird somit mehr Sauerstoff aufgenommen bzw. Kohlenstoffdioxid abgegeben als im Ruhezustand.
Dieser Sauerstoff ist für die Zellatmung nötig, durch die wiederum der erhöhte Energiebedarf der Muskeln gedeckt wird. Das Kohlenstoffdioxid entsteht dabei als ein Stoffwechselendprodukt.

# 4 Ausscheidung von Stoffen

## Die Niere – ein Ausscheidungsorgan

### Seite 156–157

**1 Beschreibe den Aufbau der Niere und nenne Funktionen ihrer Teile!**
Die äußere Schicht der Niere ist die Nierenrinde. In ihr befinden sich die Nierenkörperchen und Teile der Nierenkanälchen als Bestandteile eines Nephrons. Durch die Nierenkörperchen in der Rinde wird der Primärharn gebildet. Weiter im Innern liegt das Nierenmark. Die Nierenkanälchen darin bilden den Endharn, der durch die Sammelröhrchen zum Nierenbecken geleitet wird. Im Nierenbecken wird der Harn gesammelt und durch den Harnleiter in die Harnblase transportiert.

**2 Erkläre den Begriff Ausscheidung mithilfe der Begriffe Filtration und Rücktransport!**
Ausscheidung bedeutet, dass der Körper Abfallprodukte des Stoffwechsels abgibt. Beim Menschen erfolgt ein großer Teil der Abgabe in Wasser gelöst über die Nieren. Dazu wird zunächst das Blut in den Nierenkörperchen filtriert. Der entstandene Primärharn enthält neben sehr viel Wasser auch noch viele gelöste Stoffe, die nicht in den Harn gehören. Diese werden auf dem Weg durch die Nierenkanälchen wieder ins Blut zurück transportiert, sodass der Endharn entsteht.

### Seite 158 (Im Blickpunkt Medizin)

**Dialyse und Organtransplantation**

**1 Finde Argumente für und gegen einen Organspendeausweis!**
*Argumente für einen Organspendeausweis:*
– Mit der Spende kann nach dem Tod Leben gerettet werden.
– Kranken wird ein lebenswertes Leben ermöglicht und Schmerz erspart.
– Nach dem eigenen Tod benötigt man die Organe nicht mehr und spürt auch keine Schmerzen mehr bei der Entnahme.

*Argumente gegen einen Organspendeausweis:*
- religiöse Überzeugungen
- Man kann nicht mitentscheiden, wer die Organe letztendlich erhält.
- Man mag sich mit dem Thema gar nicht auseinandersetzen.

## Seite 159 (Material)

### Material A – Gesundheit des Nieren- und Harnsystems

**A1** Ordne die in den Abbildungen 1 bis 7 dargestellten Stoffe und Verhaltensweisen nach ihrer positiven oder negativen Wirkung auf unsere Ausscheidungsorgane!
*Positive Wirkung:* 1 – Sport, 3 – viel Wasser trinken, 4 – gesunde Ernährung
*Negative Wirkung:* 2 – zu salzhaltige Speisen, 5 – unzureichender Schutz der Nieren durch unpassende Kleidung – Unterkühlung, 6 – Alkoholgenuss, 7 – Medikamente

**A2** Begründe deine Zuordnung!
1 – Sport verbessert die Herz-Kreislauf-Funktion und schützt so auch die Nieren.
2 – Natrium-Ionen setzen Kalzium-Ionen aus den Knochen frei und erhöhen somit das Steinbildungsrisiko.
3 – Nieren brauchen Wasser, um richtig arbeiten zu können – nur so lässt sich genügend Urin aus dem Körper leiten, und damit auch Schadstoffe. 1,5 Liter am Tag sollten es schon sein – bei Sport und Hitze sogar mehr.
4 – Übergewicht ist ein Risikofaktor für viele Krankheiten, auch für Nierenschwäche. Die Organe profitieren von gesunder Ernährung und einer nicht zu üppigen Körperform.
5 – Unterkühlungen, welche durch unpassende oder durchnässte Kleidung oder auch durch das Sitzen auf kalten Steinen begünstigt werden können, führen zu Nierenschädigungen oder Nierenversagen.
6 – Durch Alkohol kommt es zu Stoffwechselstörungen.
7 – Die Nieren als Filterorgane haben die Aufgabe, auch Medikamentenwirkstoffe wieder aus dem Körper zu entfernen, was diese stark belastet.

**A3** Leite Regeln zum Schutz deines Nieren- und Harnsystems ab!
1 und 4 Gesund ernähren und aktiv bleiben.
2 Nicht zu salzhaltige Nahrung zu sich nehmen.
3 Ausreichend Wasser trinken.
5 Unterkühlung vermeiden.
6 Kein oder wenig Alkohol.
7 Medikamente nur dann nehmen, wenn es wirklich unumgänglich ist. Kein Medikamentenmissbrauch.

### Material B – Leistungen der Nieren

**B1** Fasse alle in der Abbildung dargestellten Aufgaben der Niere zusammen!
- Filtern des Blutes
- Regulation des Wasser- und Mineralstoffhaushaltes
- Ausscheidung von Stoffwechselendprodukten
- Ausscheidung von Giftstoffen
- Produktion von Hormonen

**B2** Erläutere mögliche Folgen für den Organismus bei einer Störung der Nierentätigkeit!
Die Störung der Nierentätigkeit hat für den gesamten Körper fatale Folgen. Die Ausscheidung von Stoffwechselendprodukten und Giftstoffen ist für den Organismus überlebenswichtig. Die Ansammlung dieser Stoffe im Blut führt zu einer Vergiftung des Organismus. Da auch der Wasser- und Mineralstoffhaushalt nicht mehr reguliert werden, kann es beispielsweise zur Wasseransammlung in den Beinen kommen. Letztendlich führt der unbehandelte Ausfall der Nieren zum Tod.

**B3** Begründe, warum eine Dialyse eine gesunde Niere nicht vollständig ersetzen kann!
Durch die Dialyse kann die Reinigungsfunktion der Niere teilweise ersetzt werden, sodass Abfallprodukte und Gifte aus dem Blut gefiltert werden können. Die anderen Aufgaben der Niere, wie die Produktion von Hormonen kann dadurch allerdings nicht ersetzt werden.

# 5 Erste Hilfe

## Erste Hilfe bedeutet Leben retten

### Seite 160–162

**1 Beschreibe das Zusammenwirken der Rettungskräfte in Abbildung 01! Begründe, weshalb ein korrekter Notruf entscheidend für die Rettung der Verunglückten ist!**

Alarmierte Rettungskräfte wirken zusammen. Rettungssanitäter und Notarzt begeben sich so schnell wie möglich zur Unfallstelle und versorgen Verletzte. Die Feuerwehr hat mit technischen Hilfsmitteln Verunglückte geborgen oder beseitigt Unfallfolgen wie Ölspuren. Ein Rettungshubschrauber steht für den Transport Schwerverletzter bereit. Die Polizei ist vor Ort und sichert die Unfallstelle bzw. nimmt den Unfallhergang auf.

Notrufe werden in Rettungsleitstellen entgegengenommen, die den Einsatz der Rettungskräfte koordinieren. Für einen Notruf sind exakte Informationen erforderlich, denn diese sichern, dass Rettungskräfte in ausreichender Art und Anzahl sowie zusätzliche Feuerwehr- und andere Kräfte und die passende Ausrüstung an die Unfallstelle entsandt werden.

**2 Werte die Unfallstatistik der Abbildung 02 aus! Erläutere, warum Kenntnisse der Ersten Hilfe Voraussetzung für den Führerscheinerwerb sind!**

Dargestellt sind die Anzahl der im Jahr 2014 in Deutschland polizeilich erfassten Verkehrsunfälle sowie die dabei verletzten Personen, geordnet nach der Schwere der Verletzungen, sowie der getöteten Unfallopfer. Trotz sicherer Fahrzeuge werden statistisch bei jedem sechsten Unfall Menschen verletzt. Glücklicherweise überwiegen die Leichtverletzten. Besonders tragisch sind aber die über 3000 Getöteten.

Kenntnisse der Ersten Hilfe sind für Verkehrsteilnehmer wichtige Voraussetzung, um im Falle eines eigenen Unfalls oder als Unfallzeuge verletzten Personen helfen zu können, bis die alarmierten Rettungskräfte eintreffen. Sachgerechte Erste Hilfe erhöht die Überlebenschancen von Schwerverletzten. Zum Führerscheinerwerb gehört daher neben der theoretischen und praktischen Führerscheinprüfung auch der Nachweis der erfolgreichen Teilnahme an einer Ersthelferschulung.

**3 Beschreibe den Inhalt eines Erste-Hilfe-Kastens! Begründe, weshalb blutende Wunden durch keimfreie Verbände gestoppt werden müssen!**

Erste-Hilfe-Kästen enthalten die wichtigsten Materialien, um eine blutende Wunden zu versorgen. Druckverbände und andere Verbandsmaterialien werden keimfrei gelagert, um eine Infektion mit Krankheitserregern bei der Anwendung zu verhindern.

Außerdem müssen im Verbandkasten eines Autos enthalten sein: Handschuhe, Rettungsdecke, Schere, Heftpflaster, Dreiecktuch, Feuchttücher zur Hautreinigung.

### Seite 163 (Material)

**Material A – Situationsgerechtes Handeln – Stabile Seitenlage**

**A1 Beschreibe das Vorgehen des Helfers beim Lagern des Verletzten! Notiere wichtige Stichpunkte!**

Beim Auffinden des Verletzten wird durch Ansprechen und Achten auf Reaktionen das Bewusstsein überprüft. Fehlt dieses, kontrolliert der Helfer Atembewegungen durch Beobachtung des Brustkorbs und der Atemgeräusche. Ist die verletzte Person bewusstlos und atmet selbstständig, wird die Person in der Stabilen Seitenlage gelagert.

*Schritt 1:* Der Helfer kniet neben dem Betroffenen und lagert den ihm nahen Arm rechtwinklig nach oben, dabei soll die Handfläche nach oben zeigen.

*Schritt 2:* Der dem Helfer ferne Arm wird vom Helfer vor dem Oberkörper gekreuzt, der Handrücken wird an die Wange des Betroffenen geführt und festgehalten. Das vom Helfer entfernte Bein wird gefasst und rechtwinklig gebeugt.

*Schritt 3:* Am gebeugten Bein wird der Betroffene zum Helfer gezogen und auf die Seite gedreht. Das jetzt oben liegende Bein ist rechtwinklig gebeugt.

*Schritt 4:* Der Hals des Betroffenen wird nach hinten überstreckt und der Mund leicht geöffnet. Der Handrücken stabilisiert die Position des Kopfes.

*Hinweis:* Der Mund ist der tiefste Punkt, um ein Ersticken an möglicherweise Erbrochenem zu verhindern.

**A2 Wendet Eure Beschreibung in einer Partnerübung an, um die Lagerung in der Stabilen Seitenlage zu üben!**

*In Paaren üben die Schüler unter Verwendung ihrer Stichpunkte aus A1, den Partner in der Stabilen Seitenlage zu lagern. Wichtiges Kriterium ist das Überstrecken des Kopfes zur Vermeidung des Erstickens.*

*Hinweis: Für die Übungen sollen geeignete Unterlagen wie Decken oder Gymnastikmatten zur Verfügung stehen.*

**A3 Erkläre die notwendigen Handlungen des Helfers, falls die Atmung beim Verletzten unregelmäßig wird oder ausfällt!**

Der Helfer muss bei aussetzender Atmung unverzüglich mit der Herz-Lungen-Wiederbelebung beginnen. Dazu wird der betroffene in Rückenlage gebracht. 30 kräftige Herzdruckmassagen wechseln mit zwei Atemspenden, bis der Rettungsdienst eintrifft.

**Material B – Der Notruf 112**

**B1 Erläutere, welche Informationen sich hinter den einzelnen „W" des Notrufs verbergen!**

WO ist der Notfall? Der Meldende informiert möglichst genau zum Ort des Notfalls.

WAS ist passiert? Die Leitstelle benötigt genaue Angaben, welche Form des Notfalls vorliegt, zum Bespiel ein Verkehrsunfall oder ein anderes Unglück.

WELCHE Art von Verletzungen liegt vor? Diese Informationen benötigt die Leitstelle, um den Rettungsdienst vorab zu benachrichtigen, welche Hilfsmaßnahmen wahrscheinlich ergriffen werden müssen. Beispielsweise kann sofort ein Rettungshubschrauber verständigt werden.

WIE VIELE Betroffene gibt es? Auch hier helfen exakte Angaben, die erforderliche Helferanzahl einzuschätzen und zu alarmieren.

WARTEN auf Rückfragen! Oft benötigt die Leitstelle weitere Angaben.

**B2 Begründe, warum das Warten auf Rückfragen der Rettungsleitstelle sehr wichtig ist!**

Auch der Meldende ist möglicherweise vom Unfall betroffen oder sehr angespannt. Erste Angaben können in der Aufregung oder Schocksituation sehr ungenau sein.

Häufig müssen Angaben zum Unfallort präzisiert werden wie zum Beispiel Fahrtrichtungen auf Autobahnen. Auch zur Abwägung des Rettungskräfteeinsatzes werden weitere Angaben erfragt. Deshalb ist dieses Abwarten sehr wichtig!

**B3 Positioniere Dich zum immer wieder stattfindenden Missbrauch der Notrufnummer 112!**

Durch den Missbrauch der Notrufnummern werden leichtfertig immer wieder unnötige Hilfseinsätze von Rettungskräften verursacht. Diese stehen dann für wirkliche Notfälle vorübergehend nicht zur Verfügung. Gleichzeitig wird die Notrufnummer durch den Anrufer blockiert. Notrufmissbrauch ist kein Kavaliersdelikt, sondern eine strafbare Handlung, die auch zu Recht strafrechtlich verfolgt wird.

*Hinweis: § 145 Strafgesetzbuch*
*Missbrauch von Notrufen und Beeinträchtigung von Unfallverhütungs- und Nothilfemitteln*
*(1) Wer absichtlich oder wissentlich*
*1. Notrufe oder Notzeichen missbraucht oder*
*2. vortäuscht, dass wegen eines Unglücksfalls oder wegen gemeiner Gefahr oder Not die Hilfe anderer erforderlich sei,*
*wird mit Freiheitsstrafe bis zu einem Jahr oder mit Geldstrafe bestraft.*

# Der Mensch – Immunbiologie

## 1 Krankheitserreger

### Viren als Krankheitserreger

#### Seite 168–169

**1 Beschreibe Bau und Vermehrung eines Virus!**
*Bau:* Ein Virus ist sehr klein. Er besteht aus einer Proteinhülle mit zahlreichen Proteinfortsätzen. Im Innern befindet sich Erbsubstanz.
*Vermehrung:* Ein Virus kann sich nicht selbst vermehren. Es benötigt zur Vermehrung eine lebende Wirtszelle. Trifft ein Virus auf eine Zelle, bleibt es mit seinen Proteinfortsätzen an der Oberfläche der Zelle haften. Das Virus wird von der Zellmembran umschlossen und in einem Membranbläschen in die Zelle aufgenommen. Dann bricht die Proteinhülle auf und die Erbsubstanz des Virus gelangt in die Wirtszelle. Die Erbsubstanz des Virus stellt nun den Stoffwechsel der Wirtszelle so um, dass Virusbausteine hergestellt werden. Die Bausteine fügen sich zu neuen Viren zusammen. Die Wirtszelle platzt und setzt eine große Anzahl von Viren frei, die weitere Zellen befallen können.

**2 Stelle den Verlauf einer Infektionskrankheit in einem Fließschema dar!**
*Möglicher Verlauf:* Infektion durch Überwindung der Schutzmechanismen → Vermehrung der Krankheitserreger (Inkubationszeit) → Ausbrechen der Krankheit (Symptome) → Aktivierung des Immunsystems → Bekämpfung und Vernichtung der Erreger → Abklingen der Symptome und Gesundung

#### Seite 170 (Im Blickpunkt Medizin)

**Influenza**

**A1 Stelle Vermutungen an, weshalb die Spanische Grippe zu ihrer Zeit viele Opfer forderte!**
Das Virus der Spanischen Grippe war vermutlich eine besonders gefährliche Variante der Viren, die zu vielen tödlich verlaufenden Erkrankungen führte. Durch mangelnde Gesundheitsvorsorge, schlechte Wohnverhältnisse und mangelhafte Ernährung war das Immunsystem vieler Menschen geschwächt, sodass sie sich schneller mit dem Virus infizieren konnten. Virushemmende Medikamente gab es zur damaligen Zeit noch nicht, weshalb vielen Kranken nur wenig geholfen werden konnte. Schutzimpfungen gegen die Influenza fehlten ebenfalls. Das Ansteckungsrisiko der Menschen war deswegen damals sehr hoch.

#### Seite 171 (Material)

**Material A – Lebewesen oder nicht?**

**A1 Beschreibe mithilfe der Grafik die Vermehrung von Viren am Beispiel der HI-Viren!**
Das HI-Virus besteht aus einer Proteinhülle, welche den Innenkörper mit der Erbsubstanz umgibt. Die Proteinhülle selbst ist von einer Membran umgeben, auf deren Oberfläche sich Proteinstrukturen befinden (1).
Kommt das HI-Virus in Kontakt mit einer Wirtszelle (T-Helferzelle), so heftet es sich mit seinen Proteinfortsätzen an die Zellmembran und verschmilzt dann mit der Zellmembran (2). Die Erbsubstanz wird in die Wirtszelle entlassen und in die Erbsubstanz der Wirtszelle, die sich im Zellkern befindet, eingebaut (3 und 4).
Die Erbsubstanz des HI-Virus stellt nun den Stoffwechsel der Wirtszelle so um, dass HIV-Bausteine hergestellt werden und zu neuen HI-Viren zusammengesetzt werden (6–9).
Wenn die neuen HI-Viren freigesetzt werden, stirbt die Wirtszelle. Die HI-Viren können nun neue Helferzellen befallen.

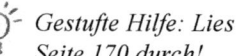 *Gestufte Hilfe: Lies dazu auch den Text auf der Seite 170 durch!*

**A2 Viele Wissenschaftler halten Viren nicht für Lebewesen! Begründe diese Ansicht!**
Viren zeigen nicht alle Kennzeichen des Lebendigen. So besitzen sie zum Beispiel keinen eigenen Stoffwechsel, wachsen nicht und können sich nicht aktiv bewegen. Sie enthalten zwar Erbmaterial, sind zur Vermehrung aber auf Wirtszellen angewiesen.

**Material B – Alle Jahre wieder?**

**B1 Erstelle nach dem Vorbild auf Seite 169 einen Steckbrief zur Virusgrippe!**

| Virusgrippe | |
|---|---|
| Übertragung | Tröpfcheninfektion |
| Inkubationszeit | 1–4 Tage |
| Symptome | hohes Fieber, Schüttelfrost, Gliederschmerzen, Husten; die Symptome treten plötzlich auf |
| Behandlung | Vorbeugung durch jährliche Schutzimpfung; bei Erkrankung hilft Bettruhe und viel Trinken; z. T. werden antivirale Medikamente eingesetzt und bei zusätzlichen bakteriellen Infektionen Antibiotika |

**B2 Erläutere Maßnahmen, durch die das Risiko, an Grippe zu erkranken, gemindert wird!**
- *Jährliche Schutzimpfung:* Da sich die Antigene auf der Oberfläche der Influenzaviren häufig ändern, ist es notwendig, sich jedes Jahr impfen zu lassen, um gegen den jeweils aktuellen Virustyp geschützt zu sein.
- *Händewaschen:* Regelmäßiges und gründliches Händewaschen kann eine Übertragung der Viren verhindern.
- *Verzicht auf Handschlag und Küsschen zur Begrüßung:* Bei Grippeepidemien kann es sinnvoll sein, auf bestimmte Begrüßungsrituale zu verzichten, um eine Übertragung der Viren zu verhindern.
- *Stärkung des eigenen Immunsystems:* Gesunde Ernährung und ausreichend Schlaf stärken das Immunsystem und wirken somit vorbeugend.

**B3 Recherchiere im Internet zu zwei weiteren Viruserkrankungen und erstelle jeweils einen Steckbrief!**
*Individuelle Schülerantworten*
Mögliche weitere Viruserkrankungen sind auf Seite 169 genannt: Herpes, Pocken, Windpocken, Röteln, Mumps, Kinderlähmung und Tollwut.

**B4 Präsentiere deine Ergebnisse der Klasse!**
*Individuelle Lösungen der Schülerinnen und Schüler*

## Material C – Statistik

**C1 Stelle die Daten in einem geeigneten Diagramm dar und vergleiche sie!**

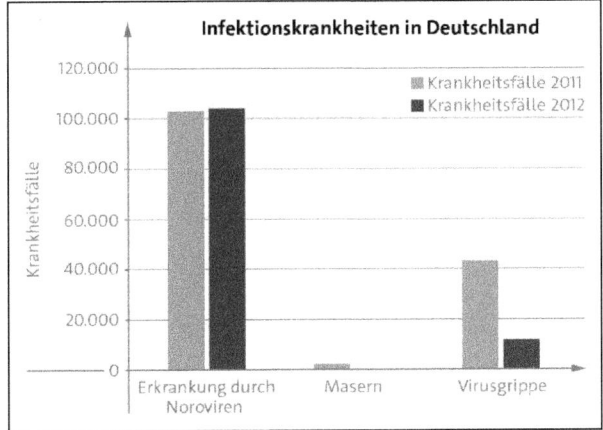

Die höchste Anzahl an gemeldeten Erkrankten in Deutschland gab es sowohl 2011 als auch 2012 mit jeweils über 100 000 Krankheitsfällen durch Noroviren. Knapp halb so viele Menschen erkrankten 2011 an der Virusgrippe. Im darauffolgen Jahr nahm die Anzahl der Erkrankten nochmal bis auf 10 000 ab. Die geringsten Fallzahlen weisen Masern auf. Hier erkrankten 2011 rund 1 600 Menschen, 2012 nur 165 Menschen.

**C2 Stelle Vermutungen an, wie die Unterschiede in der jeweiligen Anzahl der Erkrankungen erklärt werden können!**
Die jährlich auftretenden, hohen Fallzahlen beim Norovirus lassen sich damit erklären, dass es keine Impfung gegen den Erreger gibt. Außerdem ist der Erreger hoch ansteckend und sehr resistent, was ebenfalls die hohe Anzahl an Erkrankten erklären würde.
An Masern sind 2011/2012 relativ wenige Menschen in Deutschland erkrankt. Gegen Masern gibt es eine Schutzimpfung, die schon bei Kleinkindern angewendet wird. Die Unterschiede in den beiden Jahren lassen eventuell auf Impfmüdigkeit bzw. -verweigerung in der Bevölkerung schließen, sodass es 2011 zu lokalen Masernausbrüchen kam. Möglicherweise haben diese Ausbrüche dazu geführt, dass Eltern ihre Kinder 2012 wieder impfen ließen. Erst wenn 95 Prozent der Bevölkerung geimpft sind, lassen sich Masernausbrüche verhindern.
An der Virusgrippe sind 2011 relativ viele Menschen erkrankt. Bei der Virusgrippe gibt es nur eine Impfempfehlung für geschwächte oder ältere Menschen. Ein Großteil der Bevölkerung ist nicht gegen Grippe geimpft. Darüber hinaus verändern sich die Viren ständig, sodass die Impfung jedes Jahr erfolgen muss, um gegen den aktuellen Virusstamm geschützt zu sein. Dies könnte die unterschiedlichen Fallzahlen in den beiden Jahren erklären.

# 2 Immunsystem

## Immunabwehr

### Seite 172–174

**1 Beschreibe die unspezifische Immunabwehr!**
Fresszellen können sich kriechend fortbewegen. Sie umfließen eingedrungene Krankheitserreger und nehmen diese in ihrem Zellplasma auf. Dort werden sie vernichtet. Die Fresszellen sind nicht auf bestimmte Krankheitserreger spezialisiert.

*Zusatzinformation: Die zahlreichen unspezifischen Abwehreinrichtungen des Köpers wie zum Beispiel der Säureschutzmantel der Haut oder der Nasenschleim werden nicht als unspezifische Immunabwehr bezeichnet.*

**2 Beschreibe den Teil der spezifischen Immunabwehr, der in Abbildung 06 dargestellt ist!**
Es gibt Zellen, die spezifische Antikörper herstellen. Jeder Antikörper hat zwei spezifische Bindungsstellen, die nur bei ganz bestimmten Antigenen passen. Mehrere Antikörper binden spezifisch an die Antigene vieler Erreger und bilden dadurch eine Verklumpung. Die Fresszelle umfließt diesen Klumpen und nimmt ihn in sich auf.
Killerzellen erkennen befallene Zellen. Sie greifen diese gezielt an und zerstören sie. Dadurch können sich die Viren nicht weiter vermehren.

### Seite 175 (Material)

#### Material A – Übertragungswege von Krankheitserregern

**A1 Beschreibe die in den Abbildungen dargestellten Übertragungswege von Krankheitserregern!**
A: Der Hund schleckt das Gesicht des Kindes im Nasen- und Mundbereich ab. Durch den Speichel des Hundes und durch den engen Kontakt mit dem Körperfell des Hundes können dort lebende Krankheitserreger auf das Kind übertragen werden.
B: Bei einem Insektenstich kann der Speichel des Insekts mit Krankheitserregern direkt in die Haut oder in die Blutbahn von Menschen übertragen werden.
C: Nicht nur in der Luft, sondern auch an der Oberfläche von ungewaschenem Obst können sich Krankheitserreger befinden. Beim Essen gelangen diese dann in unseren Körper.
D: Da überall in der Luft Krankheitserreger vorkommen, können sich diese vorübergehend auch auf unserer Haut aufhalten. Im Kontakt mit anderen Gegenständen geben wir diese wieder weiter wie zum Beispiel an Haltegriffen in Bussen. Dadurch dass diese Gegenstände häufigen Berührungen ausgesetzt sind, können hier besonders viele Krankheitserreger direkt über die Haut in unseren Körper gelangen, oder wenn man sich anschließenden mit der Hand über das Gesicht im Nasen- und Mundbereich fährt.

**A2 Nenne weitere Möglichkeiten der Übertragung aus deinem Schulalltag!**
– bei der Berührung der Türklinken, Bälle im Sport, Computertastatur, Toilette;
– durch das Niesen oder Husten eines Mitschülers;
– durch das gemeinsame Trinken aus einer Flasche;
– durch herumliegende, verunreinigter Papiertaschentücher;
– bei Verletzung der Haut im Sportunterricht;
– …

**A3 Beschreibe, wie man sich vor Infektionen mit Krankheitserregern schützen kann!**
– direkten Körperkontakt mit Tieren im Bereich der Mund- und Nasenöffnung vermeiden;
– Hände mit Seife waschen nach Berührung von infizierten Gegenständen;
– Obst oder Salat vor dem Verzehr erst waschen;
– sich vor Insektenstichen schützen durch Einreiben mit Insektenschutzmittel;
– vor Mund und Nase einen Filter tragen, der keine Viren oder Bakterien durchlässt;
– bei Verletzung der Haut Desinfektionsmittel auftragen;
– …

#### Material B – Die Entzündungsreaktion

**B1 Stelle den Ablauf einer Entzündungsreaktion mithilfe eines Flussdiagramms dar! Verdeutliche auch, durch welche Reaktionsschritte die Symptome wie Rötung, Schmerz, Schwellung und Erwärmung entstehen!**
*Siehe Abbildung auf der nächsten Seite*

**B2 Erläutere, durch welche Prozesse die Symptome wie Rötung, Schmerz, Schwellung und Erwärmung entstehen!**
Die Entzündungsreaktion wird dadurch ausgelöst, dass die verletzten Körperzellen Informationen in Form von Signalstoffen abgeben. Durch die Signalstoffe werden verschiedene Abwehrmechanismen ausgelöst. Dazu gehört, dass die Wände der Blutgefäße durchlässiger für die Fresszellen werden. Diese gelangen so leichter zu den eingedrungenen Erregern. Durch die erweiterten Blutgefäße fließt mehr Blut und das Gewebe rötet und erwärmt sich. Durch die erhöhte Temperatur können die Keime leichter bekämpft werden.

**B3 Begründe, dass bei größeren Infektionen die Erhöhung der Körpertemperatur hilfreich ist!**

Durch die erhöhte Temperatur können die Keime leichter bekämpft werden. Diese vermehren sich oft bei der normalen Körpertemperatur besonders gut. Bei höherer Temperatur werden Wachstum und Entwicklung der Erreger eingeschränkt. Ihre Anzahl wird dadurch begrenzt und die Fresszellen können die vorhandenen Erreger leichter vernichten.

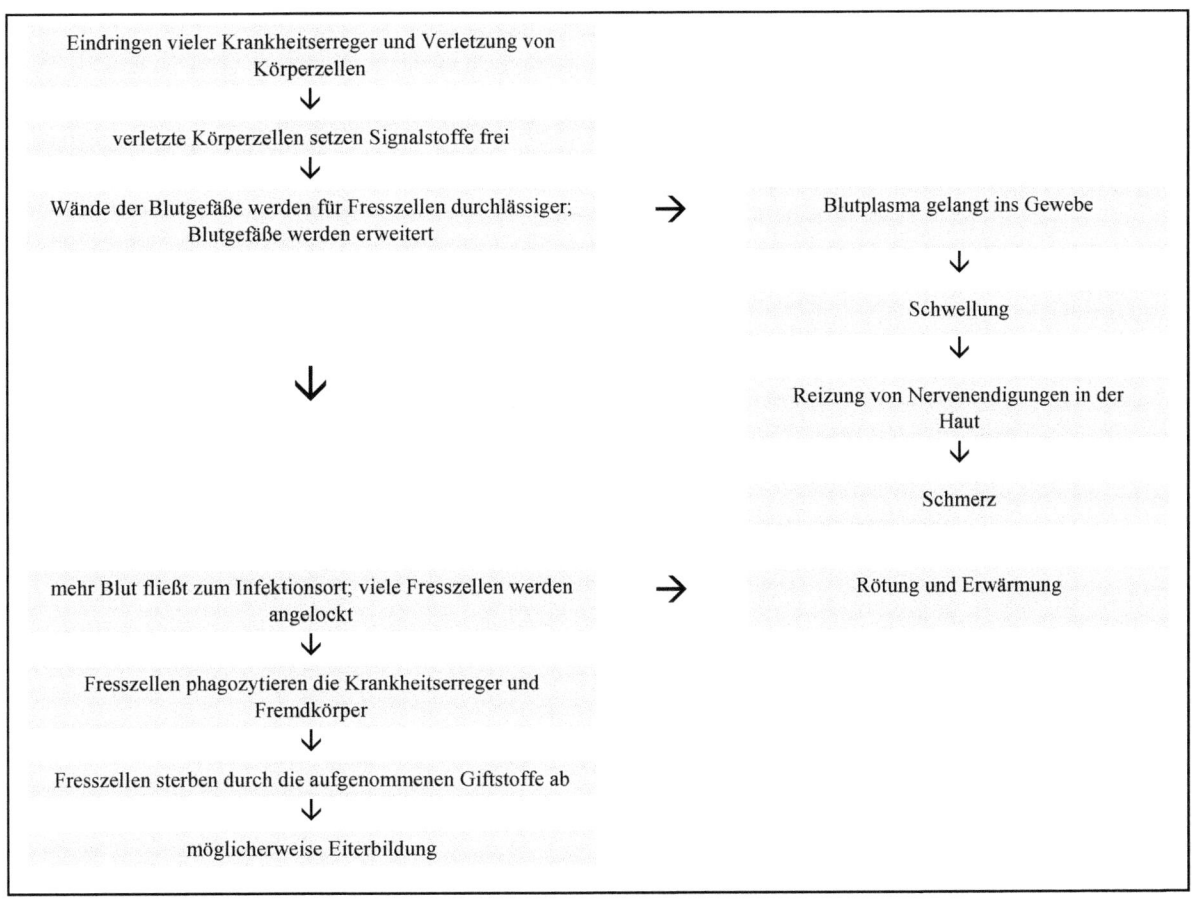

# Immunisierung

### Seite 176–178

**1 Erkläre, weshalb die aktive Immunisierung als Schutzimpfung bezeichnet wird!**

Bei der aktiven Immunisierung werden abgeschwächte beziehungsweise abgetötete Krankheitserreger geimpft. Die spezifische Immunabwehr wird in Gang gesetzt, und zudem werden viele Gedächtniszellen gebildet. Bei einer späteren Infektion durch den gleichen Erreger sorgen diese Gedächtniszellen dafür, dass in sehr kurzer Zeit große Mengen von spezifischen Antikörpern gegen die Antigene des Erregers gebildet werden. Der Ausbruch der Krankheit wird dadurch verhindert. Da der Körper bei dieser Impfung selbst einen Schutz aufbaut, bezeichnet man die aktive Immunisierung als Schutzimpfung.

**2 Nenne die Unterschiede zwischen aktiver und passiver Immunisierung! Fertige dazu eine Tabelle an!**

| Aktive Immunisierung | Passive Immunisierung |
|---|---|
| Abgeschwächte oder abgetötete Erreger werden geimpft. | Spezifische Antikörper werden geimpft. |
| Eigene spezifische Immunabwehr wird durch den Impfstoff in Gang gesetzt. | Eigene spezifische Immunabwehr wird durch den Impfstoff nicht in Gang gesetzt. |
| *Vorbeugende Maßnahme:* Schutzimpfung. | *Unterstützende Maßnahme zur Heilung:* Heilimpfung. |
| Der Körper wird immun. | Der Körper wird nicht immun. |

*Zusatzinformation: Bei einer aktiven Immunisierung mit abgeschwächten Krankheitserregern kann es sich wie im Falle der Windpocken um einen Lebendimpfstoff handeln, d. h. die Viren können sich noch vermehren. Aus Gründen der didaktischen Reduktion und der abnehmenden Tendenz, Lebendimpfstoffe zu verwenden, wird im Schulbuch-*

*text keine Differenzierung zwischen den geimpften Erregern und einer eventuellen Vermehrungsfähigkeit vorgenommen.*

*Bei Schwangeren ohne Impfschutz und abwehrgeschwächten Patienten (auch bei gefährdeten Neugeborenen), die in Kontakt mit Windpocken kommen, muss innerhalb von wenigen Tagen eine passive Immunisierung erfolgen.*

### 3 Erläutere, weshalb die aktive Immunisierung auch als „erworbene Immunität" bezeichnet werden kann!

Bei der aktiven Immunisierung werden im menschlichen Körper nicht nur Antikörper zur Bekämpfung des Krankheitserregers gebildet, sondern auch Gedächtniszellen. Diese Gedächtniszellen verbleiben im Körper nach Abklingen der Infektion und helfen bei einer erneuten Infektion schnell wieder Antikörper zu bilden, sodass die Krankheitssymptome nur abgeschwächt oder gar nicht erst ausbrechen. Der ursprünglich nicht immune Körper hat sich über die Gedächtniszellen also eine Immunität gegen erneute Infektionen aufgebaut und sie also nach der Erstinfektion erworben.

## Seite 179 (Material)

### Material A – Verlauf einer Infektion

### A1 Beschreibe und erläutere drei mögliche Szenarien einer Infektion!

*Individuelle Schülerantworten*
*Beispiel:* Verlauf einer Infektion anhand der Virusgrippe

1. Ein Kind kommt in der Schule mit Influenzaviren in Kontakt, die es über kleinste Flüssigkeitströpfchen, wie sie beispielsweise beim Husten entstehen, einatmet (Tröpfcheninfektion). Die Influenzaviren befallen die Schleimhautzellen und vermehren sich in ihnen. Nach einer Inkubationszeit von ein bis vier Tagen bricht die Grippe aus und es zeigen sich die typischen Symptome der Krankheit wie hohes Fieber, starke Kopf- und Gliederschmerzen, Schüttelfrost und Husten. Das Immunsystem ist aktiviert und bildet Antikörper gegen die Influenzaviren. Zusätzlich kann der Arzt fiebersenkende Medikamente oder bei stark geschwächten Patienten antivirale Medikamente verschreiben, um das Immunsystem zu unterstützen. Außerdem braucht das Kind viel Ruhe und Schlaf. Nach einigen Tagen klingen die Symptome ab und der Patient ist genesen.

2. Wenn der Patient stark geschwächt ist, kann es sein, dass die Leistung des Immunsystems und die Wirkung der Behandlung zu gering sind. In diesem Fall kann der Patient an der Virusgrippe sterben. Der Tod tritt ein.

3. Das Kind hat im Herbst eine Schutzimpfung gegen die Virusgrippe erhalten. Influenzaviren können zwar über die Tröpfcheninfektion in den Körper eindringen und einige Schleimhautzellen befallen, aber die Antigene des Virus lösen sofort eine starke Immunabwehr aus.

Die Gedächtniszellen, die sich bei der Erstinfektion durch die aktive Immunisierung, gebildet haben, sorgen dafür, dass in kurzer Zeit eine große Zahl an spezifischen Antikörpern gebildet wird. Die Viren werden dadurch bekämpft, bevor sie sich stark vermehren können. Das Kind bleibt gesund.

### A2 Vergleiche die aktive und die passive Immunisierung! Ordne beide in das Schema ein!

Bei der aktiven Immunisierung werden abgeschwächte Krankheitserreger oder Bruchstücke des Erregers gespritzt. Daraufhin bildet das Immunsystem der betroffenen Person spezifische Antikörper und Gedächtniszellen gegen den Erreger. Kommt die Person später erneut mit diesem Erreger in Kontakt, so kann das Immunsystem sofort ausreichend Antikörper bereitstellen, um einen Ausbruch der Krankheit zu verhindern.

Bei der passiven Immunisierung dagegen werden im Krankheitsfall spezifische Antikörper gegen den Erreger gespritzt, um das Immunsystem bei der Bekämpfung der Krankheit zu unterstützen und so den Heilungsprozess zu verkürzen. Es werden keine Gedächtniszellen gebildet, sodass die betreffende Person bei erneutem Kontakt mit dem Erreger wieder an der Krankheit erkranken könnte.

Im Schema ist daher ist die aktive Immunisierung bei *Schutzimpfung* einzuordnen und die passive Immunisierung bei *Behandlung*.

### A3 Stelle eine Vermutung auf, inwiefern die Dauer der Inkubationszeit die Verbreitung einer Infektionskrankheit beeinflusst!

Während der Inkubationszeit, der Zeit vom Eindringen des Erregers bis zum Ausbruch der Krankheit, vermehren sich die Erreger stark, es treten aber noch keine Krankheitssymptome auf. Da sich die betroffene Person gesund fühlt, geht sie eventuell in die Schule oder zur Arbeit. Während der Inkubationszeit können die Erreger aber übertragen werden.

Je länger die Inkubationszeit dauert, umso mehr Menschen kommen mit der infizierten Person in Kontakt und können sich ebenfalls mit den Erregern infizieren.

Je kürzer die Inkubationszeit dauert und sich daher schnell Krankheitssymptome zeigen, desto wahrscheinlicher ist es, dass kranke Personen zu Hause bleiben und daher mit weniger Menschen in Kontakt kommen und den Erreger auf andere Personen übertragen. Die Infektionskrankheit wird dadurch wahrscheinlich weniger stark verbreitet.

### Material B – Impfbuch

### B1 Nenne fünf Krankheitserreger oder Krankheiten, gegen die das einjährige Kleinkind bereits geimpft wurde! Informiere dich dazu in Nachschlagewerken oder im Internet!

– *Tetanus-Bakterien:* Wundstarrkrampf
– *Diphterie-Bakterien:* Erkrankung der Atemwege

- *Pertussis-Bakterien:* Keuchhusten
- *Poliomyelitis-Viren:* Kinderlähmung
- *Hib-Bakterien:* Hirnhautentzündung
- *Hepatitis B-Viren:* Leberentzündung
- *Pneumokokken-Bakterien:* Lungenentzündung
- *Rotavirus:* wässrige Durchfallerkrankung

*Zusatzinformation: Eine aktive Immunisierung gegen Varizellen (= Windpocken), Masern, Mumps und Röteln wird erst ab circa dem ersten Lebensjahr durchgeführt.*
*Zum Thema Immunisierung kann man sich auf der Internetseite der Ständigen Impfkommission (STIKO) des Robert Koch-Institutes informieren.*

**B2 Erläutere, weshalb Auffrischungsimpfungen erforderlich sind!**
Wenn die bei der aktiven Immunisierung gebildeten Gedächtniszellen nicht ein Leben lang erhalten bleiben, muss eine Auffrischungsimpfung mit den gleichen abgetöteten oder abgeschwächten Erregern erfolgen.

Es werden dadurch neue Gedächtniszellen gebildet, die bei einer Infektion in ganz kurzer Zeit dafür sorgen, dass eine große Menge an Antikörpern zur Verfügung steht, und die Infektionskrankheit somit nicht ausbrechen kann.

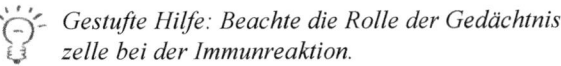
*Gestufte Hilfe: Beachte die Rolle der Gedächtniszelle bei der Immunreaktion.*

**B3 „Impflücken", wie zum Beispiel bei Diphtherie, entstehen, wenn man die Auffrischungsimpfungen unterlässt. Die Diphtherie kann sich dann wieder stark ausbreiten. Erkläre diesen Sachverhalt!**
Krankheitserreger wie Bakterien oder Viren können sich in den Menschen ohne Impfschutz wieder vermehren und auch auf weitere ungeschützte Menschen übertragen werden. Auf diese Weise können sich bestimmte Infektionskrankheiten erneut stark ausbreiten.

# Der Mensch – Individualentwicklung

## 1 Pubertät

### Zeit des Erwachsenwerdens

#### Seite 186–188

**1 Erläutere die Ursachen der seelischen Veränderungen in der Pubertät!**
Ursache aller Veränderungen in der Pubertät sind Hormone, körpereigene Botenstoffe, die bereits in winzigen Mengen wirken. Während der Pubertät werden in einer Drüse im Gehirn, der Hypophyse, solche Hormone gebildet, die in den Blutkreislauf abgegeben werden und zu den Geschlechtsdrüsen gelangen. Dort bewirken sie die Bildung von weiteren Hormonen, den Geschlechtshormonen. Beim Jungen ist das vor allem Testosteron, beim Mädchen Östrogen.
Diese Geschlechtshormone bewirken die körperlichen Veränderungen von Jungen und Mädchen in der Pubertät. In der Folge dieser hormonellen und körperlichen Veränderungen ergeben sich auch Änderungen im Gefühlsleben.

#### Seite 189 (Material)

**Material A – Träume sind Schäume**

**A1 Beschreibe körperliche Veränderungen von Jungen und Mädchen in der Pubertät!**
Mit Beginn der Pubertät kommt es bei Jungen und Mädchen zu einem Wachstumsschub. Zudem bildet sich bei beiden Geschlechtern die Achsel- und Schambehaarung aus. Bei Jungen beginnen auch die Barthaare zu wachsen und insgesamt wird die Körperbehaarung stärker als bei Mädchen. Auch die Schultern werden bei Jungen breiter, die Muskulatur wird kräftiger, das Becken bleibt jedoch weiterhin schmal. In den Hoden der Jungen bilden sich reife Spermienzellen, zudem kann es zu einem Samenerguss kommen. Während des Stimmbruchs wird zudem ihre Stimme tiefer. Mädchen hingegen bekommen ein breiteres Becken, während die Schultern weiterhin schmal bleiben. Bei Mädchen beginnt auch das Wachstum der Brüste und in den Eierstöcken bilden sich reife Eizellen. Die Menstruation setzt ein. Die Pubertät führt bei Jungen und Mädchen zur Geschlechtsreife.

**A2 Interpretiere die Karikatur!**
Das Mädchen und der Junge betrachten ihre Körperformen, das Mädchen seine Brust und der Junge seinen Oberarm. Beide vergleichen sich mit den „Idealformen", die in den Blasen dargestellt sind. Bei der Frau fällt hier vor allem der große Busen und die schmale Taille, bei dem Mann der muskulöse, breite Oberkörper und die kräftigen Oberarme auf.

**A3 Nimm Stellung zu der Aussage: „Die Ausprägung der sekundären Geschlechtsmerkmale kann man durch den Willen beeinflussen."!**
Die Ausbildung der sekundären Geschlechtsmerkmale wird durch Hormone gesteuert. Bei Jungen ist das vor allem Testosteron, bei Mädchen Östrogen. Produktionsbeginn und -menge dieser Hormone sind individuell unterschiedlich und können nicht willentlich beeinflusst werden.
Die Ausprägung der sekundären Geschlechtsmerkmale, also wie groß beispielsweise der Busen oder die Muskeln der Oberarme werden, hängt unter anderem von diesen Geschlechtshormonen ab. Daneben spielen aber auch Ernährung und Training eine Rolle: Beispielsweise wird die Fetteinlagerung in die Unterhaut durch kalorienreiche Nahrung gefördert, und Training führt zu Muskelwachstum. Die Antwort ist als „sowohl – als auch", wobei die Hormone die wichtigere Rolle spielen.

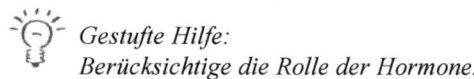
*Gestufte Hilfe:*
*Berücksichtige die Rolle der Hormone.*

*Zusatzinformation: Nicht berücksichtigt wurde in der Lösung, dass hier Vererbung eine wichtige Rolle spielt und beide Geschlechter auch das Geschlechtshormon des anderen Geschlechts produzieren, wenn auch nur in geringer Menge. Die individuelle Mischung dieser Hormone ist das entscheidende Moment für die individuelle Ausprägung der sekundären Geschlechtsmerkmale.*

**A4 Beurteile, ob die dargestellten Formen von Mann und Frau erstrebenswert sind!**
*Hier sind individuell sehr unterschiedliche Lösungen denkbar, die als Grundlage für eine Diskussion über individuelles Schönheitsempfinden und die Wertschätzung des eigenen Körpers dienen können.*

**Material B – Geschlechtshormone**

**B1 Nenne die Geschlechtshormone von Mann und Frau und beschreibe ihre Wirkung!**
Bei Frauen wird Östrogen gebildet, welches gemeinsam mit dem Follikel stimulierendem Hormon das Wachstum der Eierstöcke und die Reifung der Eizellen bewirkt. Bei Männern wirkt Testosteron. Gemeinsam mit FSH bedingt es das Wachstum von Hoden und Penis sowie die Reifung der Spermienzellen.

**B2 Beschreibe die Messwerte in der Grafik!**
Kontinuierlichen Anstieg des Wachstumshormongehalts im Blut. Ungefähr im 18. Lebensalter erreicht er den

Höchstwert von 100 relativen Einheiten. Bis zum 20. Lebensalter sinkt er auf 75 relative Einheiten. Ab da an sinkt der Hormongehalt langsam aber kontinuierlich ab. In der Altersspanne von 80 bis 100 Jahren lässt sich im Blut noch ein durchschnittlicher Gehalt von etwa 12 relativen Einheiten des Hormons nachweisen.

Ab einem Alter von ungefähr elf Jahren steigt der Östrogengehalt rasch an und erreicht innerhalb der nächsten zehn Jahre den Höchstwert von 100 relativen Einheiten. In den folgenden Jahren bleibt der Gehalt zunächst konstant hoch, ab einem Alter von ungefähr 45 Jahren sinkt er dann rasch ab und erreicht nach weiteren zehn Jahren Werte, die deutlich unter 25 relativen Einheiten liegen. Ab dem 70. Lebensjahr ist kein Östrogen mehr im Blut nachweisbar.

Der Testosterongehalt steigt ebenfalls ab einem Alter von ungefähr elf Jahren rasch an und erreicht innerhalb der nächsten 10 Jahre den Höchstwert von 100 relativen Einheiten. In den nächsten Jahren bleibt der Gehalt für kurze Zeit konstant hoch. Ab dem 25. Lebensalter kommt es zu einem langsamen, aber konstanten Absinken des Testosterongehaltes. In der Altersspanne von 80 bis 100 Jahren lässt sich im Blut noch ein durchschnittlicher Gehalt von etwa 15 relativen Einheiten des Hormons nachweisen.

**B3 Erläutere die Messwerte mit Bezug auf die Individualentwicklung des Menschen!**

Das Wachstumshormon reguliert das Längenwachstum des menschlichen Körpers und nimmt zudem Einfluss auf Stoffwechselprozesse, die in diesem Zusammenhang von Bedeutung sind, wie zum Beispiel der Kohlenhydratabbau. Diese Prozesse finden vor allem nach der Geburt bis zum Ende der Pubertät statt. Auch im Erwachsenenalter finden noch Wachstumsprozesse statt, jedoch deutlich weniger und langsamer. Die Produktion des Wachstumshormons nimmt entsprechend mit zunehmendem Alter ab.

Die Produktion der Geschlechtshormone Östrogen und Testosteron stehen in Zusammenhang mit dem Beginn der Pubertät und damit der Geschlechtsreife des menschlichen Körpers. Die Östrogenproduktion nimmt ab dem 45. Lebensjahr deutlich ab und wird schließlich eingestellt. Nach diesen sogenannten Wechseljahren haben Frauen keine Menstruation mehr und sind somit auch nicht mehr fruchtbar.

Die Testosteronproduktion nimmt ebenfalls ab dem 20. Lebensjahr kontinuierlich ab, kommt jedoch nie vollständig zum Erliegen. Männer sind somit länger zeugungsfähig.

## Material C – Pubertät – Vorsicht Baustelle

**C1 Nenne Verhaltensweisen, die sich mit Beginn der Pubertät bei Jungen und Mädchen zeigen!**

Jungen wie Mädchen beschäftigen sich viel mit dem eigenen Körper und dessen Veränderungen. Sie brauchen mehr Zeit für die Körperpflege und Hygiene. Mädchen beginnen sich zu schminken, Jungen, den Bart zu rasieren. Durch Reizung der eigenen Geschlechtsorgane können sie sich selbst befriedigen. Im Umgang mit dem anderen Geschlecht sind sie unsicher und schließen sich oft in Cliquen zusammen. Durch Experimentieren mit verschiedener Kleidung, Mimik und Gestik erfahren sie, wie sie auf ihre Umwelt und das andere Geschlecht wirken. Wenn ihnen jemand gefällt, beginnen sie eventuell zu flirten. Die Unsicherheit, die mit den Veränderungen in der Pubertät verbunden ist, kann auch zu Gereiztheit und Überreaktionen führen.

**C2 Formuliere Tipps, die Tom Mark geben könnte!**

*Hier sind individuell ganz unterschiedliche Lösungen denkbar, die später als Grundlage für eine Diskussion dienen können. Als Hilfe kann man vor der Bearbeitung gemeinsam häufige Konfliktgründe sammeln und dann einzeln oder in Gruppen überlegen, welche Tipps für eine sachliche Klärung sinnvoll sind.*

Mögliche Konfliktgründe sind die Ausgehzeiten, neue Freunde, der Umgang mit Alkohol und Zigaretten. Insgesamt wünschen sich Jugendliche mehr Freiheit und Unabhängigkeit von den Eltern. Das Gespräch mit den Eltern ist ihnen jedoch oft unangenehm, vor allem wenn es um den Umgang mit der eigenen Sexualität geht. Ein möglicher Tipp wäre zum Beispiel, zunächst – falls vorhanden – mit älteren Geschwistern oder Freunden zu reden und zu hören, wie diese ihre Konflikte mit den Eltern für beide Seiten zufriedenstellend gelöst haben. Ein wichtiger Tipp wäre auf jeden Fall, das Gespräch mit den Eltern in einer angenehmen und ruhigen Situation zu suchen und realistische Vorschläge zu machen, wie man sich zum Beispiel die künftige Regelung der Ausgehzeiten vorstellt. Die Bereitschaft zu Kompromissen spielt dabei eine große Rolle.

**C3 Schreibe einen Dialog zwischen Tom und seinen Eltern, in der sie die Streitereien klären!**

*Hier sind individuell ganz unterschiedliche Lösungen denkbar, die später als Grundlage für eine Diskussion dienen können.*

**C4 Formuliere eine Vermutung zur Erklärung der Aussage in der Abbildung!**

Im Verlauf der Pubertät verändern sich der Körper und auch das Seelenleben der Jugendlichen. Man kann sagen, Körper und Gehirn befinden sich in einer Art Umbauphase, in der es oft zu Konflikten kommen kann und Dinge nicht so laufen, wie man es gewohnt war. Für Jugendliche und ihre Eltern ist dies daher häufig eine schwierige Zeit, die alle Beteiligten unterschiedlich herausfordert. Wie bei einer Baustelle ist daher gegenseitige Rücksicht und Gelassenheit ein wertvoller Tipp.

## Seite 190–191 (Im Blickpunkt Recht)

**Sexueller Missbrauch**

**1 Erläutere, was man unter sexuellem Missbrauch versteht!**

Sexueller Missbrauch umfasst jede sexuelle Handlung die gegen den Willen eines Menschen vorgenommen wird.

**2 Beschreibe Möglichkeiten der Inanspruchnahme von Hilfe bei Anzeichen von sexuellem Missbrauch!**
Bei Anzeichen von sexuellem Missbrauch kannst du dich immer an vertrauensvolle Menschen wenden. Wenn du Niemanden aus deinem Bekanntenkreis hast, dem du dich anvertrauen möchtest, kannst du auch den Kinderschutzbund, das Jugendamt oder die Telefonseelsorge anrufen.

**3 Bildet Gruppen und lest die unten stehenden Aussagen. Diskutiert, in welchen Situationen ihr euch wohlfühlen würdet und in welchen ihr besser „Nein!" sagt!**
*Individuelle Schülerlösung*

# Geschlechtsorgane

## Seite 192–194

**1 Vergleiche Größe und Bau von Spermienzelle und Eizelle! Erstelle dazu eine Tabelle!**

|  | Spermienzelle | Eizelle |
|---|---|---|
| Größe | sehr klein, mit bloßem Auge nicht sichtbar, etwa 0,05 Millimeter | relativ groß, mit bloßem Auge gerade sichtbar, etwa 0,1 Millimeter |
| Bau | Kopf mit Zellkern, Mittelstück, Schwanz | Eihülle, Dotter, Zellkern |

**2 Beschreibe die Unterschiede zwischen unreifen und reifen Geschlechtszellen!**
Die unreife Spermienzelle besitzt bei ihrer Bildung im Hoden nur einen Kopfteil, in dem sich der Zellkern mit der Erbsubstanz befindet. Mittelstück und Schwanz der reifen Spermienzelle werden erst im Nebenhoden gebildet.
Die unreife Eizelle im Eierstock besteht aus einer Hülle, die den Zellkern mit der Erbsubstanz enthält. Erst während der Reifung wird sie mit Nährstoffen, dem Dotter, gefüllt und dadurch um ein Vielfaches größer.

## Seite 195 (Material)

### Material A – Eizelle und Spermienzelle

**A1 Erläutere die Funktion von Spermienzellen und Eizelle, die sich aus ihrem jeweiligen Bau ergibt!**
Die reife Spermienzelle besteht aus dem Kopf mit Zellkern, dem Mittelstück und dem Schwanz. Mit dem Schwanz kann sich die Spermienzelle aktiv fortbewegen, von der Vagina bis zur Eizelle im Eileiter. Das Mittelstück stellt die notwendige Energie für die Fortbewegung bereit. Der zugespitzte Kopf ermöglicht das Eindringen in die Eizelle und bringt die väterliche Erbsubstanz mit.

Die reife Eizelle besteht aus der Eihülle, dem Dotter und dem Zellkern mit der Erbsubstanz. Aufgrund dieses Baus kann sich die Eizelle nach dem Eisprung nicht eigenständig fortbewegen. Die im Dotter enthaltenen Nährstoffe ermöglichen es der Eizelle, einige Zeit zu leben, ohne von außen ernährt zu werden. Der Zellkern enthält die mütterliche Erbsubstanz.

*Gestufte Hilfe:*
*Berücksichtige die Größe, die Möglichkeiten der Fortbewegung und die Lage der Erbsubstanz.*

**A2 Stelle Vermutungen an, weshalb so viele Spermienzellen auf die Reise geschickt werden und am Ende so wenige bei der Eizelle ankommen!**
*Vermutung 1:* Viele Spermienzellen schwimmen nicht Richtung Muttermund, sondern wieder aus der Vagina hinaus.
*Vermutung 2:* Die Spermienzellen, die in den Uterus gelangen, können auch dort eine falsche Richtung einschlagen und nicht in die Eileiter gelangen.
*Vermutung 3:* Nur in einem Eileiter befindet sich normalerweise eine befruchtungsfähige Eizelle. Es besteht also nur eine Wahrscheinlichkeit von 1:1, dass die Spermienzellen in den „richtigen" Eileiter gelangen.
*Vermutung 4:* Viele Spermienzellen haben nicht genügend Energievorrat für die lange „Reise" von der Vagina bis zum Eileiter.
*Vermutung 5:* Um sicher zu gehen, dass wenigstens eine Spermienzelle ankommt, erfolgen so viele Ejakulationen.

**A3 Hühnereier sind sehr viel größer als die Eizelle des Menschen. Erläutere diesen Unterschied!**
Die Eizelle des Menschen enthält gerade so viel Dotter, dass sie nach einer Befruchtung noch wenige Tage im Körper der Mutter überleben kann.
Dagegen muss ein Vogelei wie das Hühnerei viel mehr leisten: Der Dotter des Hühnereies dient 20 Tage lang der Ernährung und vollständigen Entwicklung des Kükens.

*Gestufte Hilfe:*
*Berücksichtige woher die Nährstoffe stammen, die zur Entwicklung des Embryos erforderlich sind.*

*Zusatzinformation: Das Eiklar dient außerdem als Nährstofflieferant.*

**A4 Pflanzen bilden Samen. Erkläre, weshalb man den Begriff „Samenzellen" für die Spermien nicht verwendet!**
Ein Samen ist eine winzig kleine Pflanze, die ihr Wachstum vorübergehend eingestellt hat und der Fortpflanzung von Pflanzen dient. Ein Samen besteht demnach aus vielen Zellen, und Samenzellen sind die Zellen, aus denen ein Pflanzensamen besteht. Daher ist der Begriff „Samenzellen" für Spermien biologisch falsch.

*Zusatzinformation: Ähnliches gilt für den Begriff des Eies. Er sollte nur für die mit einer Schale versehenen Eizellen von Reptilien, Vögeln und auch für die dotterreichen Eier der Amphibien verwendet werden. Beim Menschen liegt dagegen eine Eizelle vor.*

## Material B – Durch Geschlechtsverkehr übertragbare Krankheiten

**B1 Beschreibe anhand der Abbildung den Verlauf einer HPV-Infektion bis zur Bildung von Krebsvorstufen!**
Die HP-Viren gelangen über die Scheide in die Gebärmutter und befallen dort Zellen der Schleimhaut. In den folgenden Wochen breitet sich die Infektion aus, das heißt immer mehr Zellen sind von dem Virus befallen und verändern sich. Nach etwa 10 bis 30 Jahren haben sich bei 0,8 Prozent der betroffenen Frauen infizierte Zellen in Krebszellen umgewandelt.

**B2 Nenne Möglichkeiten, wie man sich zuverlässig vor einer Infektion mit dem HP-Virus schützen kann!**
Die zuverlässigste Möglichkeit, sich vor einer Infektion mit geschlechtlich übertragbaren Krankheitserregern wie dem HP-Virus zu schützen, ist die Benutzung eines Kondoms beim Geschlechtsverkehr.

*Zusatzinformation: An dieser Stelle besteht die Möglichkeit einer Diskussion weiterer Möglichkeiten: „safer sex" bzw. „ABC-Regel"(Abstinence, Be faithful, use Condoms).*

**B3 Recherchiere Informationen zu einer HPV-Impfung und erstelle ein Plakat zur Aufklärung in der Schule!**
*Hier sind individuell ganz unterschiedliche Lösungen denkbar, die später als Grundlage für eine Ausstellung dienen können. Informationen erhalten die Schülerinnen und Schüler unter anderem über die Internetseite des Krebsinformationsdienstes des deutschen Krebsforschungszentrums. Es empfiehlt sich aber auch ein Gespräch mit einem Arzt oder einer Ärztin.*

**B4 Recherchiere zwei weitere Beispiele sexuell übertragbarer Krankheiten und notiere Informationen zu Übertragungswegen, Symptomen, Behandlung und Schutz!**
*Sexuell übertragbare Infektionen sind AIDS, Gonorrhö, Syphilis, Hepatitis A, B und C, Herpes, Candidose, Krätze und Infektionen mit Chlamydien, Trichomonaden oder Filzläusen. Wichtige Informationen zu den genannten Krankheiten finden Sie auf dem Wissensportal zu HIV und anderen sexuell übertragbaren Infektionen der Bundeszentrale für gesundheitliche Aufklärung: www.gib-aids-keine-chance.de.*

# 2 Fortpflanzung und Entwicklung

## Menstruationszyklus und Schwangerschaft

### Seite 199 (Material)

#### Material A – Menstruationszyklus

**A1 Beschreibe die Veränderungen der Hormonkonzentrationen!**
Die Konzentration von LH steigt zunächst langsam und vom zehnten Tag des Zyklus sehr stark an. Die höchste Konzentration ist etwa am 14. Tag erreicht. Danach sinkt die Konzentration sehr schnell und bleibt bis zum Ende des Zyklus gering.
Ebenso wie die Konzentration von LH verändert sich die von Östrogen. Allerdings ist der Anstieg gegenüber der Kurve des LH leicht zeitlich nach hinten versetzt und die maximale Konzentration ist geringer. Die Östrogenkonzentration sinkt nach dem 14. Tag zunächst ab, steigt dann aber zwischen dem 20. und 24. Tag wieder an. Am 28. Tag hat sie das ursprüngliche Niveau wieder erreicht. Die Steigerung der Konzentration von Progesteron beginnt um den 14. Tag herum und erreicht etwa zwischen dem 22. und 24. Tag seinen Höhepunkt. Danach sinkt die Konzentration für einige Tage leicht und steigt dann wieder so weit an, dass das Niveau des 24. Tages erreicht wird.
Das Hormon, das in der Kurve 1 dargestellt ist, ist erst am 31. Tag nachweisbar. Seine Konzentration steigt in den folgenden Tagen sehr schnell und stark an.

**A2 Nenne die Bezeichnung des Hormons der Kurve 1!**
Es handelt sich um das Schwangerschaftshormon HCG (humanes Choriongonadotropin). Es wird von der Uterusschleimhaut gebildet und bereitet einerseits die Einnistung des Blasenkeims vor und bewirkt andererseits die Erhaltung des Gelbkörpers und die Produktion des Gelbkörperhormons (Progesteron).

*Gestufte Hilfen:*
*Hilfe 1: Berücksichtige bei der Lösung vor allem die Messwerte zur Konzentration des Hormons Progesteron im Verlauf des dargestellten Zeitraums. Überlege, wo dieses Hormon gebildet wird und welche Funktion es hat.*

**A3 Begründe, ob an den in der Grafik dargestellten Tagen eine Befruchtung stattfand!**
Es hat eine Befruchtung stattgefunden. Das kann man vor allem daran erkennen, dass die Konzentration von Progesteron nicht sinkt. Progesteron wird vom Gelbkörper gebildet. Nach der Einnistung wird er nicht zurückgebildet, sodass er weiterhin Progesteron abgibt.
Zu erschließen ist die Schwangerschaft aber auch aus dem Auftreten eines Hormons, das zu Beginn des hier berücksichtigten Zyklus nicht vorhanden war. Es ist im Diagramm mit 1 gekennzeichnet.

*Gestufte Hilfen:*
*Hilfe 1: Berücksichtige bei der Lösung vor allem die Kurve, die die Konzentration von Progesteron zeigt.*
*Hilfe 2: Verwende zur Lösung die gegen Ende des dargestellten Zeitraums eingetragene Kurve des Hormons.*

*Zusatzinformation: Die Erhöhung der Konzentration von Östrogen setzt erst etwas später ein und ist daher im Diagramm nur ansatzweise erkennbar.*

**A4 Beschreibe die Veränderungen eines Follikels, die bei 2 und 3 ablaufen!**
2: Der Follikel öffnet sich und setzt die Eizelle frei. Dieser Vorgang wird als Eisprung bezeichnet.
3: Der Follikel bildet sich zum Gelbkörper um. Er erhält eine etwas dickere Wand und wächst ein wenig.

**A5 Ordne die Vorgänge 2 und 3 dem Zeitraum des Diagramms zu, an dem sie ablaufen! Begründe die Zuordnung!**
Der Vorgang 2 ist der Eisprung. Er findet etwa am 14. Tag des Zyklus statt.
Der Vorgang 3 ist der Zeit nach dem 14. Tag zuzuordnen.
*Begründung:* Der Gelbkörper bildet sich nach dem Eisprung. In diesem Fall wird er nicht zurückgebildet. Daher ist die Abbildung der Zeit nach dem 14. Tag zuzuordnen. Ein Gelbkörper ist aber auch in der ersten Hälfte des Zyklus vorhanden, also vom ersten bis zum 14. Tag. Er stammt aus dem vorangegangenen Zyklus. Dort hat keine Schwangerschaft stattgefunden. Daher wurde der Gelbkörper in der Zeit zwischen dem ersten und dem 14. Tag reduziert. Bei 3 ist jedoch ein Gelbkörper abgebildet, der erhalten bleibt. Daher kann die Abbildung nicht der ersten Zyklushälfte zugeordnet werden.

*Gestufte Hilfen:*
*Hilfe 1: Stelle zunächst fest, ob und wann eine Befruchtung stattgefunden hat. Dazu kannst Du auch die Antwort zur Aufgabe A3 verwenden.*
*Hilfe 2: Berücksichtige, dass der Gelbkörper je nachdem, ob eine Befruchtung stattgefunden hat, entweder zurückgebildet wird oder erhalten bleibt.*

**A6 Erkläre, weshalb man in der Gerichtsmedizin aus der Anzahl der Gelbkörper im Eierstock erschließen kann, wie häufig eine Frau schwanger war!**

Wenn die Eizelle nicht befruchtet wird, bildet sich der Gelbkörper zurück. Er ist dann später nicht mehr nachweisbar. Bei einer Schwangerschaft jedoch bleibt der Gelbkörper erhalten. Daher kann man aus der Anzahl der Gelbkörper in den Eierstöcken erkennen, wie häufig eine Schwangerschaft aufgetreten ist.

*Gestufte Hilfe: Berücksichtige die unterschiedliche Veränderung des Gelbkörpers je nachdem, ob eine Befruchtung stattgefunden hat oder nicht.*

## Material B – Veränderungen in der Schwangerschaft

**B1 Beschreibe die in der Abbildung sichtbaren körperlichen Veränderungen zwischen dem 2. und dem 9. Monat!**
Die Gebärmutter wird zwischen dem 2. und dem 9. Monat sehr stark ausgedehnt und drückt die sie umgebenden inneren Organe, die Harnblase, den Darmtrakt, die Leber und die Lunge, stark zusammen. Der Bauch wölbt sich vor.

*Zusatzinformation: Weiterhin vergrößern sich die Brüste durch das Wachstum der Milchdrüsen, und es entsteht ein Hohlkreuz.*

**B2 Spätestens ab dem 7. Monat fällt der Mutter das Atmen immer schwerer. Stelle zwei Vermutungen über mögliche Ursachen an!**
*Vermutung 1:* In der Abbildung ist zu sehen, dass die wachsende Gebärmutter die inneren Organe und damit auch die Lunge zusammendrückt. Die Mutter kann also beim Atmen nicht mehr so viel Luft in die Lunge aufnehmen wie vor der Schwangerschaft und hat daher Atembeschwerden.
*Vermutung 2:* Der wachsende Fetus benötigt immer mehr Sauerstoff, der über den Blutkreislauf der Mutter zu ihm transportiert wird. Die Mutter muss also für das werdende Kind mitatmen und immer mehr Luft ein- und ausatmen. Das führt zu Atembeschwerden.

*Gestufte Hilfe:
Überlege, welche Organe während der Schwangerschaft entstehen.*

**B3 Das ungeborene Kind wiegt im 3. Monat etwa 15 Gramm und bei der Geburt 3 bis 4 Kilogramm. Die Mutter nimmt im gleichen Zeitraum um 10 bis 11 Kilogramm zu. Erkläre diesen Unterschied!**
Zieht man die 3 bis 4 Kilogramm des Fetus ab, so nimmt die Mutter zusätzlich um 7 bis 8 Kilogramm zu. Die Ursache dafür ist, dass nicht nur der Fetus wächst, sondern mit ihm auch die Fruchtblase samt Fruchtwasser sowie der Mutterkuchen.

*Zusatzinformation: Außerdem nehmen während der Schwangerschaft die Fetteinlagerungen in der Unterhaut sowie die Milchdrüsen in den Brüsten an Größe und damit Masse zu.*

## Material C – Pränatale Diagnostik – Möglichkeiten und Grenzen

**C1 Formuliere Fragen, mit denen sich ein Paar auseinandersetzen sollte, bevor es sich für eine Fruchtwasseruntersuchung entscheidet!**
– Gibt es in unseren Familien gehäuft erbliche Gendefekte, die ein beschwerliches Leben mit sich bringen?
– Gehören wir zu einer Risikogruppe, bei der das Entstehen des Down-Syndroms begünstigt ist?
– Haben wir das Risiko, ein erkranktes Kind zu bekommen, ausreichend gegen das Risiko, durch eine Fruchtwasseruntersuchung eine Fehlgeburt zu erleiden oder dem ungeborenen Kind zu schaden, abgewogen?
– Was tun wir, wenn der Test auf einen bestimmten Gendefekt positiv ausfällt?

*Gestufte Hilfe:
Bedenke die Möglichkeiten und Grenzen einer Fruchtwasseruntersuchung.*

**C2 Gib an, weshalb regelmäßig Ultraschalluntersuchungen bei Schwangeren durchgeführt werden!**
Vor allem die erste Ultraschalluntersuchung ist wichtig um zu prüfen, ob der Embryo tatsächlich in der Gebärmutter eingenistet ist und keine Eileiterschwangerschaft vorliegt. Zudem wird anhand des Entwicklungsstandes des Embryos der voraussichtliche Geburtstermin errechnet und die Schwangerschaft offiziell bestätigt. Die folgenden Untersuchungen sollen Informationen über die gesunde Entwicklung und die Lage des Kindes geben. Treten Komplikationen, beispielsweise frühzeitige Wehen oder Blutungen, auf, so kann eine Ultraschalluntersuchung Auskunft darüber geben, ob es dem Fetus gut geht und er weiterhin gut über die Plazenta versorgt wird.

*Gestufte Hilfe:
Welche Vorteile haben regelmäßige Ultraschalluntersuchungen während der Schwangerschaft?*

*Zusatzinformation: Ultraschalluntersuchungen sind in Deutschland seit 1980 fester Bestandteil der Vorsorgeuntersuchungen von Schwangeren. Das Bild entsteht mittels Schallwellen. Im Gegensatz zu Röntgenstrahlen entstehen so keine gefährlichen Strahlen, die das sensible Gewebe des ungeborenen Kindes gefährden. Obwohl die Geschlechtsbestimmung medizinisch eher eine untergeordnete Rolle spielt, ist sie für viele der werdenden Eltern eine willkommene Information und in der Regel ab der 16. Schwangerschaftswoche möglich.*

**C3 Diskutiere mit deinen Klassenkameraden verschiedene Aspekte, die für oder gegen eine Abtreibung sprechen, wenn bei einer Fruchtwasseruntersuchung eine Erkrankung festgestellt wurde!**

*Hier sind individuell ganz unterschiedliche Lösungen denkbar, die später als Grundlage für eine Diskussionsrunde dienen können. Mögliche Antworten sind:*

*Pro:*
- *Je nachdem wie schwerwiegend die genetische Disposition ist, ist auch die Lebenserwartung des Kindes fragwürdig.*
- *Je nach Form der genetischen Disposition kann die Erkrankung für das Kind lebenslange körperliche und seelische Leiden bedeuten.*
- *Ein Kind mit einem gravierenden Gendefekt stellt für die Eltern und die Familie eine große Belastung dar.*
- *Hat das Kind trotz Gendefekt eine längere Lebenserwartung, benötigt aber eine intensive Betreuung, so müssen sich die Eltern stets die Frage stellen, ob es auch nach ihrem Tod die Betreuung bekommen kann, die es benötigt.*
- *Wenn es bereits Kinder in der Familie gibt, müssen sich die Eltern fragen, ob sie den gesunden Kindern trotz des erkrankten Kindes die gleiche Aufmerksamkeit geben können.*

*Kontra:*
- *Bevor es die Möglichkeit der Fruchtwasseruntersuchung gab, konnten Eltern solche Entscheidungen nicht treffen.*
- *Die Ergebnisse einer Fruchtwasseruntersuchung könnten auch fehlerhaft sein.*
- *Die Gesellschaft ist mittlerweile weitaus offener gegenüber Menschen mit Behinderungen und auch die zusätzlichen Betreuungsmöglichkeiten sind deutlich besser als früher.*
- *Die medizinische Versorgung heutzutage ist fortschrittlicher und so können körperliche Auswirkungen evtl. gemildert werden.*
- *Jedes Leben hat seine Berechtigung, die medizinischen Möglichkeiten heutzutage sollten lediglich dazu genutzt werden, sich auf ein Leben mit einem erkrankten Kind vorzubereiten.*

 *Gestufte Hilfe:*
*Überlegt euch gemeinsam, wie sich das Leben mit einem erkrankten Kind verändern würde, aber auch, wie Eltern früher und heute mit einer solchen Diagnose umgehen mussten.*

*Zusatzinformation: Mittels einer Blutuntersuchung des mütterlichen Blutes kann seit dem 20. August 2012 das ungeborene Kind auf Trisomie 21 getestet werden. Das ist möglich, weil sich im mütterlichen Blut auch Blutzellen des Fetus befinden. Der Vorteil dieser Untersuchung besteht darin, dass sie nicht-invasiv ist, d. h., es muss weder Fruchtwasser noch Nabelschnurblut entnommen werden. Somit geht die Schwangere kein Risiko ein, durch die Untersuchung eine Fehlgeburt zu erleiden. Ein weiterer Vorteil ist, dass diese Untersuchung bereits ab der 10. Schwangerschaftswoche durchgeführt werden kann. Das Ergebnis erhält die werdende Mutter in der Regel 10 Tage später. Somit kann sie sich, sollte der Test positiv ausfallen, ab einem sehr frühen Stadium der Schwangerschaft mit dem Gedanken eines Schwangerschaftsabbruchs auseinandersetzen. Allerdings ist es mit diesem Test tatsächlich nur möglich, auf Trisomie 21 zu testen. Eine Fruchtwasseruntersuchung bietet ein deutlich größeres diagnostisches Spektrum. Außerdem muss eine Schwangere bei einem positiven Testergebnis eine Fruchtwasseruntersuchung durchführen lassen, bevor sie die Schwangerschaft endgültig abbrechen kann.*

## Von der Geburt bis zum Tod

### Seite 202–203

**1 Nenne die einzelnen Phasen der Individualentwicklung und beschreibe die ablaufenden Veränderungen!**

*Säuglingsphase:* Nach der Geburt wird das Neugeborene als Säugling bezeichnet. Während dieser Phase besteht eine sehr enge Abhängigkeit von den Eltern. Der Säugling muss ernährt, gepflegt und versorgt werden. In dieser Zeit ist sein Gehirn sehr aktiv. Der Säugling erlernt wesentliche Tätigkeiten.

*Kleinkindalter:* In dieser Zeit entdeckt das Kind die Umwelt und erwirbt die Muttersprache.

*Vorschulalter:* Das Kind erweitert die sozialen Kontakte und spielt mit anderen Kindern. Der Wortschatz erweitert sich erheblich.

*Schulalter:* Jetzt ändert sich die Gestalt, die Taille bildet sich aus und der Zahnwechsel findet statt. Die Bewegungen sind präziser, die Sprache wird differenzierter und die Fähigkeit zum logischen Denken entfaltet sich immer mehr.

*Pubertät:* Zwischen dem 11. und 17. Lebensjahr findet ein Wachstumsschub statt. Die sekundären Geschlechtsmerkmale entwickeln sich und der Jugendliche wird geschlechtsreif. Gleichzeitig ändern sich aufgrund der erweiterten Sichtweise auch Persönlichkeitsmerkmale.

*Erwachsenenalter:* Ab etwa dem 20. Lebensjahr ist der Mensch erwachsen. Bis zum 40. Lebensjahr befindet er sich auf dem Höhepunkt seiner körperlichen und geistigen Leistungsfähigkeit, die auch noch später anhält aber allmählich abnimmt.

*Alter:* Zunehmende Rückbildungs- und Verschleißerscheinungen führen allmählich und individuell mit unterschiedlicher Geschwindigkeit zur Abnahme der körperlichen und geistigen Leistungsfähigkeit. Die Alterungsprozesse sind irreversibel. Auch wenn ältere Menschen heute fitter sind als in früheren Zeiten führen diese Vorgänge schließlich in jedem Fall zum Tod.

## Seite 205 (Material)

### Material A – Vorgeburtliche Entwicklung

**A1** Ermittle mithilfe der Abbildung den Beginn und das Ende der Entwicklung der Gliedmaßen, des Herzens und der Augen!
*Entwicklung der Gliedmaßen:* 22. Tag bis zum 68. Tag
*Entwicklung des Herzes:* 20. Tag bis 70. Tag
*Entwicklung der Augen:* 21. Tag bis 71. Tag

**A2** Thalidomid ist ein Wirkstoff, der in Schlafmitteln wie Contergan verwendet wurde. Ermittle die Folgen für den Embryo, wenn eine Schwangere das Mittel während der ersten Schwangerschaftswochen einnimmt!
Wird dieses Mittel in den ersten Schwangerschaftswochen eingenommen, so hat es erhebliche Auswirkungen auf die Entwicklung der Gliedmaßen. In der Zeit ab dem 24. Tag der Schwangerschaft behindert es die Ausbildung der Arm- und Beinknospen. Wird es erst zu einem späteren Zeitpunkt eingenommen, so verhindert es die Ausbildung von Unterarm und Hand. Ab dem 48. Tag der Schwangerschaft hat es keinen Einfluss mehr, da bis dahin die Ausbildung der Extremitäten bereits abgeschlossen ist.

**A3** Bei Frauen, die beabsichtigen schwanger zu werden, wird das Blut unter anderem auf den Gehalt an Antikörpern gegen das Rötelnvirus untersucht. Ist die Anzahl zu gering, wird eine Rötelnschutzimpfung empfohlen. Begründe die Richtigkeit dieser Maßnahme!
Der Rötelnvirus hat in den ersten Schwangerschaftswochen negative Auswirkungen auf die Bildung des Herzes und die Entwicklung der Augen. Dementsprechend ist die Überprüfung der Antikörper und falls notwendig eine Rötelnschutzimpfung vor der Schwangerschaft eine sinnvolle Maßnahme zum Schutz des neuen Lebens.

### Material B – Nachgeburtliche Entwicklung

**B1** Beurteile, inwieweit die im Material B aufgeführten Faktoren einen positiven Einfluss auf deine Entwicklung nehmen!
*Familie*: Erfüllen der Grundbedürfnisse nach Geborgenheit, Liebe, Nahrung, Lebensraum; Hilfe in jeder Lebenslage, Vorleben gewisser Werte und Normen
*Freunde:* Gestalten der Freizeit - Spaß, Sport..., Hilfe, Ansprechpartner
*Schule*: Wissen, Sozialkompetenz, Konflikte – Konfliktlösungen
*Bekannte*: Erfahrungen, Weltbilder, andere Perspektiven
*Vorbilder:* Orientierung

**B2** Ergänze weitere Faktoren, die für deine Entwicklung relevant sind!
*Individuelle Schülerlösungen, beispielsweise:*
– Gesellschaft mit ihren Wertvorstellungen und Gesetzen
– Kirche/ Glaube

**B3** Beurteile, inwieweit der Einflussbereich der einzelnen Faktoren sich mit dem Erwachsenwerden verändert!
Mit dem Erwachsenwerden verändert sich die Stellung in der Gesellschaft. Die Schule, in der man einen Großteil der Kindheit und Jugend verbringt, wird durch den Arbeitsplatz ersetzt. Die Bedeutung der Familie ändert sich, wenn man eine eigene Familie gründet und dafür die Verantwortung übernimmt. Die Freunde sind weiterhin wichtige Bezugspersonen, aber häufig nicht mehr die aus der Kindheit und es werden meist weniger, dafür aber intensivere Freundschaften gepflegt. War früher ein Musiker oder Schauspieler das Vorbild, so sind es bei Erwachsenen meist Persönlichkeiten aus anderen Bereichen, wie beispielsweise der Politik oder Kultur.

# 3 Sexualität des Menschen

## Liebe und Sexualität

### Seite 206–208

**1 Nenne Gründe, weshalb eine Partnerschaft misslingen kann!**
Eine Partnerschaft kann misslingen, weil zum Beispiel
– Eigenarten und Wünsche nicht gegenseitig respektiert werden,
– Probleme nicht offen und ehrlich angesprochen werden,
– einer oder beide eine Rolle spielen und so verbergen, wie sie wirklich sind,
– die Partner sich nicht mehr vertrauen können, weil einer unehrlich oder untreu ist.

**2 Erläutere, was man unter Sexualität versteht!**
Sexualität ist der Teil einer Partnerschaft, in dem es um körperliche Bedürfnisse geht, also zum Beispiel das Bedürfnis, dem anderen nahe zu sein, ihn zu berühren, Zärtlichkeiten mit ihm auszutauschen, ihn zu küssen oder mit ihm zu schlafen.

### Seite 209 (Material)

#### Material A – Bekanntschaftsanzeigen

**A1 Nenne die Eigenschaften der Personen, die in den einzelnen Anzeigen gesucht werden!**
– *Anzeige A:* schlank, sportlich, mag Natur, Bücher, Snowboardfahren, gemütliche Kneipen, Zärtlichkeit
– *Anzeige B:* selbständig, energisch, gesprächig, humor- und fantasievoll
– *Anzeige C:* keine Angaben
– *Anzeige D:* soll gerne kochen, reisen, wandern, kuscheln
– *Anzeige E:* interessiert an einer echten Beziehung, eher ausgeflippt, selbstbewusst, offen für alles
– *Anzeige F:* lebendig, unternehmenslustig

**A2 Stelle Vermutungen an, welche Anzeigen von einer Frau oder von einem Mann stammen!**
*Hier sind viele verschiedene Schüleräußerungen denkbar, je nachdem, wie stark die Schüler in Rollenklischees denken.*

**A3 Vergleiche die Eigenschaften, die Mädchen wichtig sind, mit denen, die Jungen für wichtig halten!**
*Wie in Aufgabe A2 sind viele verschiedene Äußerungen denkbar, wobei Eigenschaften wie „gut aussehend" und „treu" bei beiden Geschlechtern zu erwarten sind, ihre Gewichtung aber unterschiedlich ausfallen dürfte.*

#### Material B – Beziehungscheck

**B1 Formuliere weitere Fragen, die dir über die Beziehung zu deinem Partner Aufschluss geben könnten!**
– Lässt er/sie mich auch mal mit Anderen (Freundinnen, Kumpels) weggehen?
– Ist er/sie mir treu?
– Ist er/sie zärtlich zu mir?
– Sind ihm/ihr auch meine Bedürfnisse wichtig?
– Kann ich bei ihm/ihr so sein, wie ich bin?
– …

**B2 Nenne einen wichtigen Grund, aus dem du Schluss machen würdest!**
*Meistens werden die Schüler hier Untreue nennen, doch sind viele verschiedene Schüleräußerungen denkbar.*

**B3 Nenne Formen, in denen man Schluss machen könnte, und bewerte sie!**
– SMS schreiben
– Brief schicken
– Gespräch mit ihm/ihr
– Freund/Freundin vorschicken
– mit neuem Freund/neuer Freundin auftauchen
– …
*Die Bewertung wird individuell unterschiedlich sein, sollte jedoch moralisch bewertet werden.*

#### Material C – Formen des Zusammenlebens

**C1 Nenne Voraussetzungen, die für glückliche Partnerschaften wichtig sind!**
Die Partner sollten sich vertrauen und ihre Eigenarten und Wünsche gegenseitig respektieren. Um die Einstellungen und Erwartungen des anderen kennenzulernen, sollten sie viel miteinander reden. Wenn es Probleme gibt, müssen sie offen angesprochen werden. Das alles gilt auch für die Sexualität.
Für die meisten Menschen sind für eine glückliche Partnerschaft Ehrlichkeit und Treue am wichtigsten.

**C2 Vergleiche die Formen des Zusammenlebens, die auf den Fotos dargestellt sind!**
*Foto A* zeigt ein heterosexuelles und *Foto B* ein gleichgeschlechtliches Hochzeitspaar. In beiden Fällen bekennen sich die Partner offiziell zueinander und versprechen sich, füreinander einzustehen. Der Unterschied besteht hauptsächlich in der sexuellen Orientierung der Partner.

**C3 Recherchiere gesetzliche Regelungen zu gleichgeschlechtlichen Partnerschaften in Deutschland und fasse wesentliche Punkte schriftlich zusammen!**
– Gesetzliche Grundlage: seit 2001 Gesetz über die Eingetragene Lebenspartnerschaft, kurz Lebenspartner-

schaftsgesetz (LPartG) gültig; im Juli 2017 vom Bundestag Öffnung der Ehe für gleichgeschlechtliche Partnerschaften beschlossen, vom Bundespräsidenten unterzeichnet und tritt voraussichtlich Anfang Oktober in Kraft
– LPartG-Regelungen am Eherecht orientiert, beispielsweise das Güterrecht, Erbrecht und mittlerweile auch das Steuerrecht, aber nicht völlig gleichgestellt - Unterschiede beim Adoptionsrecht; mit der Öffnung der Ehe Gleichstellung gleichgeschlechtlicher und heterosexueller Partnerschaften

# Verhütung

## Seite 210–212

**1 Nenne Vor- und Nachteile von natürlichen, mechanischen und chemischen Verhütungsmethoden!**
natürliche Verhütungsmethoden:
*Vorteile:* Man muss nichts kaufen.
*Nachteile:* Die natürlichen Methoden sind sehr unsicher. Die Kalender- und die Temperaturmethode erfordern außerdem regelmäßige Zyklen und viel Erfahrung.
mechanische Verhütungsmethoden:
*Vorteile:* Diese Methoden sind recht sicher. Das Kondom schützt außerdem vor sexuell übertragbaren Krankheiten wie Aids.
*Nachteile:* Das Kondom und das Diaphragma müssen richtig angewandt werden. Die Spirale ist wegen möglicher Nebenwirkungen für junge Frauen nicht geeignet.
chemische Verhütungsmethoden:
*Vorteile:* Sie erhöhen die Sicherheit der Verhütung, wenn sie in Kombination mit anderen Verhütungsmitteln angewandt werden.
*Nachteile:* Sie gelten als relativ unsicher. Manche Präparate können ein Kondom porös machen.

**2 Nenne Vor- und Nachteile der Pille!**
*Vorteile:* Die Pille ist sehr sicher und auch für junge Frauen gut geeignet. Man muss nicht kurz vor oder während des Geschlechtsverkehrs daran denken, sie zu benutzen. Sie kann außerdem Menstruationsbeschwerden lindern.
*Nachteile:* Sie muss vom Frauenarzt verschrieben werden. Man muss sie täglich einnehmen, die Mini- und Mikropille sogar auf die Stunde genau. Außerdem kann die Pille unerwünschte Nebenwirkungen haben, wie zum Beispiel eine Gewichtszunahme.

## Seite 205 (Material)

### Material A – Pearl-Index

**A1 Ordne die Verhütungsmittel nach dem Grad ihrer Sicherheit!**
Von unsicher bis sehr sicher ergibt sich anhand der Mittelwerte folgende Reihenfolge:
chemische Verhütungsmittel – Coitus interruptus – Diaphragma – Kalendermethode – Kondom – Spirale – Temperaturmethode – Minipille – Verhütungsring – Pille – Verhütungsstäbchen
*Zusatzinformation: In der Literatur sind auch andere Werte des Pearl-Index' zu finden, die teilweise zu einer abweichenden Bewertung der Sicherheit führen.*

*Gestufte Hilfe:*
*Berechne zunächst die jeweiligen Mittelwerte.*

**A2 Nenne die Verhütungsmethoden, die sich für Jugendliche weniger eignen! Begründe!**
Für Jugendliche weniger geeignet sind:
– die Kalender- und die Temperaturmethode, weil sie regelmäßige Zyklen und viel Erfahrung erfordern;
– die Spirale, weil sie mögliche Nebenwirkungen hat.

**A3 Stelle Vermutungen an, weshalb im Pearl-Index oft keine genauen Werte angegeben werden!**
– Untersuchungen in verschiedenen Jahren haben zu verschiedenen Ergebnissen geführt.
– Untersuchungen in verschiedenen Ländern führen zu verschiedenen Ergebnissen.
– Abweichungen erklären sich dadurch, dass im einen Fall nur das „Versagen" der Methode erfasst wurde, im anderen Fall aber auch noch die „Versager", die auf die fehlerhafte Anwendung der Methode zurückzuführen sind.
– …

### Material B – Kondom

**B1 Nenne Vorteile des Kondoms gegenüber anderen Verhütungsmitteln!**
Es ist das einzige Verhütungsmittel, das vor sexuell übertragbaren Krankheiten wie Aids schützt. Weiterhin ist das Kondom das einzige Verhütungsmittel, das der Mann verwenden kann.

**B2 Erläutere, auf welchen Vorteil des Kondoms die Abbildung anspielt!**
Das Plakat zeigt ein Kondom über einem Maiskolben, der für einen Penis steht. Der Maiskolben/Penis „poppt sicher", hat also sicheren Geschlechtsverkehr, weil das Kondom ihn vor Aids schützt („Gib Aids keine Chance!"). Das Plakat ruft also dazu auf, beim Geschlechtsverkehr Kondome zu benützen („mach's mit").

**B3 Recherchiere auf der Internetseite der Bundeszentrale für gesundheitliche Aufklärung, welche Fehler man bei der Benutzung eines Kondoms machen kann!**

*Das „Leporello zum Kondomgebrauch" enthält unter anderem folgende Hinweise:*
– Kondom kühl lagern, Verfallsdatum beachten
– beim Aufreißen keine spitzen Gegenstände benutzen (Fingernägel!)
– vor der Benutzung Luft aus dem Reservoir drücken
– Vorhaut zurückziehen, Kondom behutsam abrollen
– Öle und Fette zerstören das Kondom
– beim Herausziehen des Penis das Kondom festhalten
– Kondom nur einmal gebrauchen

### Material C – Temperaturmethode

**C1 Beschreibe den Kurvenverlauf!**
Am ersten Tag des Zyklus (Beginn der Menstruation) beträgt die gemessene Körpertemperatur 37,0 °C und sinkt bis zum 13. Tag mit leichten Schwankungen um etwa 0,5 °C ab. Vom 14. Tag bis zum 16. Tag ergibt sich ein deutlicher Anstieg der Kurve um 0,5 °C, und danach bleibt die Temperaturkurve mit leichten Schwankungen auf diesem hohen Niveau (etwa 37,0 °C).

**C2 Begründe, an welchem Tag des Zyklus der Eisprung vermutlich stattgefunden hat!**
Da sich die Körpertemperatur nach dem Eisprung bis gegen Ende des Zyklus um mindestens 0,2 °C erhöht, hat der Eisprung vermutlich am 14. Tag des dargestellten Zyklus stattgefunden.

**C3 Nenne andere mögliche Ursachen für einen länger anhaltenden Anstieg der Temperaturkurve!**
– Krankheit (Fieber);
– andere seelische oder körperliche Belastungen (zum Beispiel Stress, Reisen).

# Stoff- und Energiewechsel bei Samenpflanzen

## 1 Bau und Funktion pflanzlicher Organe

### Bau und Funktion der Wurzel

#### Seite 220–222

**1 Nenne die Funktionen der Wurzel!**
– Verankerung im Boden
– Wasser- und Mineralstoffaufnahme
– Speicherung von Nährstoffen

**2 Erläutere am Beispiel der Wurzelhaare den Zusammenhang zwischen Bau und Funktion!**
Wurzelhaare sind langgestreckte Zellen. Sie ragen in das Bodenwasser und nehmen von dort Wasser und Mineralstoffe auf. Durch die Form und die Vielzahl dieser Zellen ergibt sich eine sehr große Oberfläche, sodass viel Wasser in kurzer Zeit aufgenommen werden kann. Die Wurzelhaarzellen ragen in das Bodenwasser hinein. In ihrem Innern befindet sich eine Vakuole, die eine höher konzentrierte Lösung enthält als der Boden. Dadurch entsteht ein Konzentrationsgefälle, das die Aufnahme von Wasser aus dem Boden in die Zelle auf physikalischen Grundlagen ermöglicht. In der Zellmembran der Wurzelhaarzellen befinden sich spezielle Proteine, welche die Aufnahme der Mineralstoffe realisieren.

**3 Wüstenpflanzen besitzen ein besonders stark verzweigtes Wurzelsystem. Begründe den Vorteil für diese Pflanzen!**
Ein verzweigtes Wurzelsystem bedeutet eine Vielzahl von Wurzeln im Boden. Durch die Vielzahl von Wurzeln erhöht sich auch die Zahl der Wurzelhaare und damit die Wasser aufnehmende Oberfläche. So werden auch die letzten Wasserreserven im Boden genutzt. Das Wasser und die gelösten Mineralstoffe werden in die Teile der Pflanze transportiert, in denen die Fotosynthese stattfindet – in die grünen Pflanzenteile. Im Allgemeinen findet die Fotosynthese hauptsächlich in den Laubblättern statt. Bei Kakteen sind diese jedoch häufig zu Dornen umgebildet, sodass die Fotosynthese in der (umgebildeten) Sprossachse stattfindet.

**4 Schneide eine Möhre einmal längs und einmal quer auf.**
**a) Betrachte den Längs- und Querschnitt einer Möhre! Benenne die erkennbaren Teile dieser Wurzel!**
**b) Erläutere, weshalb Möhren eine dicke Hauptwurzel bilden!**
a) Rinde und Zentralzylinder sind farblich deutlich unterscheidbar.

b) Möhren sind zweijährige Pflanzen. Das heißt, sie überwintern als Wurzel, während die oberirdischen Teile absterben. Um im Frühjahr austreiben zu können, benötigen sie Nährstoffe, die in Form von Zucker und Stärke in der Wurzel eingelagert sind.

**5 Beschreibe den Weg des Wassers vom Boden bis in den Zentralzylinder!**
Das Wasser gelangt aus dem Bodenwasser durch Osmose in die Vakuolen der Wurzelhaarzellen. Dort wird es durch Diffusion weitergeleitet, bevor es durch osmotische Prozesse in die Rindenzellen gelangt. Innerhalb der Rindenzelle erfolgt der Transport wiederum durch Diffusion, von Zelle zu Zelle wird es durch osmotische Prozesse transportiert. Durch diesen Transport entlang des Konzentrationsgefälles gelangt das Wasser bis in den Zentralzylinder.

**6 Definiere die Begriffe Diffusion und Osmose! Nutze dazu die folgenden Seiten!**
*Diffusion* ist ein Konzentrationsausgleich zwischen unterschiedlich konzentrierten Lösungen (oder Gasen), der auf der Teilchenbewegung beruht.
Bei der *Osmose* erfolgt der Konzentrationsausgleich durch eine halbdurchlässige Membran.

**7 Erkläre den Wassertransport aus dem Boden bis zum Zentralzylinder aufgrund von Diffusion und Osmose!**
Diffusion und Osmose beruhen auf der Teilchenbewegung und der unterschiedlichen Konzentration der Flüssigkeiten (oder Gase). Aufgrund vieler gelöster Stoffe im Zellplasma und im Zellsaft der Vakuolen ist die Konzentration in der Zelle höher als im Bodenwasser. Da die Zellmembran halbdurchlässig ist, also nur die Wassermoleküle, nicht aber die Teilchen der gelösten Stoffe durchlässt, kann der Konzentrationsausgleich nur über die Bewegung der Wassermoleküle erfolgen. Daher strömt Wasser in die Zelle hinein. Es erfolgt also ein einseitiger Transport des Wassers in die Wurzelhaarzelle. Dieser Konzentrationsausgleich durch eine halbdurchlässige Membran heißt Osmose. Im Zellplasma wird der Konzentrationsausgleich nicht durch eine Membran behindert (Diffusion), allerdings wieder beim Übergang von Zelle zu Zelle.

**8 Begründe, dass durch den Einsatz von zu viel Mineraldünger Pflanzen bei der Aufnahme von Wasser aus dem Boden beeinträchtigt werden können!**
Die Ausbringung von Mineraldünger bedeutet eine Konzentrationserhöhung der im Bodenwasser gelösten Stoffe. Je höher die Konzentration der gelösten Stoffe ist, umso langsamer erfolgt die Wasseraufnahme durch die Wurzel.

Ist die Konzentration der gelösten Stoffe im Boden höher als in den Zellen, kehrt sich der Wasserstrom um und Wasser wird aus der Pflanze heraus transportiert. Die Pflanzen vertrocknen. Der Landwirt sagt, sie würden „verbrennen". Dieses Phänomen kann man mitunter beobachten, wenn Dünger in loser Form als Haufen am Feldrand abgelagert wurde.

## Seite 223 (Material)

### Material A – Rote Beete

**A1 Beschreibe die Ergebnisse der in den beiden Abbildungen A und B dargestellten Versuche!**
In Abbildung A ist keine Veränderung zu erkennen, in Abbildung B hat sich das Wasser rot gefärbt.

**A2 Erkläre die Ergebnisse der beiden Versuche!**
In Abbildung A geschieht nichts. Die Membranen der Zellen verhindern, dass Farbstoffteilchen in das Wasser diffundieren.
In Abbildung B färbt sich das siedende Wasser rot. Also müssen Farbstoffteilchen nach außen gelangt sein. Normalerweise können solche Teilchen aber nicht durch Membranen hindurchtreten. Die Rotfärbung ist durch eine Zerstörung der Membranen durch das siedende Wasser zu erklären.

### Versuch B – Versuche mit Gurkenscheiben

**B1 Erkläre, woher das Wasser stammt!**
Der Wassertransport durch Zellmembranen beruht auf Osmose-Prozessen, wobei das Wasser immer von der niedrigen Konzentration zur hohen Konzentration strömt. Wird die Konzentration außerhalb der Zellen durch Bestreuen mit Salz erhöht, wandern Wassermoleküle durch die halbdurchlässigen Zellmembranen aus dem Innern der Zellen in die Zellumgebung. Die Zellen verlieren Wasser.

**B2 Die Gurkenscheibe ist weicher geworden und hat ihre Form geändert. Begründe!**
Wenn Zellen Wasser verlieren, nimmt ihr Zellinnendruck ab. Dadurch wird die Gurke weicher und verliert ihre Form.

**B3 Die Gurkenscheibe wird in destilliertes Wasser gelegt. Stelle eine begründete Vermutung auf, wie sich die Scheibe ändern wird!**
Destilliertes Wasser enthält keine gelösten Stoffe, ist also reines Wasser. Legt man die weiche Gurkenscheibe aus dem vorigen Experiment hinein, ist die Konzentration (an Salz und anderen löslichen Stoffen) außerhalb der Zelle viel geringer als in den Zellen. Daher bewegen sich die Wassermoleküle in die Zellen hinein. Der Zellinnendruck der Zellen erhöht sich aufgrund dieser osmotischen Prozesse wieder. Die Gurkenscheibe wird fest werden.

**B4 Wenn man einen Salat anrichtet, soll die Vinaigrette, die aus Essig, Salz, Zucker und Öl besteht, erst kurz vor dem Servieren zum Salat gegeben werden. Begründe!**
Auch diese Empfehlung lässt sich durch ablaufende osmotische Prozesse begründen. Die Vinaigrette enthält viele gelöste Stoffe. Würde man den Salat länger in der Vinaigrette belassen, würden die Zellen Wasser verlieren, weil die Wassermoleküle sich von der niedrigeren Konzentration in der Zelle zur höheren Konzentration in der Umgebung bewegen würden. Der Zellinnendruck würde nachlassen und der Salat nicht mehr knackig und frisch sein.

### Material C – Salzbelastung

**A1 Erkläre, warum im Toten Meer außer einigen wenigen Bakterien keine Lebewesen existieren können!**
Im Toten Meer ist die Salzkonzentration so hoch, dass alle Lebewesen aufgrund osmotischer Prozesse Wasser verlieren würden. Da die Lebewesen keine Strukturen aufweisen, die dies verhindern, könnten die Lebensprozesse in ihren Zellen, Geweben, Organen und Organsystemen nicht mehr ablaufen und die Lebewesen würden sterben.

**A2 Stelle eine Vermutung auf, warum in der mit Kalisalz-Abwässern belasteten Werra nur noch wenige Arten vorkommen!**
Vermutlich liegen auch hier Osmose-Prozesse zugrunde. Süßwasser enthält wenig gelöste Stoffe. Die Lebewesen sind an diese Lebensbedingungen angepasst. Durch Einleitung von salzhaltigen Abwässern werden die Lebensbedingungen verändert. Viele Arten vertragen diese Veränderung nicht, da ihr Wasserhaushalt gestört wird.

# Bau und Funktion der Sprossachse

## Seite 226–227

**1 Nenne die Funktionen der Sprossachse!**
- Transport von Wasser und Mineralstoffen in die Blätter und von Nährstoffen aus den Blättern in die Wurzel
- Stabilisierung der Pflanze
- Speicherung von Nährstoffen

**2 Erkläre die Wasserleitung in der Sprossachse!**
Der Wassertransport in den Gefäßen der Sprossachse beruht auf mehreren physikalischen Prinzipien.
Durch das Einströmen des Wassers in die Wurzelhaarzellen baut sich ein Wurzeldruck auf.
Durch Adhäsions- und Kohäsionskräfte wird ein Abreißen des Wasserfadens in den Gefäßen verhindert. Gleichzeitig bewirken diese Kräfte die Kapillarität der Gefäße.
Außerdem wirkt der Transpirationssog. Durch die Wasserabgabe über die Spaltöffnungen der Blätter entsteht ein Unterdruck. Daher wird das Wasser in den Gefäßen der Sprossachse von unten nach oben gesogen.

## Seite 228 (Im Blickpunkt Biologie)

### Wachstum bei Bäumen

**1 Von einem Baum wurde im Sommer ein fünf Zentimeter breiter Streifen Borke und Bast ringförmig um den Stamm entfernt. Der Baum veränderte zunächst sein Aussehen nicht. Erkläre, warum er im nächsten Frühjahr abgestorben war!**

Durch das Entfernen der Borke wird auch der Bast entfernt. Bast entspricht den Siebröhren der Leitbündel. Diese versorgen die Wurzelzellen mit organischen Stoffen aus den Blättern. Wurzelzellen besitzen kein Chlorophyll und können keine Fotosynthese durchführen. Sie ernähren sich somit heterotroph. Im Lauf der Zeit werden die in der Wurzel gespeicherten Nährstoffe aufgebraucht. Jetzt verhungern die Wurzelzellen und sterben ab. Die Wasseraufnahme ist nicht mehr möglich und die Pflanze vertrocknet.

## Seite 229 (Material)

### Versuch A – Färbung von Blüten

**A1 Notiere deine Beobachtungen!**

Die Blüten färben sich entsprechend der verwendeten Farbstoffe. In Selleriestangen kann man die Farbe in den Leitbündeln sehen.

**A2 Fertige einen Querschnitt und einen Längsschnitt der Sprossachse vom Staudensellerie an und betrachte sie unter dem Mikroskop!**

*Individuelle Schülerlösungen*
*Hinweis: Unter dem Mikroskop sind deutlich die Färbungen erkennbar.*

**A3 Erkläre die Veränderungen der Sprossachsen und der Blüten!**

Beim Durchtrennen der Sprossachsen werden die Leitbündel geöffnet, Wasser mit Farbstoffen kann in die Gefäße eindringen und so werden auch Farbstoffe durch den Transpirationssog in die Blüten und Blätter transportiert.

### Material B – Wasserleitung in der Sprossachse

**B1 Stelle begründete Vermutungen an, ob beziehungsweise wie sich die Wasserstände in den Bechergläsern verändern werden!**

In der unveränderten Sprossachse sinkt der Wasserstand, da Wasser durch Gefäße des Holzes in die Blätter transportiert wird und ein Teil über die Blätter wieder abgegeben wird.
Wurde das Holz entfernt, sinkt der Wasserstand nicht, also bei den Sprossachsen eins und zwei, weil die Gefäße für den Wassertransport fehlen.
Bei der dritten Sprossachse sinkt der Wasserstand hingegen, da das Holz mit Gefäßen vorhanden ist.

**B2 Stelle eine begründete Vermutung auf, in welcher Reihenfolge die Blätter der Zweige absterben werden!**

An dem Zweig, wo Borke, Bast und Holz entfernt wurden, vertrocknen die Blätter zuerst. Weder kann Wasser in die Blätter transportiert werden noch ist der Verdunstungsschutz durch die Borke gewährleistet. Dann vertrocknet die Sprossachse, wo Holz und Mark entfernt wurden. Durch das fehlende Holz kann ebenfalls kein Wasser transportiert werden.
Danach folgt die dritte Sprossachse.
Die Laubblätter an der unveränderten Sprossachse sterben zuletzt ab, da hier die Funktionen am wenigsten beeinträchtigt sind.

### Material C – Ahornsirup

**C1 Erläutere, aus welcher Schicht des Baumes die aufgefangene Flüssigkeit stammt!**

Ahornsirup enthält Zucker. Zucker wird in den Blättern produziert und durch Siebröhren in die Wurzeln transportiert. In Bäumen liegen die Siebröhren als Bast unter der Borke. Der Ahornsirup stammt also aus dem Bast.

**C2 Erkläre, warum der Sirup Zucker enthält!**

Zucker entsteht durch Fotosynthese in den Blättern. Um die Wurzelzellen zu ernähren oder Speicherstoffe in das Rindengewebe der Wurzeln einzulagern, wird er (neben anderen Stoffen) durch die Siebröhren in die Wurzeln transportiert.

**C3 Begründe, dass junge Bäume nicht angezapft werden dürfen!**

Junge Bäume benötigen organische Stoffe in größeren Mengen und außerdem Energie für ihr Wachstum. Für beides bildet Traubenzucker die Grundlage. Deshalb würde ein Anzapfen das Wachstum verzögern. Ältere Bäume verkraften den Verlust besser.

# Das Laubblatt – Ort der Fotosynthese

## Seite 230–232

**1 Notiere in einer Tabelle die Gewebeschichten eines Hainbuchenlaubblattes und gib deren Funktionen an!**

| Gewebeschicht | Beschreibung | Funktion |
|---|---|---|
| obere Epidermis | lückenlose Zellschicht ohne Chloroplasten mit außenseitig aufgelagerter Kutikula | Schutz |
| Palisadengewebe | Schicht aus lang gestreckten, chloroplastenreichen Zellen | Hauptort der Fotosynthese |
| Schwammgewebe | Gewebe aus unregelmäßig angeordneten Zellen mit großen Interzellularräumen, Zellen enthalten Chloroplasten | Gasaustausch |
| untere Epidermis | lückenlose Zellschicht ohne Chloroplasten mit Spaltöffnungen | Schutz und Gasaustausch |

**2 Erläutere die Funktionsweise der Schließzellen mithilfe des Basiskonzepts Struktur und Funktion!**

Die Schließzellen sind lang gestreckt, liegen paarweise nebeneinander und sind nur an den Enden miteinander verbunden; durch diese Struktur entsteht ein Spalt zwischen den Schließzellen, der sich öffnen kann. Die einzelnen Schließzellen weisen zudem zum Spalt hin verdickte Zellwände auf, sodass sie sich bei guter Wasserversorgung die dünnen Zellwände stärker an den Außenseiten wölben; hierdurch entsteht eine Krümmung der Zellen, die zu einer Öffnung des Spaltes führt. Die Struktur der ungleich verdickten Zellwände ermöglicht somit die Öffnungsfunktion der Schließzellen.

## Seite 233 (Material)

### Material A – Nachweise zum Ort der Transpiration

**A1 Formuliere die Vermutung, die mit dem dargestellten Versuch überprüft werden kann!**

*Vermutung:* Bei der Transpiration erfolgt die Wasserabgabe über die Blätter.

**A2 Erkläre, warum es sinnvoll ist, pro Versuchsansatz drei Reagenzgläser anzusetzen!**

Es ist sinnvoll, für jeden Versuchsansatz mehrere Wiederholungen anzusetzen, da bei einzelnen Reagenzgläsern auch Fehler auftreten könnten. So kann man sehen, ob sich auch wirklich in jedem Reagenzglas derselbe Effekt zeigt.

**A3 Erläutere, warum in die Reagenzgläser eine dünne Schicht Öl gegeben wird!**

Die Ölschicht verhindert, dass das Wasser direkt verdunstet. Diese direkte Verdunstung würde als Störgröße das Ergebnis verfälschen.

**A4 Beschreibe und deute das in der Versuchsskizze dargestellte Versuchsergebnis!**

*Beschreibung:* Alle drei Reagenzgläser mit beblätterten Stängeln zeigen einen Wasserstand, der weniger als die Hälfte der ursprünglichen Befüllung beträgt. Die drei Reagenzgläser mit nicht beblätterten Stängeln weisen hingegen nahezu unveränderte Wasserstände auf.

*Deutung:* Das Experiment zeigt, dass nur bei Stängeln mit Blättern eine Wasserabgabe stattfindet, da dann eine merkliche Abnahme des Wassers in den Reagenzgläsern zu beobachten ist. Sind keine Blätter an den Stängeln, kann kein Wasser abgegeben werden. Das Experiment weist somit nach, dass die Wasserabgabe bei der Transpiration über die Blätter erfolgt.

**A5 Entwirf einen Versuchsaufbau, mit dem nachgewiesen werden kann, über welche Blattseite die Wasserdampfabgabe erfolgt! Hierfür stehen dir die Materialien des vorangegangenen Versuchsaufbaus und zusätzlich Tesafilm, Vaseline, Watte und Papier zur Verfügung.**

*Hinweise:* Es müssen nicht alle Materialien verwendet werden! Drei Reagenzgläser mit beblätterten Stängeln, deren Blattunterseiten vollständig mit Vaseline bestrichen sind sowie drei weitere mit durch Vaseline abgedichteten Blattoberseiten; wie im Ursprungsversuch wird über mehrere Tage die Entwicklung des Wasserstandes beobachtet und abschließend verglichen.

**A6 Formuliere eine begründete Vorhersage für das Ergebnis des von dir geplanten Versuchs!**

*Vorhersage:* Da es Spaltöffnungen nur auf der Blattunterseite der Blätter gibt, ist zu erwarten, dass sich nur bei den Stängeln mit der Vaseline auf der Blattoberseite eine Abnahme des Wasserstandes einstellt, während der Wasserstand bei Abdichtung der Blattunterseite durch entsprechende Verhinderung der Transpiration unverändert bleibt.

# 2 Ernährung und Energiefreisetzung bei Pflanzen

## Die Fotosynthese

### Seite 236–238

**1 Erstelle eine Concept-Map zur Fotosynthese! Nutze Seite 235 und verwende hierbei auch die Begriffe Stoff- und Energieumwandlung!**
*Siehe Abbildung unten*

**2 Pflanzen leben von Luft und Licht. Erläutere diese Aussage!**
Pflanzen können mithilfe des Sonnenlichts und des Kohlenstoffdioxids aus der Luft Fotosynthese betreiben; der durch Fotosynthese gebildete Traubenzucker bildet die Grundlage für verschiedene Lebensvorgänge. Zusätzlich zu „Luft und Licht" benötigen die Pflanzen noch Wasser, um Fotosynthese zu betreiben, und Mineralstoffe, um weitere Assimilate zu bilden.

**3 Vergleiche anhand der Abbildung 05 die Herstellung von Stärke, Zellulose, Fett und Eiweiß!**
Bei der Herstellung von Stärke und Zellulose werden Glukosebausteine zu langen Ketten verknüpft. Die Gestalt der Ketten unterscheidet sich: Bei der Stärke ist das Produkt schraubenförmig, bei der Zellulose ist das Produkt lang gestreckt.
Bei der Herstellung von Fetten wird die Glukose zunächst in Glyzerin und Fettsäuren umgewandelt, die anschließend miteinander verknüpft werden.
Zur Herstellung von Eiweiß wird Glukose in verschiedene Aminosäuren umgewandelt, die dann zu Eiweißen miteinander verbunden werden.

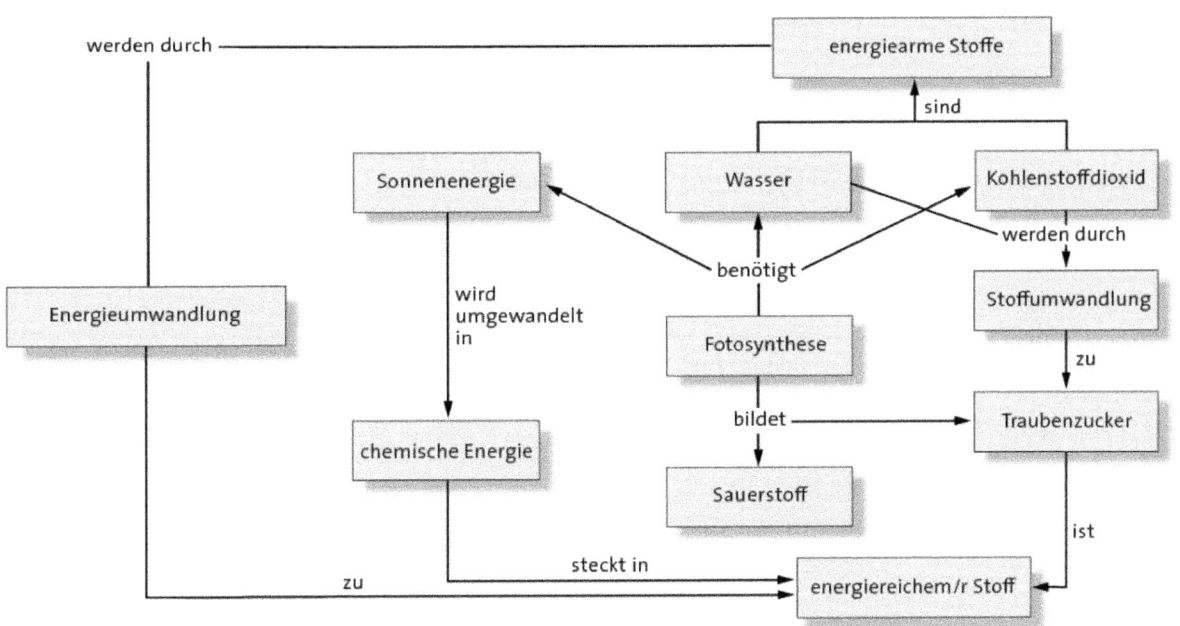

### Seite 239 (Material)

**Material A – Einflussfaktor Licht**

**A1 Erstelle ein Liniendiagramm aus den Werten der Tabelle!**

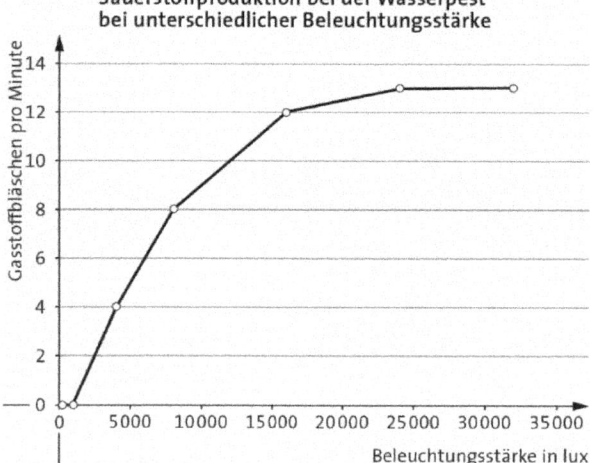

 *Gestufte Hilfe: Vorgabe der Achsenbeschriftung und einer sinnvollen Skalierung.*

**A2 Beschreibe das erhaltene Ergebnis!**
Das Liniendiagramm zeigt, wie viele Gasbläschen pro Minute bei unterschiedlichen Beleuchtungsstärken entstehen. Dabei repräsentiert die Hochachse die Anzahl der Gasbläschen, die pro Minute entstehen, und die Waagerechtachse die Beleuchtungsstärke in Lux.
Bis zu einer Beleuchtungsstärke von 1 000 Lux entstehen keine Gasbläschen. Ab einer Beleuchtungsstärke von 4 000 Lux steigt die Anzahl der Gasbläschen mit zunehmender Beleuchtungsstärke stark an. Dieser Anstieg schwächt sich ab 10 000 Lux allmählich ab. Ab etwa 24 000 Lux nimmt die Anzahl der Gasbläschen pro Minute nicht mehr zu, sondern bleibt auch bei 32 000 Lux gleich.
Die Kurve verläuft ab etwa 2 000 bis 3 000 Lux zunächst stark steigend und flacht dann ab und geht ab etwa 24 000 Lux in eine Parallele zur Waagerechtachse über.
*Zusatzinformation: Die dargestellte Kurve entspricht einer Sättigungskurve. Ab etwa 24 000 Lux pendelt sich die Kurve auf dem Sättigungswert ein.*

*Gestufte Hilfen:*
*Hilfe 1: Hinweis auf die Interpolation vor dem Wert 4 000 Lux.*
*Hilfe 2: Die Gasbläschen lassen sich als Sauerstoffbläschen identifizieren.*

**A3 Deute das Versuchsergebnis!**
Sauerstoff entsteht als Nebenprodukt der Fotosynthese. Somit kann man die Anzahl der Gasbläschen respektive Sauerstoffbläschen als ein Maß für die Fotosyntheserate ansehen.
Je mehr Gasbläschen entstehen, desto höher ist die Fotosyntheserate. Erst ab einer bestimmten Beleuchtungsstärke kann eine Fotosynthese beobachtet werden. Mit steigender Beleuchtungsstärke nimmt die Fotosyntheserate zunächst zu. Die Zunahme wird aber immer geringer. Ab einem Wert von etwa 24 000 Lux steigt die Fotosyntheserate nicht mehr, sondern bleibt trotz einer Erhöhung der Beleuchtungsstärke gleich. Noch mehr Licht bewirkt also keine weitere Erhöhung der Fotosyntheserate.

**A4 Erläutere, weshalb ein Hitzefilter zwischen der Lichtquelle und dem Reagenzglas aufgestellt werden muss, der das Licht ungehindert passieren lässt!**
Ein Hitzefilter verhindert, dass sich durch die Wärme, die von der Lampe abgestrahlt wird, die Wassertemperatur im Reagenzglas erhöht. Da die Temperatur ebenfalls einen Einfluss auf die Fotosyntheserate hat, kann ohne den Hitzefilter nicht entschieden werden, ob die Fotosyntheserate durch das Licht oder durch die Wärme zustande kommt.

 *Gestufte Hilfe: Überlege, welche Folgen es hätte, wenn man keinen Hitzefilter einsetzen würde.*

**A5 Gib an, was man tun könnte, um die Ergebnisse abzusichern!**
Die Versuche wurden nur mit einer einzigen Pflanze durchgeführt. Also weiß man nicht, ob die Werte auch für andere Pflanzen gültig sind. Daher sollte dieser Versuch in mehreren, parallelen Versuchsreihen durchgeführt werden, um festzustellen, ob alle getesteten Wasserpestsprosse die gleichen Ergebnisse liefern.
*Zusatzinformation: Die Anzahl der Gasbläschen hängt wesentlich davon ab, wie und wo der Wasserpestspross abgeschnitten wurde. Je nach Größe der angeschnittenen Interzellularen sind auch die Gasbläschen größer oder kleiner. Daher kann, bei gleicher Fotosyntheserate unterschiedlicher Sprossstücke die Anzahl der gemessenen Gasbläschen sehr unterschiedlich sein.*
*Dies ist auch der Grund dafür, dass man alle Beleuchtungsstärken mit demselben Spross untersuchen muss. Würde man unterschiedliche Beleuchtungsstärken mit unterschiedlichen Sprossstücken testen, bekäme man keine reproduzierbaren Ergebnisse.*

**Material B – Einflussfaktor Temperatur**

**B1 Beschreibe das Ergebnis!**
In dem Liniendiagramm ist dargestellt, wie sich die Fotosyntheserate mit steigender Temperatur verändert. Die Messung beginnt bei etwas über Null Grad Celsius. Mit zunehmender Temperatur steigt die Fotosyntheserate immer stärker an, bis bei etwa 35 Grad Celsius die höchste Fotosyntheserate erreicht ist. Die Fotosyntheserate fällt anschließend rapide ab. Bei etwa 40 Grad Celsius ist die Fotosyntheserate gleich Null.

*Zusatzinformation: Die dargestellte Kurve entspricht einer Optimumskurve.*

**B2 Nenne Möglichkeiten, wie man die Fotosyntheserate im Versuch messen könnte!**
Bei der Fotosynthese entstehen Sauerstoff und Biomasse. Daher kann man die Fotosyntheserate messen, indem man die Menge der bei der Fotosynthese entstehenden Produkte pro Zeiteinheit bestimmt.
Man lässt zum Beispiel eine bestimmte Anzahl gleich großer junger Pflanzen unter gleichen Bedingungen wachsen und variiert nur die Temperatur. Nach einer bestimmten Zeit misst man den Zuwachs und vergleicht die Ergebnisse.
Den gebildeten Sauerstoff kann man mithilfe spezieller Sauerstoffsensoren messen.
*Zusatzinformation: Es ist keine Lösung zu erwarten, bei der das genaue Verfahren der Sauerstoffmessung beschrieben wird. Daher reicht eine allgemeine Aussage.*

**B3 Deute das Versuchsergebnis!**
Es gibt eine Temperatur, bei der die Fotosyntheserate optimal ist. In diesem Versuch ist dies bei etwa 35 Grad Celsius der Fall. Bei niedrigeren oder höheren Temperaturen ist die Fotosyntheserate geringer. Bei Temperaturen von 2–3 Grad Celsius und darunter oder bei 40 Grad Celsius und darüber betreibt die Pflanze keine Fotosynthese mehr.

**B4 Formuliere je eine Vermutung, wie sich der Kurvenverlauf ändern würde, wenn man eine Pflanze aus Nordeuropa beziehungsweise aus Südeuropa untersucht hätte!**
Bei der Untersuchung einer Pflanze, die aus Nordeuropa stammt, würde man vermutlich eine Verschiebung des Kurvenverlaufs in Richtung zu tieferen Temperaturen feststellen, weil Pflanzen aus Nordeuropa eher an tiefere Temperaturen angepasst sind.
Bei der Untersuchung einer Pflanze, die aus Südeuropa stammt, würde man vermutlich eine Verschiebung des Kurvenverlaufs in Richtung zu höheren Temperaturen feststellen, weil Pflanzen aus wärmeren Regionen eher an höhere Temperaturen angepasst sind.

# Energiehaushalt von Pflanzen

## Seite 240–242

**1 Beschreibe die Unterschiede im Stoffwechsel eines Blattes am Tag und in der Nacht!**
Am Tag steht den Pflanzen Sonnenlicht zur Verfügung. Sie nehmen Kohlenstoffdioxid auf, betreiben Fotosynthese und geben Sauerstoff ab. Ein Teil der produzierten Glukose wird jedoch zur Energiegewinnung in den Mitochondrien durch Zellatmung wieder abgebaut. Das bei der Zellatmung freiwerdende Kohlenstoffdioxid wird abgegeben. Nachts betreibt die Pflanze nur Zellatmung.

*Hinweis: Für die Dunkelreaktion der Fotosynthese ist nicht unmittelbar Lichtenergie erforderlich. Diese Tatsache ist den Schülerinnen und Schülern jedoch nicht bekannt, sodass die oben genannte Lösung als Antwort zu erwarten ist.*

**2 Begründe, dass die Pflanze bei Tag mehr Glukose bilden muss, als durch die Zellatmung abgebaut wird!**
Damit die Pflanze wachsen kann, muss die durch Fotosynthese produzierte Glukosemenge größer sein als die zur Energiegewinnung im Rahmen der Zellatmung abgebaute Glukose. Außerdem benötigt die Pflanze auch nachts Energie zur Aufrechterhaltung ihrer Lebensprozesse, wenn kein Sonnenlicht für die Fotosynthese zur Verfügung steht.

**3 Erkläre, warum es der Pflanze in PRIESTLEYs zweitem Versuch möglich ist, mehrere Tage zu überleben, der Maus im ersten Versuch aber nicht!**
Im Rahmen der Fotosynthese verbraucht die Pflanze Kohlenstoffdioxid und gibt Sauerstoff ab. Da sie einen Teil der produzierten Glukose wieder unter Sauerstoffverbrauch zu Kohlenstoffdioxid abbaut (Zellatmung), steht ihr dieser noch einige Tage zur Verfügung, nimmt aber bedingt durch die Wachstumsprozesse langsam ab. Bis die Pflanze jedoch wirklich an Kohlenstoffdioxidmangel verhungert, dauert es aufgrund der entgegengesetzt verlaufenden Prozesse eine Zeit.
Die Maus verbraucht den für sie notwendigen Anteil an Sauerstoff jedoch innerhalb recht kurzer Zeit. Ist sie allein in dem Gefäß, entsteht auch bei keinem Stoffwechselprozess wieder Sauerstoff. Daher konnte die Maus nur sehr kurze Zeit überleben.

## Seite 243 (Material)

### Material A – Keimende Erbsen

**A1 Nenne die Frage, die durch den Versuch beantwortet werden soll!**
Folgende Frage(n) könnten formuliert werden:
– Wird bei dem Keimungsvorgang Wärme frei?
– Wie hoch steigt die Temperatur durch die bei der Keimung freigesetzte Wärme?
– Wie hoch steigt die Temperatur durch den Abbau von Nährstoffen während der Keimung?

**A2 Stelle das Versuchsergebnis in einem Liniendiagramm dar!**

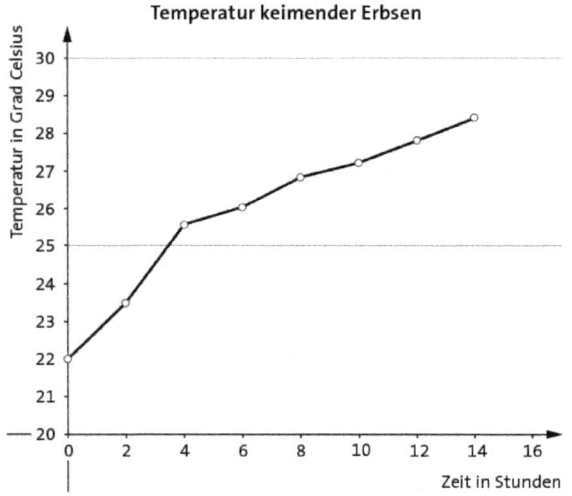

 *Gestufte Hilfe: Vorgabe der Achsenbeschriftung und der Skalierung.*

**A3 Beschreibe das erhaltene Ergebnis und deute es!**
In dem Liniendiagramm ist dargestellt, wie viel Wärme beim Keimen der Erbsensamen entsteht. Die Anfangstemperatur liegt bei 22 Grad Celsius. Während des Keimungsprozesses steigt die Temperatur in den ersten vier Stunden etwas steiler und danach etwas flacher an. Nach 14 Stunden beträgt die gemessene Temperatur 28,4 Grad Celsius. Im Versuchszeitraum von 14 Stunden ist die Temperatur also um 6,4 Grad Celsius gestiegen.
Als Keimung bezeichnet man die Wachstums- und Entwicklungsvorgänge eines gequollenen Samens bis zur Bildung der ersten Laubblätter. Diese Vorgänge benötigen Energie. Die keimende Pflanze erhält diese Energie aus den Nährstoffen, die im Samen gespeichert sind und die bei der Zellatmung umgewandelt werden. Dabei wird Energie frei. Ein Teil der freiwerdenden Energie besteht aus Wärme. Diese Wärmeenergie kann im Experiment gemessen werden.

*Gestufte Hilfe: Bei der Zellatmung werden gespeicherte Nährstoffe abgebaut. Dabei wird Energie auch in Form von Wärme freigesetzt.*

**A4 Stelle Vermutungen an, weshalb die Erbsen im gequollenen Zustand eingesetzt wurden!**
Bevor Pflanzen keimen können, müssen die Samen quellen. Dabei nimmt der Same viel Wasser auf. Wenn man bereits gequollene Samen verwendet, benötigt der Versuch weniger Zeit.

 *Gestufte Hilfe: Wiederhole, was man unter Quellung und Keimung versteht.*

**Material B – Blumen im Krankenzimmer**

**B1 Gib die Ergebnisse der Tabelle in eigenen Worten wieder!**
Menschen geben sowohl am Tag als auch in der Nacht sehr viel mehr Kohlenstoffdioxid ab als Pflanzen. Die Menge an Kohlenstoffdioxid, die Pflanzen tagsüber abgeben, kann nur schwer nachgewiesen werden.

**B2 Erkläre die Vorgänge der Zellatmung bei Pflanzen und bei Menschen!**
Bei der Zellatmung reagieren Glukose und Sauerstoff miteinander und es entstehen Kohlenstoffdioxid und Wasser. Bei diesem Prozess wird Energie freigesetzt, die der Organismus für seine Lebensvorgänge benötigt. Dazu gehören Stoffwechselvorgänge, Bewegung oder Aufrechterhaltung der Körpertemperatur. Letzteres gilt nur für Menschen und manche Tiere.

**B3 Erkläre, weshalb die Kohlenstoffdioxidabgabe bei Pflanzen tagsüber nicht nachweisbar ist!**
Am Tag betreibt die Pflanze Fotosynthese und nimmt Kohlenstoffdioxid auf. Die dabei aufgenommene Kohlenstoffdioxidmenge ist je nach Lichteinstrahlung deutlich höher, als die Kohlenstoffdioxidabgabe durch Zellatmung. Diese ist so gering, dass man sie nur schwer nachweisen kann.

**B4 Erläutere anhand des Diagramms die Kohlenstoffdioxidaufnahme bei einer Topfpflanze! Gehe dabei auf die negativen Werte auf der Hochachse ein!**
Bei Lichteinstrahlung, also tagsüber, nehmen die Pflanzen Kohlenstoffdioxid auf. Bei sehr geringer Lichteinstrahlung oder bei völliger Dunkelheit, also nachts, geben Pflanzen Kohlenstoffdioxid ab.

*Zusatzinformation: Die reelle Fotosynthese ist höher als die apparente Fotosynthese, weil tagsüber ein (geringer) Teil der Fotosyntheseprodukte wieder in der Zellatmung abgebaut wird.*

 *Gestufte Hilfen:
Hilfe 1: Hinweis auf den Verlauf der Grafik bei niedrigen Lichtstärken.
Hilfe 2: Überlege was eine „negative Kohlenstoffdioxidaufnahme" bedeutet.*

**B5 Beurteile anhand der Tabelle, ob Pflanzen abends aus dem Krankenzimmer gebracht werden müssen!**
Aus der Tabelle geht hervor, dass Pflanzen bei Nacht nur eine vergleichsweise sehr geringe Menge an Kohlenstoffdioxid abgeben. Aus dem Ablaufschema der Fotosynthese kann man schließen, dass sie auch nur sehr wenig Sauerstoff aufnehmen. Daher müssen Blumen nicht aus dem Krankenzimmer entfernt werden, weil sie mit den Patienten um Sauerstoff konkurrieren oder weil zu viel schädliches Kohlenstoffdioxid ausgeschieden wird.

**B6 Stelle Vermutungen an, welche anderen Gründe es geben könnte, Blumen abends aus dem Krankenzimmer zu entfernen!**
Folgende Vermutungen sind denkbar:
– Manche Blumen strömen einen starken Geruch aus, der den Schlaf beeinträchtigen könnte.
– Im Blumenwasser kommt es rasch zu einer Vermehrung von Bakterien, die schädlich für Menschen sein können.
– Manche Menschen reagieren allergisch auf bestimmte Pflanzen.
– In der Blumenerde von Topfblumen können ebenfalls Bakterien, aber auch Schimmelpilze heranwachsen.

# Bedeutung von Pflanzen

## Seite 246–248

**1 Erläutere Faktoren, mit denen die Fotosyntheserate positiv beeinflusst und somit der Ertrag gesteigert werden kann!**
Pflanzen benötigen Licht, Wasser und Kohlenstoffdioxid sowie eine bestimmte Wärme, um Fotosynthese zu betreiben. Die Werte dieser Faktoren sollten im jeweiligen Optimum der Pflanze liegen, das heißt, nicht zu niedrig, aber auch nicht zu hoch sein. So kann ausreichend Licht die Fotosynthese steigern. Ab einem bestimmten Wert bringt eine zusätzliche Lichtzufuhr aber keine weitere Steigerung, da die Pflanze das Licht nicht mehr aufnehmen und umwandeln kann. Daher wäre eine weitere Erhöhung unökonomisch. Auch Wärme steigert die Fotosynthese. Wird jedoch das Optimum von 35°Celsius überschritten, wird die Fotosynthese wieder gehemmt. Entsprechend bringt eine zusätzliche Begasung mit Kohlenstoffdioxid ebenfalls eine Erhöhung der Fotosyntheseleistung.

**2 Vergleiche die Pflanzenproduktion im Freiland und in Gewächshäusern!**

| Vergleichs-kriterium | Freiland | Gewächshaus |
|---|---|---|
| Regulierbarkeit der Umweltfaktoren wie Licht Wasser, $CO_2$, Wärme | nicht oder nur bedingt möglich | sehr gut möglich |
| Produktionszeitraum | von den Jahreszeiten abhängig | das ganze Jahr über möglich |
| Ertrag/Flächeneinheit | vergleichsweise niedrig | vergleichsweise hoch |
| Produktionskosten je Flächeneinheit | vergleichsweise niedrig | vergleichsweise hoch |

**3 Bewerte den Einsatz von Düngemitteln in der landwirtschaftlichen Produktion!**
Für den Aufbau organischer Stoffe wie Eiweiße und andere benötigen Pflanzen Mineralstoffe. Diese entziehen sie dem Boden. Wenn wir die Pflanzen ernten, wird der natürliche Stoffkreislauf unterbrochen und die Mineralstoffe gelangen nicht wieder in den Boden zurück. Durch Düngung werden sie ersetzt. Eine Form der Dünung ist die Ausbringung von Mineraldüngern. Da jede Pflanze jedoch einen anderen Bedarf an Mineralstoffen hat und der Mineralstoffgehalt der Böden unterschiedlich ist, muss man vor dem Einsatz von Mineraldüngern durch Bodenuntersuchungen den realen Bedarf feststellen. Wird zu viel gedüngt oder werden die falschen Mineralstoffe ausgebracht, kommt es zur Überdüngung. Dadurch können sowohl die Pflanzen selbst geschädigt werden wie auch andere Lebewesen auf dem Feld. Durch Auswaschung gelangen diese zusätzlichen Düngemittel in das Grundwasser und in unsere Gewässer und belasten so unsere Umwelt.

**4 Erstelle eine Mind-Map zur Bedeutung der Pflanzen für den Menschen!**
*Individuelle Schülerlösungen*

 *Gestufte Hilfen:*
*Informiere dich über die Erstellung einer Mind-Map auf der Seite 234.*

**5 Erläutere, warum der Einsatz von erneuerbaren Energieträgern zum Schutz unserer Umwelt beitragen kann!**
Immer noch wird ein großer Teil der Energie für Industrie, Landwirtschaft, Verkehr und Haushalte aus fossilen Energieträgern wie Kohle, Öl oder Gas gewonnen. Bei ihrer Verbrennung wird viel Kohlenstoffdioxid freigesetzt. Erneuerbare Energie auf der Basis von Windenergie, Energie aus Wasserkraft oder aus Solarkraftwerken führt jedoch nicht zur Freisetzung von Kohlenstoffdioxid. Ihr Einsatz trägt daher zur Erreichung der Klimaziele und somit zum Schutz der Umwelt bei.

## Seite 249 (Material)

### Material A – Das Minimumgesetz

**A1 Gib die Kernaussagen der Versuchsdaten aus der Tabelle wieder und formuliere eine Gesetzmäßigkeit!**
Die Daten zeigen, dass durch Düngung mit Phosphat das Wachstum der Pflanzen gesteigert werden kann. Es gilt zunächst: Je mehr Düngung mit Phosphat erfolgt, desto höher ist das Pflanzenwachstum. Die Wachstumssteigerung kann jedoch nicht unbegrenzt erhöht werden. Trotz

Erhöhung der Phosphatdüngung bleibt das Pflanzenwachstum unverändert. Bei Zugabe weiterer Mineralstoffe lässt sich jedoch erneut eine Wachstumssteigerung feststellen. Eine Düngung mit Phosphat steigert das Pflanzenwachstum also nur so lange, bis andere Mineralstoffe nicht mehr in ausreichender Menge vorhanden sind.
Das Pflanzenwachstum wird von dem Faktor bestimmt, der am weitesten vom optimalen Wert entfernt ist.

### A2 Ordne den Teilen des Modells die Faktoren des Pflanzenwachstums zu!
Die Planken der Tonne stellen die Umweltfaktoren dar. Das in der Tonne befindliche Wasser im Modell entspricht im Original dem Pflanzenwachstum.

### A3 Erläutere das Modell der Minimumtonne!
Die Minimumtonne zeigt, dass verschiedene Umweltfaktoren auf das Pflanzenwachstum einwirken. Wie im Modell ersichtlich ist, begrenzen die Planken der Tonne den Wasserstand. Je niedriger eine der Planken ist, desto geringer ist der Wasserstand. Dabei ist es unbedeutend, wie hoch die übrigen Planken sind.
Überträgt man diese Erkenntnis des Modells auf das Pflanzenwachstum, zeigt sich, dass beim Zusammenwirken mehrerer Umweltfaktoren jeweils derjenige Faktor begrenzend auf das Pflanzenwachstum wirkt, der in unzureichender Menge vorhanden ist oder dessen Ausprägung am weitesten vom optimalen Wert entfernt liegt. Er ist der begrenzende Faktor.

### A4 Setze das Modell der Minimumtonne in Beziehung zu der Gesetzmäßigkeit aus A1!
Entsprechend dem Modell der Minimumtonne steigert eine Düngung mit Phosphat das Pflanzenwachstum nur so lange, bis andere Mineralstoffe nicht mehr in ausreichender Menge vorhanden sind und das Pflanzenwachstum begrenzen. Das Modell bestätigt somit die Gesetzmäßigkeit, dass das Pflanzenwachstum von dem Faktor bestimmt wird, der in ungenügender Menge vorhanden ist. Das Überleben eines Lebewesens hängt also in erster Linie von dem Umweltfaktor ab, der am weitesten vom optimalen Wert entfernt ist

### Material B – Holz als erneuerbarer Energieträger

### B1 Vergleiche die beiden Abbildungen!
Bei der in *Abbildung A* gezeigten Verbrennung von Holz in kleinem Maßstab und bei der Verrottung von abgestorbener Biomasse entsteht Kohlenstoffdioxid. Die gleiche Menge an Kohlenstoffdioxid kann durch Pflanzen beziehungsweise die Fotosynthese wieder gebunden werden. Der Gehalt an Kohlenstoffdioxid in der Atmosphäre steigt nicht an.
*Abbildung B* zeigt die Verbrennung von Holz in großer Menge und gleichzeitig die Abholzung zahlreicher Bäume. Das bei der Verbrennung entstehende Kohlenstoffdioxid kann nun nicht mehr im gleichen Maße von den Bäumen gebunden werden. Der Gehalt an Kohlenstoffdioxid in der Atmosphäre steigt an.

### B2 Nenne mögliche Gründe, die gegen die Verwendung von Holz als einzigem Brennstoff sprechen!
Wenn Holz wie in Abbildung B in großem Maßstab verbrannt wird, entsteht mehr Kohlenstoffdioxid, als durch die verbliebenen Pflanzen durch die Fotosynthese gebunden werden kann. Aus diesem Grund steigt der Kohlenstoffdioxidgehalt in der Atmosphäre.
Der höhere Bedarf an Holz führt dazu, dass große Waldflächen abgeholzt werden und somit der Lebensraum vieler Tiere und Pflanzen zerstört wird.

### B3 Erläutere, wie sich der Kohlenstoffdioxidgehalt der Luft ändert, wenn Holz und fossile Brennstoffe verbrannt werden!
In fossilen Brennstoffen ist Kohlenstoffdioxid dauerhaft gebunden. Wenn fossile Brennstoffe verbrannt werden, wird das Kohlenstoffdioxid, das vor vielen Millionen Jahren von Pflanzen gebunden wurde, wieder frei. Auch bei der Verbrennung von Holz entsteht Kohlenstoffdioxid. Da mehr Kohlenstoffdioxid entsteht, als von lebenden Pflanzen gebunden werden kann, steigt der Kohlenstoffdioxidgehalt in der Atmosphäre an.

## Praktikum – Wir untersuchen Pflanzen

### Seite 250 (Praktikum A – Wirkung unterschiedlich konzentrierter Lösungen auf Zellen)

**Vorüberlegungen**

### A1 Vergleiche die Abbildungen A, B und C miteinander und beschreibe die Veränderungen, die in Abbildung B und C zu sehen sind!
In *Abbildung A* füllen die Vakuolen fast die gesamten Zellen aus. In *Abbildung B* ist das nicht mehr der Fall. Die Rotfärbung ist in Abbildung B intensiver geworden, die Vakuolen liegen nicht mehr der Zellwand an. In *Abbildung C* ist wieder der ursprüngliche Zustand zu erkennen.

### A2 Deute die Vorgänge, die zu den Veränderungen in Abbildung B geführt haben!
In *Abbildung A* liegen die Zellen in Wasser. In den Vakuolen und im Zellplasma liegen mehr Kochsalzteilchen vor als im umgebenden Wasser. Wegen der Vakuolenmembran und der Zellmembran können die Salzteilchen aus der Vakuole nicht nach außen diffundieren. Wasserteilchen sind dazu aber in der Lage. Im Außenraum sind mehr freie Wasserteilchen vorhanden als in der Vakuole. Daher diffundieren Wasserteilchen durch die Zellmembran und von dort in die Vakuole. Die Vakuole weitet sich daher aus, drückt das Zellplasma gegen die Zellwand und setzt die Zelle unter Druck.

In *Abbildung B* liegen die Zellen in einer Salzlösung. Im Außenraum liegen mehr Salzteilchen vor als im Innern der Zelle. Die Anzahl der freien Wasserteilchen ist innen höher als außen. Daher diffundieren Wasserteilchen aus der Vakuole durch die Vakuolenmembran, das Zellplasma und die Zellmembran hindurch nach außen. Die Vakuole schrumpft, das Zellplasma löst sich von der Zellwand und die Zelle wird schlaff.

In *Abbildung C* wurde die Kochsalzlösung wieder durch Wasser ersetzt. Dadurch wurde der Prozess umgekehrt, denn auch die Konzentrationen der Lösungen hat sich derartig verändert, dass sich jetzt die größere Konzentration innerhalb der Zellen vorliegt. Dadurch erfolgte eine Deplasmolyse.

*Gestufte Hilfen:*
*Hilfe 1: Überlege, ob in der Zelle oder im umgebenden Wasser mehr Kochsalz vorhanden ist.*
*Hilfe 2: Beschreibe Gründe für die Bewegung.*

**A3 In Abbildung B ist die Rotfärbung intensiver als in den Abbildungen A und C. Erkläre, wie es zu diesem Unterschied kommt!**
In der Vakuole sind Farbstoffteilchen gelöst, die eine rote Färbung hervorrufen (Abbildung A). Wenn die Zelle in eine Salzlösung gelegt wird, diffundieren Wasserteilchen aus der Vakuole hinaus. Für die Farbstoffteilchen sind die Membranen nicht durchlässig. Wenn die gleiche Menge an Farbstoffteilchen in weniger Wasser vorliegt, wird die Farbe intensiver (Abbildung B). In Abbildung C liegen wieder dieselben Verhältnisse vor wie in Abbildung A.

**Versuch 1**

**A4 Führe Protokoll! Notiere und erkläre deine Beobachtungen!**
*Individuelle Schülerlösungen unter Nutzung des Protokollschemas*

*Hinweis: Stellt man Pflanzenstängel in Wasser nehmen die Zellen des Rindengewebes durch Osmose Wasser auf, da der Zellinhalt höher konzentriert ist als das Wasser selbst. Dadurch wächst das Volumen der Zellen und sie dehnen sich aus. Die Epidermiszellen können diese Volumenvergrößerung aufgrund der verstärkten Zellwände nicht mitmachen. Als Folge wölben sich die Stängel nach außen.*

**Versuch 2**

**A5 Führe Protokoll! Notiere und erkläre deine Beobachtungen!**
*Individuelle Schülerlösungen unter Nutzung des Protokollschemas*

*Beobachtung und Erklärung:* Rohe Kartoffelstücke im Leitungswasser werden fester und etwas länger während rohe Kartoffelstücke in Kochsalzlösung weicher werden und etwas schrumpfen.
Die gekochten Kartoffelstücke verändern sich in beiden Lösungen nicht.
Zellen sind osmotische Systeme aus unterschiedlich konzentrierten Lösungen, die durch eine semipermeable Membran getrennt sind. Je nachdem, ob die Zellumgebung stärker oder schwächer konzentriert ist als der Zellinhalt der rohen Kartoffel, diffundiert Wasser aus oder in die Zellen. Es findet also Osmose statt. Dadurch ändern sich Größe und Festigkeit der Kartoffelstücke. Bei gekochten Kartoffeln ist die Zellmembran durch Kochen zerstört. Die semipermeable Membran existiert nicht mehr. Osmose ist nicht mehr möglich. Die Kartoffelstücke verändern sich nicht.

## Seite 251 (Praktikum B – Das Blatt – Ort der Fotosynthese)

### Versuch 1 - Blattquerschnitt

**B1 Skizziere den Bau des Blattes und beschrifte die Teile!**

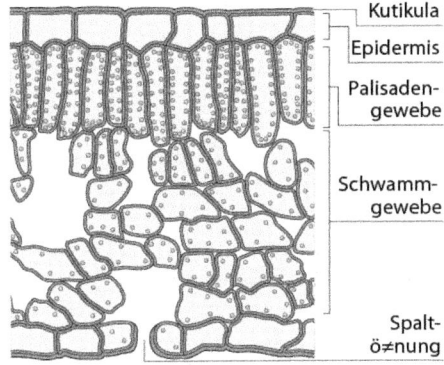

**B2 Vergleiche Schwamm- und Palisadengewebe! Stelle einen Zusammenhang zwischen Bau und Funktion her!**
Palisadenzellen sind lang gestreckte, eng aneinander liegende Zellen und enthalten viele Chloroplasten. Sie können dadurch viel Licht aufnehmen und sind vor allem für die Fotosynthese zuständig.
Zellen des Schwammgewebes sind locker mit vielen Zwischenräumen angeordnet und enthalten weniger Chloroplasten. Sie sind ebenfalls für die Fotosynthese zuständig. Die Zwischenräume ermöglichen den Gasaustausch und den Wassertransport zwischen den Blattzellen und den Spaltöffnungen.

### Versuch 2 – Blattober- und Blattunterseite

**B3 Vergleiche die mikroskopischen Bilder!**
*Individuelle Schülerlösungen*

*Hinweis: Die Antwort sollte bei beiden Seiten die geschlossene Epidermisschicht verdeutlichen, sowie die auf der Unterseite erkennbaren Spaltöffnungen beinhalten.*

### Versuch 3 – Chloroplasten

**B4 Beschreibe deine Beobachtung! Achte besonders auf die Chloroplasten!**
*Individuelle Schülerlösungen unter Nutzung des Protokollschemas*

*Hinweis: Die Beschreibung sollte die deutlich erkennbaren Zellen und ihre Chloroplasten berücksichtigen. Bei genauer Betrachtung und ausreichender Adaption der Augen ist in den Zellen an der Mittelrippe deutlich die Chloroplastenströmung erkennbar.*

## Seite 252 (Praktikum C – Fotosynthese)

### Versuch 1 – Einfluss von Licht und Kohlenstoffdioxid

**C1 Notiere die Versuchsergebnisse in einer Tabelle und werte die Daten aus!**
*Individuelle Schülerantworten*

*Hinweis: Im Reagenzglas mit normalem Wasser und Belichtung treten die meisten Gasblasen auf. Im Reagenzglas mit abgekochtem Wasser bzw. im abgedunkelten Reagenzglas treten kaum oder gar keine Gasblasen auf.*

**C2 Erkläre, warum für den Versuch keine Glühbirne als Lichtquelle verwendet werden soll!**
Die Fotosynthese ist von der Temperatur abhängig. Eine Glühbirne gibt neben Licht auch Wärme ab. Das Wasser wird erhitzt. Das Ergebnis wird so verfälscht.

### Versuch 2 – Nachweis der Stärkebildung

**C3 Erstelle ein Versuchsprotokoll! Erläutere darin den Stärkenachweis und deute das Ergebnis!**
Versuchsprotokoll                Datum:
*Frage:* Wo kann Stärke in grün-weißen Laubblättern nachgewiesen werden?
*Vermutung:* Nur in den grünen Blattbereichen kann Stärke gebildet werden.
*Material:* eine Lampe, zwei Bechergläser, eine Petrischale, eine Pinzette, grün-weiße Blätter, siedendes Wasser, heißer Brennspiritus
*Aufbau und Durchführung:* Zunächst wird eine Pflanze mit grün-weißen Laubblättern für 24 Stunden im Dunkeln gehalten. Anschließend wird sie für mehrere Stunden mit einer Lampe bestrahlt. Ein grün-weißes Laubblatt wird mithilfe einer Pinzette in siedendes Wasser getaucht und anschließend in heißem Alkohol entfärbt. Danach wird das Laubblatt in eine Petrischale gelegt und mit Iod-Kaliumiodid-Lösung betropft.

*Beobachtung:* Nach der Behandlung mit Iod-Kaliumiodid-Lösung färben sich nur die ursprünglich grünen Blattbereiche dunkelblau. Die hellen Bereiche nehmen die bräunliche Farbe der Iod-Kaliumiodid-Lösung an.
*Deutung und Erklärung:* Nur in den grünen Blattbereiche wird Stärke gebildet.
Die Grünfärbung der Laubblätter in den grünen Blattbereichen grün-weißer Blätter wird durch den Farbstoff Chlorophyll verursacht, der in den Chloroplasten enthalten ist. Nur in den Chloroplasten findet die Fotosynthese statt, die die Glukosebausteine liefert, aus denen die Pflanze den Vielfachzucker Stärke herstellt.
In den hellen Blattbereichen, die frei von Chlorophyll sind, kann daher keine Stärke gebildet werden.

*Gestufte Hilfen:*
*Hilfe 1: Vorgabe des allgemeinen Aufbaus eines Versuchsprotokolls.*
*Hilfe 2: Die Fotosynthese findet in den Chloroplasten statt.*
*Hilfe 3: Das in den Chloroplasten enthaltene Chlorophyll färbt Blattbereiche grün.*

**C4 Erkläre die Verteilung der nachgewiesenen Stärke in den unterschiedlichen Bereichen des Blattes!**
Voraussetzung für Fotosynthese ist das Vorhandensein von Chloroplasten mit Chlorophyll. In den hellen Bereichen des Blattes ist diese Voraussetzung nicht gegeben. Hier findet keine Fotosynthese und folglich keine Stärkebildung statt.

**C5 Erkläre, warum die Pflanze vor dem Stärkenachweis belichtet wurde!**
Erst durch die Belichtung wird die Fotosynthese möglich und damit auch die Bildung von Stärke. Somit färben sich die grünen Blattbereiche bei Behandlung mit Iod-Kaliumiodid-Lösung dunkelblau.

**C6 Erkläre, warum die Pflanze vor dem Stärkenachweis im Dunkeln gehalten wurde!**
Die Dunkelhaltung ist erforderlich, weil Stärke auch außerhalb der Chloroplasten im Laubblatt, zum Beispiel in den hellen Blattbereichen, gespeichert wird. Diese Speicherstärke liegt also nicht an der Stelle, an der sie gebildet wurde. Während der Dunkelheit baut die Pflanze die Stärke ab und verwendet sie als Nährstoff.
Durch die Dunkelhaltung im Experiment wird gewährleistet, dass mit der Blaufärbung tatsächlich nur die Orte der Stärkebildung nachgewiesen werden und nicht auch andere Orte, an denen Stärke nur gespeichert wird. Zudem wird so deutlich, dass die Stärke wirklich erst nach der Belichtung des Blattes entstanden sein kann.

*Gestufte Hilfe: Überlege, was passieren würde, wenn man die Pflanze nicht im Dunkeln halten würde.*

**Notizen**

# Bildquellenverzeichnis

Cover: F1online
S. 3 oben links: imago
S. 3 oben rechts: F1online/Radius Images
S. 3 unten: mauritius images/imageBROKER/Hans Lang
S. 4 links: Shutterstock/Kamil Macniak
S. 4 rechts: Shutterstock/wavebreakmedia
S. 5 links: mauritius images/Photo Alto
S. 5 rechts: Cornelsen/Volker Minkus